「你當竭力在上帝面前得蒙喜悅，
作無愧的工人，按著正意分解真理的道。」提摩太後書2：15

一本靈修注釋書

喬治・賴特◎著

# 獻詞

謹以此書獻給

科特和黛比弗瑞夫婦

艾德和芭芭拉羅伊夫婦

他們是在別人求助前

就已準備好幫助人的好鄰居

# 聖經的版本和譯本

◆

## 英文聖經譯本

ESV（English Standard Version）《英文標準版譯本》

JBP（J. B. Phillips, The New Testament in Modern English, rev. ed.）

《菲力普斯修訂版譯本》

KJV（King James Version）《欽定版譯本》

Msg（The Message）《信息版譯本》

NASB（New American Standard Bible）《新美國標準版譯本》

NIV（New International Version）《新國際版譯本》

REB（The Revised English Bible）《修訂英語版譯本》

RSV（Revised Standard Version）《修訂標準版譯本》

◆

## 中文聖經譯本

《新標點和合本》

《聖經新譯本》

《現代中文譯本》

# 目錄

# 《聖經探索叢書》的出版構思

《探索馬可福音》是繼《探索希伯來書》之後的第二冊《聖經探索叢書》。我希望本叢書將來能成為一個便於讀者使用的靈修注釋系列，目的就是為了幫助人們更了解聖經。這套叢書雖然按照平信徒的需求和能力而寫的，但深信對牧師及其他教會領袖也同樣能從中獲益。除了適合個人靈修之用，《聖經探索叢書》所採用的格式也有助於教會作小組研習之用，也會加強組員在每週聚會的參與程度。

最好視每一冊《聖經探索叢書》為一本靈修注釋書。除了力求展現每段經文的釋經學原意（exegetical meaning），作者不會停在這原意中，而還會進一步把經文的意義實際應用到二十一世紀信徒的日常生活之中。

《聖經探索叢書》並不專注於研究每一節經文的細節，而是讓讀者能整體的掌握每卷書的主題和風格，及每段經文如何切合經文的上下文義。故此，此系列不會試圖解決所有疑難或回答一切與某段經文相關的所有疑問。

為力求做到簡明易懂，《聖經探索叢書》的舊約和新約系列會處理每一卷書的全部經節。每一章把經文分成小段，緊接著經文的是注釋部分。這樣，讀者便無需來回地又翻聖經又翻注釋。

關於注釋部分的份量，乃務求做到足夠解釋有關主題，又同時切合個人、家庭、或小組的研讀需要。

每一卷書的譯本都是出自我個人手筆，並沒有版權。雖然譯文是根據原文翻成，但我同時也參考了幾個英語譯本。我的譯本並不追求以技術取勝，而是希望能夠考慮翻譯的各方面問題，並盡量保留經文的原意。要達成這個目標，我盡可能採取逐字逐句的翻譯原則，當直譯不能夠充分表達神的信息時，我就按照原文和文化的意思，翻譯成當代的英語[註1]。

喬治・賴特
安得烈大學
密西根州柏林泉市

註1：本書每一章的經文小段全部採用《新標點和合本》聖經，若作者之譯本對經文的解釋構成特殊意義，譯者則會以作者的譯本翻譯成中文，或按照作者所引用之英文聖經譯本翻譯成中文。

# 前言

馬可福音是四福音書中情節演變最快的一部。與其他三部相比，該書更多地講述了耶穌的行動而不是祂的教訓。但在教訓的範疇中，該書也依然提供了其他福音書中所沒有的重要資料。

該書是四部描寫耶穌生平的經書中最短的一部。我幾乎可以肯定地說，它是最早寫成的一部。因此，該書提供了一個範本，馬太和路加相當緊密地依照了這一範本，而約翰在這方面則做得稍遜一些。和其他福音書一樣，馬可用了大量篇幅來描述耶穌生平的最後幾幕以及祂的犧牲。他從始至終將耶穌表現為願意為其跟隨者而死的上帝之子。

聖經作者寫作第二本福音書的目的，是為了鼓勵那些面臨試煉並需要安慰的人們。兩千年後的今天，該書仍發揮著同樣的功用。我相信《探索馬可福音》一書會成為一種福分，使讀者更了解他們的主，並懂得如何更親密地跟隨祂。

我特別感謝邦妮・貝爾斯為手稿打字；感謝杰拉爾・惠勒指導本書的整個出版過程；感謝珍妮特・R・約翰遜在我首次提出本書出版計畫時予以鼓勵；我還要感謝安得烈大學給與時間和支持，讓我進行研究和寫作。

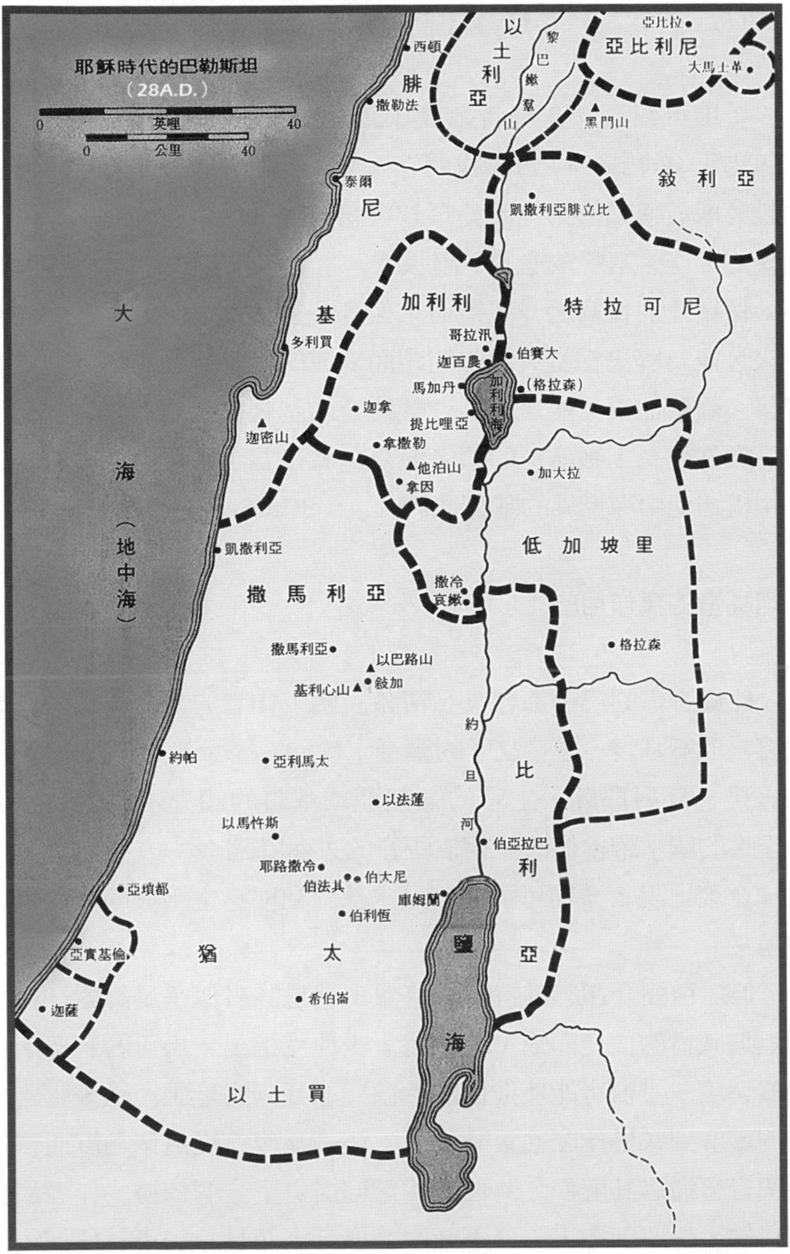

耶穌時代的巴勒斯坦
（28A.D.）
0
英哩
40
0
公里
40
西頓
以土利亞
黎巴嫩雪山
亞比拉
亞比利尼
大馬士革
腓尼基
撒勒法
黑門山
泰爾
敘利亞
凱撒利亞腓立比
加利利
特拉可尼
多利買
哥拉汎
伯賽大
迦百農
馬加丹
加利利海
（格拉森）
迦拿
提比哩亞
大海（地中海）
迦密山
拿撒勒
他泊山
拿因
加大拉
凱撒利亞
低加坡里
撒馬利亞
撒冷
哀嫩
格拉森
撒馬利亞
以巴路山
敍加
基利心山
約但河
約帕
亞利馬太
比利亞
以法蓮
以馬忤斯
伯亞拉巴
耶路撒冷
伯大尼
伯法其
庫姆蘭
亞實都
伯利恆
亞實基倫
猶太
鹽海
希伯崙
迦薩
以土買

# 《馬可福音》導論

《馬可福音》在基督教歷史上佔有一個獨特的地位。拉爾夫・馬丁（Ralph Martin）告訴我們：「就我們所知，這是關於耶穌基督被寫成並傳閱的第一部基督教書籍。因著馬可在聖靈的指引下所做的工作，基督教進入了出版業。」（Martin, Where the Action Is, p. 5）當然，保羅先前曾寫過一些書信，但那些書信都是針對某些會眾或個人，並為解決相當具體的問題而寫成的文獻。而馬可所寫的福音書，儘管他很可能是以某一群特定的基督徒為念而寫的，但該書「顯然是為了更廣泛的讀者而寫，就是為了那些生活在羅馬帝國中橫跨地中海世界的基督徒們。」（引文出處同上）

## 馬可福音的寫作目的

此福音書的第一節經文，清楚說明了作者的寫作目的，就是要寫「耶穌基督，上帝之子的福音」（1：1，RSV中譯）。換句話說，該書是一部對耶穌，上帝的彌賽亞或基督的簡介。祂曾為了將「上帝的國」帶給悔改並相信福音的人而降臨（1：15）。因此，從某種意義上說，《馬可福音》是一部介紹耶穌生平與服務的佈道性論文。

但這種簡介卻有其特定的背景，就是該書似乎是針對一群受到逼迫威脅的信徒而寫。羅伯特・圭理克指出，馬可的聽眾所遭遇的窘境，「很可能使他們開始懷疑耶穌到底是誰，祂來宣告成立的國度到底是什麼性質的。」（in Green, p. 524）從這個角度而言，該福音書通過其解釋，為他們的信仰提供了一個依據。作者最終的目的，是要創造出一群不僅跟隨耶穌，而且敢於不計任何後果如此追隨的門徒。

而那些後果是非常嚴重的。事實上，該福音書大約有三分之一的篇幅著重描述耶穌的死。但那好消息（福音）卻是，死對耶穌而言並非結局，在祂死後出現了復活。那些跟從耶穌的人也將如此。他們若始終忠於那不僅勝了死亡，而且最終將「有大能力、大榮耀，駕雲降臨」，為其跟隨者帶來完全救恩的主，他們就無所畏懼（13：26、27）。

## 馬可福音的主題

所謂福音書，就是對耶穌生平與工作的描繪。但福音書的記載又並非普通意義上的傳記。四福音書都沒有對耶穌的生平作一種非常均衡的生平簡介，卻都將重點放在祂的死上，馬可對於這一點尤為突出，他在其福音書中用了三分之一的篇幅，來講述耶穌生平的最後一週。

由於該書的這種特性，《馬可福音》的各大主題都以耶穌的重要性為中心。但這些主題並沒有就此打住，因為對其生平的理解並不只是一種學術研究。因此，《馬可福音》主題的另一個層面就涉及什麼是相信耶穌，以及成為一個跟隨者的含義。《馬可福音》的各大主題可以歸納為以下幾大方面：

1.**耶穌基督**。馬可的核心主題，從第一節到最後一節都是耶穌的本性和含義。在此主線上，馬可為其讀者提供了一系列豐富的形象。

一個就是，耶穌是上帝的兒子。詹姆斯・愛德華正確地指出「耶穌的聖子身分是馬可福音的神學基石」（Edwards, p. 15）。上帝的兒子出現在該福音書的第一節中（「上帝的兒子，耶穌基督福音的起頭」

〔1：1〕），以及作為文章的高潮，百夫長在耶穌被釘十字架時的表白（「這人真是上帝的兒子」〔15：39〕）。耶穌具有神聖身分的事實，似乎不僅出現在馬可福音的開頭和結尾，而且貫穿在整本書中。

耶穌的第二個身分就是：祂是人子。在馬可福音中，這是耶穌稱呼自己的唯一頭銜。另一方面，該福音書中沒有任何其他的人以此頭銜來稱呼祂。這頭銜本身顯然出自但以理書7：13，其中提到「有一位像人子的」來到「亙古常在者面前」。如此，我們再次發現一個帶有超自然含義的頭銜。

第三個對耶穌的描述，就是基督或大衛的子孫。基督是希伯來頭銜「彌賽亞」的希臘譯文，其字面意思是「受膏者」。「在馬可福音中，『基督』是指上帝的受膏君，並且特指猶太人所期盼的彌賽亞式人物，他將復興大衛的寶座並……宣告上帝之國的成立。」（Williamson, p. 9）在馬可福音的正中間，記載著彼得承認耶穌是基督（8：29）。

然而，馬可並未將耶穌呈現為一個應驗猶太人所普遍期待的、以大衛之子的姿態到來的人物。馬可沒有將耶穌描寫為一個君王式的人物，反而將祂描述成**主的僕人**。馬可雖然描述耶穌為擁有掌管人類、自然和疾病……等等的權柄，但他卻從未描寫祂為自己的緣故而使用過那能力。實際上，耶穌只為他人而運用其權柄，「因為人子來，並不是要受人的服事，乃是要服事人，並且要捨命作多人的贖價。」（10：45）從祂受洗開始，直到祂的犧牲為止，我們發現許多對以賽亞書第42至54章所描繪之上帝僕人的暗喻，特別是對第53章受苦僕人的暗喻。

馬可所描寫之耶穌的概述，使我們確信他視耶穌為舊約中所預言的神聖上帝。而耶穌在馬可福音中又不僅僅是一個超自然的人物，馬可也將祂描述成一位極具人性、滿有喜怒哀樂的人物

（如見可14：33、34）。

2.**上帝的國**。在馬可福音中與耶穌及其使命有密切聯繫的，是上帝的國的主題。事實上，耶穌所帶來的好消息，就是關於國度的好消息。當耶穌剛開始傳道時，施洗約翰介紹祂時曾宣告說：「日期滿了，上帝的國近了。」（1：15）關於國度的信息充滿了第二卷福音書。在天國的比喻（4：1－34，馬可前半部分中最長的演講）、與作門徒有關的天國教訓（如9：1、47；10：14、15、23－25）、以及耶穌在最後晚餐上說祂不再喝葡萄汁，「直到我在上帝的國裏喝新的那日子」（14：25），還有其他許多地方，我們都看到作者對這種強調的體現。

3.**末世論**。在馬可福音中，上帝的國度既是一個當前的現實，就是耶穌一生的事工；也是一個未來的盼望，期盼祂在復臨時所要完全建立的國度。這種期望被極其生動地表現在第13章中，文森特·泰勒指出：「馬可的末世論具有強烈的啟示文學色彩。基督的復臨不僅是其殷切期盼的目標，就連在此之前所要發生的事件，以及復臨的宏大特徵，都被著重強調。」（Taylor, p. 116）

4.**基督受難**。和其他三部福音書一樣，馬可福音的高潮也是受難週及基督的死亡與復活，祂「捨命作多人的贖價」（10：45）。不只一位學者將這福音書定義為「一部帶有長篇序言的受難記」（Cole, p. 54）。整本福音書中的事件都是為十字架作鋪陳。

5.**衝突**。十字架的道路對耶穌而言並非易事。馬可將其生平描述為一種衝突不斷升級的人生。此書從耶穌與撒但在曠野的對峙開始（1：12、13），延續到祂與宗教領袖的爭執（2：1－3：6），最終發展到與該亞法和彼拉多的交鋒（14：53－65；15：1－15）。除了這些衝突以外，還有他與家人（3：20、21、31－35）、門徒（8：14－21、32），甚至與祂自己（14：32－42）的衝突。作者在此部分的教訓是，如果耶穌也不得不生活在衝突的氛圍之中，那麼門徒豈不也是如此！

6.**作門徒**。在馬可福音中，與衝突的主題密切相關的是作門徒的主題。馬可將耶穌的道路，表現為也是祂呼召門徒追隨的道路。因此只有對耶穌及其生平擁有一種清楚的認識，門徒們才能充分領略跟隨祂的真正含義。祂若有過衝突，他們也將有；祂的道路若是十字架的道路，他們的道路也將如此。這種思想在馬可福音8：34中顯得格外明確，耶穌在此說，那些來跟從祂的人必須捨己，並且背起他們的十字架。和祂一樣，他們必須做好受苦甚至死亡的準備。一個門徒就是一位跟從者。

不幸的是，在前幾章以後，馬可對耶穌真實門徒的描繪是相當負面的。事實上，這種描繪變得愈來愈以不理解和最終的出賣為特點。但在誤解與背叛之後，卻出現了恩典與拯救（16：7）。我們將在下文關於相關性的部分，更詳盡地論述這些議題。

7.**信心**。馬可將信心與作門徒和跟隨受苦的上帝之子緊密地聯繫在一起。信心是對所聽之事的一種回應，馬可展示了人們對耶穌截然不同的兩種反應。一種是那些具有活潑信心的人，矛盾的是，那些具有良好信心回應的人，通常是一些門外漢，如一位痲瘋病人（1：40－42）、一位儀文上不潔淨的血漏婦人（5：34）、一位敘利腓尼基族的外邦人（7：24－30）、一個瞎子（10：52）、一位百夫長（15：39）等等。另一方面，那些看似處處優越的人，馬可卻將他們描寫為缺乏信心的人。如此說來，耶穌的家人（3：31－35）、祂的拿撒勒同胞（6：1－6）、猶太宗教專家（11：27－33）、甚至十二個門徒，都缺少良好的信心。但詹姆斯·愛德華認為：「和伯賽大的瞎子一樣，他們也可以重見光明，但只有藉著耶穌持續不斷的同在和反覆的『觸摸』方可（8：14－26）。」（Edwards, p. 17）

## 馬可福音的特點

讀者會發現在馬可福音中有許多風格獨特的內容。首先是馬可福音強調耶穌是一位雷厲風行的人。其他三部福音書在很大程度上著重於祂的教訓，而馬可更感興趣的是耶穌做了什麼。他呈現了一部迅速演繹的敘事文，其中有四十多次使用「立刻」一詞（譯按：英文為「immediately」，在中文馬可福音通常譯為「就」、「立刻」、「隨即」、「連忙」、「忽然」），以此來銜接耶穌一件又一件快速的行動，縱使在這行動當中馬可告訴其讀者耶穌教訓過眾人，他也經常不提祂說了些什麼（2：13；6：2、6、34；10：1；12：35）。

馬可的第二個特點，是學者們通常所說的插敘故事。湯姆・席波德寫道：「這種寫作方法可以被形容為：以一個故事來打斷另一個故事，在講完了插敘的故事後，再回過頭來完成第一個故事。」（Shepherd, pp. 1, 2）例如，在馬可福音5：21－43中，作者在使睚魯的女兒復活的故事中間，插入了對血漏婦人的醫治（5：25－34）。其他的插敘故事出現在馬可福音3：20－35；6：7－32；11：12－25；14：1－11；14：53－72。

第二卷福音書的第三個特點，曾使歷代的讀者感到困惑，那就是所謂的「彌賽亞的祕密」。這種說法源自耶穌在馬可福音中，屢次吩咐人不要說出其真實身分的事實。就如當一些污鬼稱耶穌為上帝的兒子時，「他嚴厲地命令他們不要把他顯露出來。」（3：11、12，RSV中譯）祂對那些見證睚魯女兒復活的人說了類似的話。（5：42、43；另見1：25、34、44；7：36；8：26、30；9：9）

釋經學者們對於耶穌強調對其身分保密給予了三個理由：一、那些想要推崇祂作軍事英雄或爭戰之王的人，因為對彌賽亞懷有錯誤的期盼，祂希望保護自己免受他們的不良影響；二、耶穌知道真信心必須建立在比神奇或驚人的奇觀更深刻的事物之上；三、祂採用了保密的基調，因為人們只有到祂被釘十字架並復活之後，才能完全理解祂到底是誰。（Williamson, pp. 12, 13）

## 馬可福音的結構

第二卷福音書的結構十分簡明。此書在馬可福音8：27－30處被分成兩部分，彼得在此段經文承認了耶穌是基督。在此之前，所有活動主要發生在加利利，而且著重於耶穌就是彌賽亞的事實。當彼得坦白承認為門徒們解決了耶穌是誰這一問題時，此福音書改換了一個全新的方向。在此之後，馬可立即宣稱：「他開始教訓他們：『人子必須受許多的苦，被長老、祭司長，和文士棄絕，並且被殺，過三天復活。』」（8：31）

該書的後半部分逐漸引向十字架。而這一部分又可分為兩部分：第一部分從馬可福音8：31到10：52，講述的是耶穌上耶路撒冷之旅，強調祂對其死亡與復活的三次預言；第二部分從凱旋入城開始（11：1），一直到第16章關於復活的記載。由於此福音書的主要分割點十分清晰，所以R.T.弗朗斯認為，我們可以把馬可福音視為「一部三幕劇」。（France, Mark, NIGTC, p. 11，另見Rhoads, p. 138）

## 馬可福音的大綱

I. 序幕（1：1－13）

一、曠野中的傳令官（1：1－8）

二、曠野中的浸禮（1：9－11）

三、曠野中的試探（1：12、13）

II. 第一幕：體驗上帝掌權的福氣——在加利利的服務
（1：14－8：30）

一、第一場：開始傳道到開始遇到反對（1：14－3：6）

1. 耶穌的基本信息（1：14、15）

2. 呼召第一批門徒（1：16－20）

3. 教訓與醫治（1：21－45）

4. 反對的興起（2：1－3：6）

二、第二場：爭鬥加劇（3：7－6：6a）

1. 教訓與醫治（3：7－35）

2. 天國的比喻（4：1－34）

3. 教訓與醫治（4：35－5：43）

4. 在拿撒勒的棄絕（6：1－6a）

三、第三場：到加利利以外去（6：6b－8：30）

1. 教訓與神蹟（6：6b－7：23）

2. 遠離耶路撒冷之旅（7：24－8：21）

3. 治好瞎子（8：22－26）

4. 彼得看清事實（8：27－30）

III. 第二幕：理解與接受上帝掌權的代價和期望——上耶路撒冷
之旅（8：31－10：52）

一、第一場：耶穌預言祂的死亡與復活（8：31－9：29）

1. 預言（8：31－9：1）

2. 門徒的軟弱與需求（9：2－29）

二、第二場：耶穌再次預言祂的死亡與復活（9：30－10：31）

1. 預言（9：30－32）

2. 門徒的軟弱與需求（9：33－10：31）

三、第三場：耶穌第三次預言祂的死亡與復活（10：32－52）

1. 預言（10：32－34）

2. 門徒的軟弱與需求（10：35－45）

3. 瞎子還有盼望（10：46－52）

IV. 第三幕：在服事上帝中面對逼迫與死亡——耶路撒冷（11：1－15：47）

一、第一場：與猶太領袖之衝突升級（11：1－13：37）

1. 上門挑戰當權派（11：1－25）

2. 耶穌受到質詢（11：27－33）

3. 通過一個比喻、一些問題和一個實訓來教訓人（12：1－44）

4. 關於耶路撒冷的毀滅和基督復臨的演講（13：1－37）

二、第二場：基督受難（14：1－15：47）

1. 朝被賣前進（14：1－11）

2. 最後的晚餐（14：12－25）

3. 到客西馬尼園去（14：26－42）

4. 被賣與被捕（14：43－52）

5. 朝各各他前進（14：53－15：15）

6. 被釘十字架與死亡（15：16－47）

V. 一個沒有終結的結局（16：1－20）

一、第一場：新的開始；耶穌的復活——短結尾（16：1－8）

二、第二場：復活後的顯現與升天——長結尾（16：9－20）

1. 顯現（16：9－18）

2. 升天（16：19）

3. 開始（16：20）

## 關於作者、寫作年代、收信人

儘管福音書本身並沒有聲明馬可是作者，但早期教會一致認為這是他的作品。希拉波立的主教帕皮亞，約於西元130年提到：「曾作過彼得之翻譯的馬可，精心但不是按順序地寫下了他〔彼得〕所記得的一切有關主的言行。」（Papias, quoted in Eusebius, History, 3.39.15）

彼得前書5：13支持這種觀點，即馬可在彼得去世前的某一時期，曾在羅馬與使徒親密工作過。因此我們可以視馬可福音為彼得的回憶錄，藉著馬可在聖靈的引導下寫成。

我們所論及的馬可無疑就是約翰馬可，他是巴拿巴的表弟（西4：10），也是保羅後來所依靠的那位（提後4：11）。第一批基督徒將約翰馬可母親的家，作為在耶路撒冷聚會的地方（徒12：12）。有人推測那家可能包括了耶穌和祂的門徒吃逾越節筵席的大樓（太26：18；可14：15）。如果是這樣的話，那麼馬可很可能就是那在耶穌被捕之夜，「赤身披著一塊麻布」跟隨祂的少年人（可14：51）。這一點無法得到證實，但提及一件其毫不重要且屬於隱私的事實反而增加了這種觀點的可能性。

馬可福音很可能是在彼得去世的西元64年，和猶太人與羅馬開始敵對的西元66年之間寫成的。

該福音書解釋了許多猶太習俗，並定義了一些亞蘭詞語，這一事實證明該書是以外邦基督徒為念而寫成的。由於馬可和彼得在彼得死前正在羅馬一起工作，所以許多人相信馬可就是在那裏為該城的信徒著作其福音書。我們有許多很好的理由相信，西元64年的羅馬大火，很可能為馬可的寫作提供了直接的背景。謠言已將埋怨鎖定在尼祿皇帝的身上，羅馬史學家塔西圖（約西元55－120

年）告訴我們：「為了鎮壓謠言，尼祿將一群……被大眾稱為基督徒的人當作了替罪者，並施以最殘酷的刑罰。」（Tacitus, Annals, 15.44）

如果馬可寫於西元64－66年之間的話，那麼這段話便說明了馬可所可能針對的境況。羅馬教會遭受了極大的逼迫，許多信徒殉道。因此費德里克・格蘭特認為：「馬可的寫作目的……不是歷史性或傳記性的，而是極其實用的。他是在寫一部指導和支持其身處嚴重危機中之同道的書。殉道現象雖已減少了，但只要尼祿還在位，就說不準什麼時候還會再次開始；……每位基督徒的燈都必須預備好，每位基督徒都必須為掙扎而束腰。」（Grant, pp. 633, 634）

## 馬可福音對二十一世紀的適切性

在艱難時期作一名基督徒從來都不是件易事。二十一世紀初，大多數的基督徒可能並不會面臨殉道的問題，但那些決心堅持其信仰的人，順利度過很容易也會很快產生敵意的環境時，他們卻遇到了更狡猾的威脅。有一本書指出：「**馬可的故事是想創造出願意憑信心接受上帝統治，並有勇氣不計任何後果地跟從耶穌的理想讀者。**」（Rhoads, p. 138）這種信心總是極有價值的，特別是當一個人意識到，在「戰爭」時期堅持一個人的信仰，要比在人人都隨波逐流、生活在安逸而令人迷惑的「和平」時期更為容易時。令人生發勇氣的信心總是極其適用的。

馬可福音實用的核心內容，就是作門徒的主題。他形容門徒因缺乏悟性而信心軟弱。他們的不領悟最終導致了他們個人的失敗。門徒們在應該與耶穌一同祈禱的時候睡著了（14：32－42），彼得雖也曾奮力抵抗卻否認了他的主（14：66－72），所有門徒都棄絕耶穌逃跑了（14：50），他們都辜負了祂。他們不僅悟性遲鈍而且意志薄弱，他們的失敗是連續不斷的。

拉馬爾·威廉姆遜認為：「馬可福音中的門徒反映了」馬可的著作所針對的群體，「以及一代又一代的基督徒所特有的激情、誤解與失敗。」（Williamson, p. 16）簡言之，馬可福音適用於今日的基督徒，因為我們也和門徒一樣悟性遲鈍，而且我們在堅持正義方面，也比我們所應做的要差。

但馬可之福音信息（好消息）的核心，卻是上帝並沒有放棄那些最初的門徒。相反的，馬可的主題是一個關於悔改（1：4）、相信（1：15），和像小孩子一樣接受上帝之國（10：15）的主題。凡願意跟隨耶穌的那些初期的門徒，雖然他們失敗，但他們在此過程中也都是有希望的。在第16章中，失敗的門徒恢復了與他們的主之間的關係（16：7）。最終的結尾關乎恩典，這恩典本應使生活在二十一世紀的門徒得到能力，因為其教訓乃是：即或他們失敗了，一切都並沒有失喪。

## 馬可福音的結尾

馬可福音的最後一章是懸而未決的。最古老而且是最好的手抄本在馬可福音16章8節處突然結束。但有相當多的希臘手抄本加上了第9－20節，而其他手抄本還給馬可福音添加了第三個結尾。

沒有人確知馬可福音的最後一章發生了什麼事情，或該書最初是如何結尾的（見Guthrie, pp. 89-93）。本注釋將覆蓋馬可福音16：8，並對第9－20節做一額外的注釋。

## 英文書目

Anderson, Hugh. The Gospel of Mark. New Century Bible Commentary（《馬可福音》，新世紀聖經注釋）. Grand Rapids: Eerdmans, 1976.

Apostolic Fathers, 2d ed（《使徒時代的教父》，再版）. J. B. Lightfoot and J. R. Harmer, trans. Michael W. Holmes, ed. Grand Rapids: Baker, 1989.

Barclay, William. The Gospel of Mark, 2d ed. The Daily Study Bible（《馬可福音》，再版，每日靈修聖經）. Edinburgh: Saint Andrew Press, 1956.

______.The Gospel of Matthew, 2 vols., 2d ed. The Daily Study Bible（《馬太福音》，兩冊，再版，每日靈修聖經）. Edinburgh: Saint Andrew Press, 1958.

Barrett, C. K. The Gospel According to St John（《約翰福音》）. London: S.P.C.K., 1965.

Barth, Karl. Church Dogmatics, vol. 4, part 1, The Doctrine of Reconciliation《教會教義學》，第四冊第一編〈和好的教義〉. G. W. Bromiley, trans. Edinburgh: T. & T. Clark, 1956.

Barton, Bruce B. et al. Mark. Life Application Commentary（《馬可福音》，生活應用注釋）. Wheaton, Ill.: Tyndale House, 1994.

Blunt, A. W. F. The Gospel According to Saint Mark. The Clarendon Bible（《馬可福音》，克拉倫頓聖經）. Oxford: Clarendon Press, 1947.

Bonhoeffer, Dietrich. The Cost of Discipleship, rev. ed（《作門徒的代價》，修訂版）. New York: Collier, 1963.（中文譯本參：潘霍華，《追隨基督》，台北：道聲出版社，2007年）

Branscomb, B. Harvie. The Gospel of Mark. The Moffatt New Testament Commentary（《馬可福音》，摩法特新約注釋）. London: Hodder and Stoughton, 1937.

Bratcher, Robert G. and Eugene A. Nida. The Gospel of Mark. UBS Handbook Series（《馬可福音》，聯合聖經公會手冊叢書）. New York: United Bible Societies, 1961.

Brooks, James A. Mark. The New American Commentary（《馬可福音》新美語注釋）. Nashville: Broadman, 1991.

Bromiley, Geoffrey W., ed. The International Standard Bible Encyclopedia, rev. ed., 4 vols（《國際標準聖經百科全書》，修訂版，共四冊）. Grand Rapids: Eerdmans, 1979-1988.

Brown, Raymond E. The Gospel According to John （i-xii）, 2d ed. Anchor Bible（《約翰福音（i-xii）》，再版，安克聖經大辭典）. New York: Doubleday, 1966.

Bruce, Alexander Balmain. "To Kata Mapkon." In The Expositor's Greek Testament（《評註者的希臘文聖經》中的《馬可福音》）. W. Robertson Nicoll, ed. Grand Rapids: Eerdmans, 1988, I: 341-457.

______.The Parabolic Teaching of Christ, 6th ed（《基督的比喻教訓》，第六版）. London: Hodder and Stoughton, 1895.

Bruce, F. F. New Testament History（《新約歷史》）. New York: Doubleday, 1980.

Chadwick, G. A. The Gospel According to St. Mark. The Expositor's Bible（《馬可福音》，評註者聖經）. New York: A. C. Armstrong and Son, 1905.

Charlesworth, James H., ed. The Old Testament Pseudepigrapha（《舊約偽經》）, 2 vols. New York: Doubleday, 1983, 1985.

Cole, R. Alan. The Gospel According to Mark, rev. ed. Tyndale New Testament Commentaries（《馬可福音》修訂版，廷達爾新約注釋）. Grand Rapids: Eerdmans, 1989.

Cranfield, C. E. B. The Gospel According to Saint Mark. Cambridge Greek Testament Commentary（《馬可福音》，劍橋希臘文聖經注釋）. Cambridge: Cambridge University Press, 1977.

Cullmann, Oscar. Christ and Time: The Primitive Christian Conception of Time and History（《基督與時間：基督教對時間與歷史的原始觀念》）. Floyd V. Filson, trans. Philadelphia: Westminster, 1950.

Danker, Frederick William, ed. A Greek-English Lexicon of the New Testament and Other Early Christian Literature, 3rd ed（《新約及其他早期基督教文學，希臘文－英文辭典》）. Chicago: University of Chicago, 2000.

Denney, James. The Christian Doctrine of Reconciliation（《和好的基督教教義》）. London: James Clarke, 1959.

______.Jesus and the Gospel: Christianity Justified in the Mind of Christ（《耶穌與福音：在基督的思想中被辯護的基督教義》）. London: Hodder and Stoughton, 1908.

Dodd, C. H. The Founder of Christianity（《基督教的創始者》）. London: Collier-Macmillan, 1970.

Dowd, Sharyn. Reading Mark: A Literary and Theological Commentary on the Second Gospel（《閱讀馬可福音：對第二部福音書的文學與神學注釋》）. Reading the New Testament Series. Macon, Ga.: Smyth and Helwys, 2000.

Edwards, James R. The Gospel According to Mark（《馬可福音》）. The Pillar New Testament Commentary. Grand Rapids: Eerdmans, 2002.

English, Donald. The Message of Mark: The Mystery of Faith. The Bible Speaks Today（《馬可的信息：信心的奧祕》，聖經在今日說話）. Downers Grove, Ill.: InterVarsity, 1992.

Erdman, Charles R. The Gospel of Mark（《馬可福音》）. Grand Rapids: Baker, 1966.

Eusebius. The History of the Church From Christ to Constantine（《從基督到君士坦丁的教會歷史》）. G. A. Williamson, trans. New York: Penguin, 1965.

Evans, Craig A. Mark 8:27-16:20. Word Biblical Commentary（《馬可福音8：27－16：20聖經注釋》）. Nashville: Thomas Nelson, 2001.

Filson, Floyd V. A Commentary on the Gospel According to St. Matthew. Black's New Testament Commentaries（《馬太福音注釋》，布萊克新約注釋）. London: Adam & Charles Black, 1960.

Foerster, Werner. From the Exile to Christ: A Historical Introduction to Palestinian Judaism（《從流放到基督：對巴勒斯坦猶太教的歷史簡介》）. Gordon E. Harris, trans. Philadelphia: Fortress, 1964.

Foreman, Dale. Crucify Him: A Lawyer Looks at the Trial of Jesus（《釘他十字架：一位律師看

耶穌的受審》）. Grand Rapids: Zondervan, 1990.

France, R. T. The Gospel of Mark. Doubleday Bible Commentary（《馬可福音》，雙日聖經注釋）. New York: Doubleday, 1998.

______.The Gospel of Mark: A Commentary on the Greek Text（《馬可福音：希臘經文的注釋）. The New International Greek Testament Commentary. Grand Rapids: Eerdmans, 2002.

Freedman, David Noel, et al. The Anchor Bible Dictionary, 6 vols（《安克聖經大辭典》共六冊）. New York: Doubleday, 1992.

Garland, David E. Mark. The NIV Application Commentary（《馬可福音》，新國際譯本應用注釋）. Grand Rapids: Zondervan, 1996.

Grant, Frederick C. "The Gospel According to St. Mark: Introduction and Exegesis." In The Interpreter's Bible, George Arthur Buttrick, ed（〈馬可福音：介紹與解經〉，載於《解經者聖經》）. New York: Abingdon-Cokesbury, 1951, VII: 627-917.

Green, Joel B., Scott McKnight and I. Howard Marshall. Dictionary of Jesus and the Gospels（《耶穌及福音書的字典》）. Downers Grove, Ill.: InterVarsity, 1992.

Guelich, Robert A. Mark 1-8:26. Word Biblical Commentary（《馬可福音1－8：26聖經注釋》）. Dallas: Word Books, 1989.

Gundry, Robert H. Mark: A Commentary on His Apology for the Cross（《馬可福音：對其為十字架的辯護的注釋》）. Grand Rapids: Eerdmans, 1993.

Guthrie, Donald. New Testament Introduction, rev. ed（《新約簡介》修訂版）. Downers Grove, Ill.: InterVarsity, 1990.

Hare, Douglas R. A. Mark（《馬可福音》）. Westminster Bible Companion. Louisville: Westminster John Knox, 1996.

Haynes, Carlyle B. Righteousness in Christ（《在基督裡的義》）. Takoma Park, Md.: Ministerial Association of Seventh-day Adventists, [1926].

Hengel, Martin. Crucifixion in the Ancient World and the Folly of the Message of the Cross（《古代世界中的十架酷刑與十字架信息的諷刺》）. Philadelphia: Fortress, 1977.

Hooker, Morna D. The Gospel According to Saint Mark. Black's New Testament Commentaries（《馬可福音》，布萊克新約注釋）. Peabody, Mass.: Hendrickson, 1991.

Hurtado, Larry W. Mark. New International Biblical Commentary（《馬可福音》，新國際聖經注釋）. Peabody, Mass.: Hendrickson, 1989.

Johnson, Sherman E. A Commentary on the Gospel According to St. Mark. Harper's New Testament Commentaries（《馬可福音注釋》，哈珀新約注釋）. Peabody, Mass.: Hendrickson, 1988.

Jones, J. D. The Gospel According to St Mark: A Devotional Commentary, 4 vols（《馬可福音：靈修注釋》，共四冊）. London: Religious Tract Society, 1919.

Josephus. Complete Works（《約瑟夫作品全集》）. William Whiston, trans. Grand Rapids: Kregal, 1960.

Juel, Donald H. Mark. Augsburg Commentary on the New Testament（《馬可福音》，奧格斯堡新約注釋）. Minneapolis: Augsburg, 1990.

Keener, Craig S. The IVP Bible Background Commentary: New Testament（IVP聖經背景注釋：新約）. Downers Grove, Ill.: InterVarsity, 1993.

Lane, William L. The Gospel According to Mark. New International Commentary on the New Testament（《馬可福音》，新國際新約聖經注釋）. Grand Rapids: Eerdmans, 1974.

Lenski, R. C. H. The Interpretation of St. Mark's Gospel（《馬可福音注釋》）. Minneapolis: Augsburg, 1961.

______.The Interpretation of St. Matthew's Gospel（《馬太福音注釋》）. Minneapolis: Augsburg, 1961.

Lewis, C. S. Mere Christianity（《區區基督教》）. New York: Macmillan, 1960.

Luccock, Halford E. "The Gospel According to St. Mark: Exposition." In The Interpreter's Bible（〈馬可福福：釋經〉，載於《評注者聖經》）, George Arthur Buttrick, ed. New York: Abingdon-Cokesbury, 1951, VII: 627-917.

MacLaren, Alexander. St. Mark, Chaps. I to VIII（《聖馬可，第1－8章》）. Expositions of Holy Scripture. Grand Rapids: Eerdmans, 1938.

______.St. Mark, Chaps. IX to XVI（《聖馬可，第9－16章》）. Expositions of Holy Scripture. Grand Rapids: Eerdmans, 1938.

Malina, Bruce J. and Richard L. Rohrbaugh. Social-Science Commentary on the Synoptic Gospels, 2d ed（《對觀福音書的社會科學注釋》，再版）. Minneapolis: Fortress, 2003.

Mann, C. S. Mark: A New Translation With Introduction and Commentary. The Anchor Bible（《馬可福音：新譯本，附簡介與注釋》，安克聖經大辭典）. New York: Doubleday, 1986.

Marcus, Joel. Mark 1-8: A New Translation With Introduction and Commentary. Anchor Bible（《馬可福音1－8章：新譯本，附簡介與注釋》，安克聖經大辭典）. New York: Doubleday, 2000.

Marshall, I. H. St. Mark. Scripture Union Bible Study Books（《聖馬可》，聖經聯合會聖經研究叢書）. Grand Rapids: Eerdmans, 1968.

Martin, Ralph. Mark: Evangelist and Theologian（《馬可：佈道家和神學家》）. Grand Rapids: Zondervan, 1972.

______.Where the Action Is: A Bible Commentary for Laymen, Mark（《行動之所在：為義工預備的聖經注釋》）. Glendale, Calif.: Regal Books, 1977.

McKenna, David L. Mark（《馬可福音》）. The Communicator's Commentary. Waco, Tex.: Word, 1982.

Minear, Paul S. The Gospel According to Mark（《馬可福音》）. The Layman's Bible Commentary. Richmond, Va.: John Knox, 1962.

Mishnah: A New Translation（《米示拿：新譯本》）. Jacob Neusner, trans. New Haven, Conn.: Yale, 1988.

Moltmann, Jürgen. The Crucified God: The Cross of Christ as the Foundation and Criticism of Christian Theology（《被釘十字架的上帝：基督教神學的根基和批判》）. R. A. Wilson and John Bowden, trans. New York: Harper & Row, 1974.

Morgan, G. Campbell. The Gospel According to Mark（《馬可福音》）. Old Tappan, N.J.: Fleming H. Revell, 1927.

Moloney, Francis J. The Gospel of Mark（《馬可福音》）. Peabody, Mass.: Hendrickson, 2002.

Moule, C. F. D. The Gospel According to Mark. The Cambridge Bible Commentary on the New English Bible（《馬可福音》，新英語聖經劍橋聖經注釋）. Cambridge: Cambridge University Press, 1965.

Myers, Ched. Binding the Strong Man: A Political Reading of Mark's Story of Jesus（《捆綁硬漢子：從政治的角度理解馬可所記載的耶穌故事》）. Maryknoll, N.Y.: Orbis, 1988.

Nichol, Francis D., ed. The Seventh-day Adventist Bible Commentary, 7 vols（《基督復臨安息日會參考文庫・聖經注釋》，共七冊）. Washington, D.C.: Review and Herald, 1953-1957, V: 561-660.

Nineham, D. E. The Gospel of St Mark（《馬可福音》）. The Pelican Gospel Commentaries. Baltimore: Penguin Books, 1963.

Perkins, Pheme. "The Gospel of Mark." In The New Interpreter's Bible（〈馬可福音〉，載於《新解經者聖經》）, Leander E. Keck, ed. Nashville: Abingdon, 1995, VIII: 507-733.

Philo. The Works of Philo（斐羅作品全集）, new and updated ed. C. D. Yonge, trans. Peabody, Mass.: Hendrickson, 1993.

Plummer, Alfred. The Gospel According to St. Mark（《馬可福音》）. Grand Rapids: Baker, 1982.

Rawlinson, A. E. J. St Mark, 3rd ed（《聖馬可》，三版）. Westminster Commentaries. London: Methuen, 1931.

Rhoads, David, Joanna Dewey, and Donald Michie. Mark as Story: An Introduction to the Narrative of a Gospel, 2d ed（《作為故事的馬可：對一部福音書之記述的簡介》）. Minneapolis: Fortress, 1999.

Ridderbos, H. N. Matthew. Bible Student's Commentary（《馬太福音》，聖經學者的注釋）. Roy Togtman, trans. Grand Rapids: Zondervan, 1987.

Rogers, Cleon L., Jr. and Cleon L. Rogers III. The New Linguistic and Exegetical Key to the Greek New Testament（《對希臘文新約聖經的新語言學與解釋學的鑰匙》）. Grand Rapids: Zondervan, 1998.

Russell, D. S. Between the Testaments（《兩約之間》）. Philadelphia: Fortress, 1960.

Ryle, J. C. Mark. Expository Thoughts on the Gospels（《馬可福音》，對福音書的釋經思想）. Edinburgh: Banner of Truth Trust, 1985.

Schneemelcher, Wilhelm, ed. New Testament Apocrypha, 2 vols., rev. ed（《新約偽經》，共兩冊，修訂版）. R. McL. Wilson, trans. Louisville: Westminster／John Knox, 1991, 1992.

Schürer, Emil. A History of the Jewish People in the Time of Jesus Christ, 5 vols（《耶穌基督時

代的猶太人歷史》，共五冊）. John MacPherson, trans. Peabody, Mass.: Hendrickson, 1998.

Schweizer, Eduard. The Good News According to Mark（《馬可福音》）. Donald H. Madvig, trans. Atlanta: John Knox, 1970.

Shepherd, Tom. Markan Sandwich Stories: Narration, Definition, and Function（《馬可的三明治故事：記述、定義與功用》）. Berrien Springs, Mich.: Andrews University Press, 1993.

Stedman, Ray. The Servant Who Rules: Exploring the Gospel of Mark, vol. 1, Mark 1-8（《掌權的僕人：探索馬可福音》，第一冊，馬可福音1－8章）. Grand Rapids: Discovery House, 2002.

______.The Ruler Who Serves: Exploring the Gospel of Mark, vol. 2, Mark 8-16（《掌權的僕人：探索馬可福音》，第二冊，馬可福音8至16章）. Grand Rapids: Discovery House, 2002.

Stott, John R. W. The Cross of Christ（《基督的十字架》）. Downers Grove, Ill.: InterVarsity, 1986.

Tacitus. The Annals, books XIII-XVI（《編年史》，第十三至十六冊）. John Jackson, trans. Loeb Classical Library. Cambridge, Mass.: Harvard University Press, 1937.

Taylor, Vincent. The Gospel According to Mark（《馬可福音》）. London: Macmillan, 1957.

Vincent, Marvin R. Word Studies in the New Testament, 4 vols（《新約中的辭彙研究》，共四冊）. McLean, Va.: Macdonald, n.d.

Wessel, Walter W. "Mark." In The Expositor's Bible Commentary. Frank E. Gaebelein, ed（《馬可福音》，載於《評註者聖經注釋》）. Grand Rapids: Zondervan, 1984, VIII: 601-793.

Williamson, Lamar, Jr. Mark. Interpretation: A Bible Commentary for Teaching and Preaching（《馬可福音》，解經：講課與講道用的聖經注釋）. Louisville: John Knox, 1983.

Witherington, Ben, III. The Gospel of Mark: A Socio-Rhetorical Commentary（《馬可福音：社會修辭學注釋》）. Grand Rapids: Eerdmans, 2001.

Wuest, Kenneth S. Wuest's Word Studies From the Greek New Testament, 4 vols（《威斯特對希臘文新約聖經的聖道研究》，共四冊）. Grand Rapids: Eerdmans, 1998.

## 中文書目

喬治・賴特，《羅馬書之旅》，台北：時兆出版社，2004年版。

懷愛倫，《天路》，台北：時兆出版社，1985年版。

———，《歷代願望》，台北：時兆出版社，2006修訂版。

———，《教育論》，台北：時兆出版社，1999年版。

———，《善惡之爭》，台北：時兆出版社，2003年版。

———，《喜樂的泉源》，台北：時兆出版社，1997年版。

「你當竭力在上帝面前得蒙喜悅，

作無愧的工人，按著正意分解真理的道。」提摩太後書2：15

# 第一編 序幕

# 馬可福音

（1：1—13）

# 01 什麼是福音書？

**可1：1**

[1]上帝的兒子，耶穌基督福音的起頭。

---

對於一群面臨尼祿殘酷暴行的信徒，你會寫一部什麼樣的書呢？羅馬史學家塔西圖告訴我們，當羅馬被燒之後，基督徒「被披上獸皮被狗活活咬死」，以此作為一種公眾娛樂。其他人被捆在十字架上，「當夜幕降臨時，他們就被當作夜間的路燈燒死。」（Tacitus, Annals, 15.44）如果你是馬可的話，而且不久之前可能剛見證了彼得的殉道，你會說些什麼，來安慰和鼓勵那些害怕逼迫再次降臨，而且可能會因此而慘死的信徒呢？

馬可對此問題的答案，開創了一種全新的寫作風格，後來逐漸被人們稱為福音書。馬太、路加、約翰和其他人都追隨了馬可的先例，但他可能是第一位創作出這種文學體裁的人。

在馬可寫作的時代，「福音」一詞原本不是指記載耶穌之生死的一種書籍。其實，這詞的**原意**是「好消息」的意思。因此，馬可第一節中指的是其信息的內容，而不是該書的文學形式。馬可在耶穌的故事中確實有一些「**好消息**」要和大家分享。事實上，這不僅僅是好消息，而且是最好的消息。保羅・米尼爾指出：「世事變幻愈莫測，福音就愈發迫切。」如果這種消息「能為人們的解脫提供能力的話（羅1：16，『福音本是上帝的大能，要救每一位有信心的人。』），那麼其卓越性就是無與倫比的。」（Minear, p. 46）馬可正是在這樣一種意義下，馬可將福音呈現了出來。所有對馬可時代的猶太聖經熟悉的人對這個意義都是明瞭的。例如，先知以賽亞將上帝的僕人描述為一位受膏者，為受苦之人帶來救恩之福音或好消息（見賽61：1—4）。

對於「福音」一詞，我們還需要注意我們的作者稱其著作的內容為：「耶穌基督的福音」而不是「馬可的福音」。但「耶穌基督的好消息」本身也可以有多種含義。其含義既可以指「**由**」耶穌宣揚的好消息，也可以指「**有關**」耶穌的好消息。這兩種含義在馬可的著作中都是正確的。耶穌總是處於核心的地位。祂既是發言人，也是被論及的對象。

我們可以問這樣一個問題：「但馬可到底是怎樣看待其『好消息』的根本內容呢？」他的回答基本上都出現在第一節，其中每一個字都意味深長。

就說說「耶穌」一詞吧。耶穌是第一世紀最常見的猶太人名之一。這是希伯來文約書亞的希臘文說法，其含義就是「耶和華是救恩」。自從舊約時代的約書亞帶領其百姓進入應許之地以來，父母們當然都喜歡取這個名字。

因此這個名字的含義及其歷史背景，都使之成為一個具有特殊意義的名稱。至終，是上帝在危難之時為祂的百姓差來了約書亞。正如亞倫・科爾指出，就像古以色列人站在迦南邊境上一樣，「摩西所做不了的，約書亞會完成。」這就使得「『耶穌』這個名字更加適合那要來的救主。」（Cole, p. 105）

第二個突出馬可之好消息的基本內容辭彙是「基督」。我們應時刻記得，當馬可寫其關於耶穌的書籍時，人們並不認為基督是一個名稱。我們所認為是耶穌基督的那個人，他在其有生之年被人們稱為拿撒勒人耶穌（1：9），以此來與其他許多帶有相同名字的人加以區分。基督等同於希伯來文的「彌賽亞」，就是「受膏者」的意思。在馬可福音中的其他地方（8：29；9：41；12：35；13：6、21；14：61；15：32），基督都被用來指一種職分，強調耶穌作為應許之彌賽亞的身分。基督徒花了一段時間，才把耶穌那位「**基督**」（其職分）理解為耶穌基督（其人）。

但這個頭銜本身對猶太人而言，卻具有重大意義，他們認為基督是上帝將要派來救其百姓脫離仇敵的受膏者。或許你已在我們對「福音」一詞的討論中注意到，「膏」字在以賽亞書61章中具有救主的含義：「主耶和華的靈在我身上；因為耶和華**膏**了（基督的動詞形式，直譯為『基督了』）我，叫我帶**好信息**（福音）給受苦的人，……報告被擄的得釋放，被囚的出監牢」（第1節，RSV中譯）。帶著這種認識，我們就不難看出馬可的話語中所蘊涵的深刻含義了。當他宣告「耶穌基督的福音」時，這句話的字面意思，就是那位將救上帝百姓的耶穌的好消息（參閱太1：21）。

> 好消息就是
>
> 拿撒勒人耶穌乃是
>
> 1 能帶祂的百姓進入應許之地的新約時代約書亞；
> 2 猶太人所一直期盼著的，受膏的彌賽亞／基督；
> 3 具有上帝自身之能力和權柄的上帝神聖的兒子。

馬可對於有關耶穌之好消息的理解中的第三個要素，就是祂是「上帝的兒子」。我們應注意的是，這幾個字雖然很有可能屬於第1節，但卻並非絕對肯定。這就是我在我的譯文中將這些字括起來的原因。雖然這句話在一些早期的新約手抄本中確實不存在，但尼德・斯通豪斯說得不錯，他主張：「如果這些字只是一種注釋（文士添加的話語），那麼它們代表了一位文士的作為，他對馬可描繪耶穌所採用的獨特風格，具有相當深刻的認識。」（見Lane, p. 41）畢竟，「上帝的兒子」或類似的說法，反覆出現在第二部福音書中，如馬可福音1：11；3：11；5：7；9：7；12：6；13：32；14：36、61；15：39等。

基督的頭銜與耶穌是上帝兒子的並列，對於正確地理解馬可福音十分重要。猶太著作通常將受膏者視為一位繼承大衛王位的勇士，而這部最早描寫耶穌的福音書，卻將上帝的受膏者表現為一位神靈——「上帝的兒子」。

這樣，從馬可福音的第一節開始，聖經作者就給予其讀者以獨到的信息。他們從一開始就知道耶穌是誰。但這一信息對於接下來所要講述之故事中的人物而言，卻不是一目了然。他們只能一點一點地得出讀者從一開始就理解了的結論。本書的第一大高潮出現在當彼得承認耶穌是基督的時候（8：29），第二大高潮出現在當羅馬百夫長在十字架腳下，宣稱「這人真是上帝的兒子」的時候（15：39）。

因此，馬可的讀者是站在一個有利的地勢上，觀看故事中的人物如何辨認耶穌的身分，以及他們應如何與祂相處。對於讀者而言，問題應是很清楚的。他們需要將他們的生命獻給耶穌，因為祂就是彌賽亞和上帝親生的兒子。

在開始學習馬可的福音書之前，我們最後需要查考的一個辭彙是「起頭」。米尼爾指出，我們不應將此詞侷限於馬可的序言部分，他這麼說似乎是正確的。實際上，記錄在其福音書中的「一系列事件馬可都視為『起頭。』」起頭就是「一切導致使徒們宣揚福音的事情。他結束其故事的地方，正是使徒們開始高聲傳揚他們親身見證的時刻，宣告這位被釘十字架的人，如今已被顯明是彌賽亞了。從這個意義上說，馬可可能曾想讓其讀者想起那另一個開始：『起初上帝創造天地。』」上帝已藉著耶穌「開始了一件新事，在這種認識之下」，馬可的第一節經文「提出了一個非凡的主張。」（Minear, pp. 47, 48）

這節經文不僅僅是一個「非凡的主張」，而且是一個能給馬可的讀者帶來安慰的主張——不僅包括那些被尼祿逼迫的人，而且包括歷代以來凡願意閱讀第二卷福音書對好消息之描述的人。

# 02 王的傳令官

可1：2－8

2正如先知以賽亞書上記著說：「看哪，我要差遣我的使者在你前
面，預備道路。3在曠野有人聲喊著說：『預備主的道，修直祂的
路。』」
4約翰來了，在曠野施洗，宣揚悔改的洗禮，使罪得赦。5凡在猶太
鄉村的人和凡在耶路撒冷的人都出去到約翰那裏，承認他們的罪，
在約但河裏受他的洗。6約翰身穿駝絨，腰束皮帶，吃蝗蟲野蜜。7
他傳道說：「在我以後，會來一位比我更強的，我就是給他解鞋帶
也是不配。8我用水給你們施洗，他卻要用聖靈給你們施洗。」

---

馬可福音的第二節和第三節是一段舊約聖經的引文，這一點非常重要，因為它使讀者想起基督教不是一個新宗教，而是從猶太教內部產生的發展。正如一位作者所形容的那樣，「耶穌並不是上帝的馬後炮，彷彿先前的救贖計畫已經不行了。實際上，耶穌是對上帝在以色列民中所做之工的延續，是律法和先知的成全者（太5：17）。」（Edwards, p. 28）

引文本身實際上是三段舊約經文的組合，即出埃及記23：20；瑪拉基書3：1和以賽亞書40：3。這三節經文都強調了為那將來者預備道路。

這一組合章節具有許多特色。首先，這是唯一處（和馬太不同）

馬可自己談到舊約預言的應驗，所有其他的章節都出現在耶穌的講論之中（見Hooker, p. 34）。因此這個引文對馬可的讀者而言，一定具有特別重要的信息，因為他賦予其如此突出的地位。

如果我們只將這個經文組合看為是指約翰的傳道工作，而約翰又接著引導我們去注意基督的來臨的話，我們就完全誤解了作者的寫作動機。這段經文確實有這層含義，但還有更重要的。例如，仔細閱讀瑪拉基書和以賽亞書章節的讀者都會注意到，以賽亞書經文中的主就是上帝，而瑪拉基書經文中的使者，是為上帝預備道路的。這些事實表明，約翰不是純粹在為一位像君王一樣的彌賽亞預備道路，而是在為顯現為拿撒勒人耶穌的上帝本身。因此這段引文從舊約聖經的角度，強化了第一節的主張。

當然，這段話也指明了使者的身分，因為根據瑪拉基書4：5的預言，猶太教徒中逐漸出現了一種普遍的期盼，認為將有一位以利亞，作為上帝未來國度的先驅再次來到。難怪施洗約翰像舊約時代的以利亞一樣，以「身穿毛衣，腰束皮帶」的打扮亮相（王下1：8）。

對約翰的具體描繪，將他表現為一位反對現狀的人。他棄絕城市的奢華，到死海附近的荒野中生活，他放棄華美的衣著，吃蝗蟲野蜜這樣有限的飲食。被譯為蝗蟲一詞的原文有兩種可能的含義。第一個意思是指利未記11：22、23宣佈為潔淨的、像蚱蜢一樣的昆蟲；第二種意思則是給最貧窮的人當食物吃的一種豆類（稻子豆）。

馬可告訴我們，正是這樣一個人，「凡在猶太鄉村的人和凡在耶路撒冷的人都出去」看他（1：5）。這裏所說的「凡」，不太可能是指猶太和耶路撒冷的人一個都不差地出去看約翰。馬可顯然採用了誇張的手法。儘管如此，摩爾娜・胡克還是建議說：馬可的「誇大之詞……不應被當作只是一種誇張的手法而不當回事。這些話語表明了約翰的工作成就；有足夠的國民代表聽到了約翰的信息，足以說明他已完成了他的工作，並為上帝在審判與救贖中的降臨預備了百姓。」（Hooker, p. 37）第一世紀猶太史學家約瑟夫告訴我們，約翰的知名度連希律都感受到了，「他惟恐約翰在百姓當中的巨大影響力會威脅到他的政權，並且有可能會引發暴動。」（Josephus, Antiquities, 18.5.2）

但一個像約翰這樣的人，根本就不是為了希律的寶座而來——他所追求的是他的靈命。任何人看見或聽見施洗約翰這個人，都會認為他絕對是個反文化者。他不僅看起來像，而且他還有一個反文化的信息——一個對二十一世紀和第一世紀都同樣迫切的信息。

那個信息的核心內容就是約翰對於悔改的呼召。悔改是那些特別容易被人們隨意使用、卻根本不明白其含義的宗教辭彙之一。大多數人把為他們的罪憂傷與悔改混為一談。正如懷愛倫指出的，「許多人為自己所犯的罪憂愁，且在外表上改過自新，是因為怕受犯罪所生的苦難。但照聖經的立場講來，這並不是悔改。他們是為苦難悲哀，不是為罪孽悲哀。」（《喜樂的泉源》，15頁）

哈爾福特・路科克說得不錯，他曾寫道：「在約翰的講道中，悔改是一種徹頭徹尾的改變，正如所有的真悔改一樣。這個詞是一個強有力的字眼——『一個新的心意。』它需要一種根本的轉變，意志朝著一個新方向的扭轉。因此，悔改總是多於悔罪。它不是懊悔；不是承認錯誤；不是自責地說：『我是個傻瓜。』誰沒背誦過這些陰沉的儀文呢？它們很常見，也很容易。悔改卻不僅如此。它不僅僅是為個人的罪『憂傷』。它是一種道德和靈性上的革命。」

「正因為如此，真實地悔改是世界上最難做的事情之一；但它又是一切屬靈改變和進步的基礎。它要求對驕傲、自恃、來自成功的威望，以及人內心深處的堡壘（就是任性）的徹底瓦解。」（Luccock, p. 649）

約翰藉著悔改的呼召，擊中了罪惡問題的根本。他的信息既是給法利賽人的，也是給明目張膽的罪人。這信息不僅適用於第一世紀的人，也適用於生活在兩千年後的法利賽人（體面的教會人）以及囂張的罪人。

約翰信息中的第二個要素是認罪。我們又遇到一個需要我們省察己心，並且改變認識的宗教概念。

真認罪不僅僅是人們說他們對不起上帝。相反的，它是從我們個人的自我開始。認罪的第一步就是要我對自己認罪。這就是要對自己以誠相待，並且承認我真的做錯了，承認我所做的很嚴重，承認在我生活中我需要上帝的赦罪之恩。真認罪的第一步就是要和自我搏鬥。威廉・巴克萊曾寫道：「有人講述一個人邁向恩典的第一步。一天早上當他起來刮鬍子的時候，他看著自己在鏡子裏的臉，突然說：『你這個混蛋！』。」（Barclay, Mark, p. 4）

認罪的第二方面，就是到那些我們曾得罪過的人那裏去。有太多的人自以為他們可以只向上帝認罪而不用向他人道歉。他們需要醒一醒，聽聽施洗約翰的信息。當然，告訴別人說我們對不起他，這是一種很令人降卑的經驗。但這種謙卑正是我們所需要的。

認罪的第三方面就是到上帝面前。新約聖經中最偉大的應許之一，就是「我們若認自己的罪，上帝是信實的，是公義的，必要赦免我們的罪，洗淨我們一切的不義。」（約一1：9）

需要受洗也是約翰信息中的重要內容。特別令猶太人感到吃驚的是約翰提出他們需要受洗。基督時代的猶太人知道，外邦人需要接受洗禮才能成為上帝百姓的一分子，但他們卻相信他們自己並不需要，因為他們已經是亞伯拉罕的子孫了。

約翰說：不對！就連宗教人士也必須到上帝面前來認罪悔改，然後罪在洗禮中被水象徵性地洗淨。所有人都必須被埋在水的墳墓中，並在基督裏重獲新生（見羅6：1－4）。

約翰信息的坦白可能令一世紀的猶太人感到震驚，但他卻能吸引一大群人，因為他們覺察到自身的需要。除此以外，他也實行了他所傳講的。他放棄了屬世的信條，接受了一套反文化的價值。他不是光講要在上帝面前自卑，而且他不像那些以其地位或財富或宗教為榮的人，他甚至聲稱自己不配履行一個奴僕的職責——給主人解鞋帶的工作（可1：7）。

如果人們看重約翰信息的話，就會發現這並不是一種安慰人心的信息。我們不喜歡聽施洗約翰所傳揚的那種東西，但那卻是我們需要用心領受的一個信息。而在耶穌取代其先驅之後，將是祂在馬可福音餘下部分中所重拾的信息。

# 03 王的受膏與受試探

可1：9－13

[9]那時，耶穌從加利利的拿撒勒來，在約但河裏受了約翰的洗。[10]他
從水裏一上來就看見天裂開了，聖靈彷彿鴿子降在他體內。[11]又有
聲音從天上來宣告說：「你是我的愛子，我喜悅你！」[12]聖靈立刻
把耶穌趕到曠野裏去。[13]他在曠野四十天被撒但試探，他與野獸同
在一處，且有天使來伺候他。

---

這段經文是經典的馬可風格。短小精悍、乾脆俐落、一針見血。與馬太和路加不同，馬可沒有耶穌的家譜、沒有從遠方來的博士、沒有天使報佳音、沒有在聖殿裏的小耶穌。在馬可福音中，耶穌就像晴天的一道閃電般出場。整本馬可福音的特點就是精煉。

我想如果你或我寫福音故事的話，我們一定會對劃時代事件的年代記述得特別精確。但馬可卻不是這樣，他只是說：「那時」（1：9）。他所要表達的重點，不是耶穌開始傳道的日子或年代，而是要顯明祂與先驅約翰的工作之間那個非常重要的聯繫。馬可是在仿效彼得不久前對哥尼流的講道。在那篇講道中，彼得以「約翰宣傳洗禮」開始，轉而講論「上帝怎樣以聖靈和能力膏拿撒勒人耶穌」（徒10：37、38，RSV中譯）。

和馬太不一樣，馬可並沒有因為無罪的耶穌接受約翰悔改的

受洗而感到困惑。我們看不到約翰說他需要受耶穌的洗，甚或耶穌受洗的理由（見太3：14、15）。馬可卻急於使其讀者領受重要的事情，就是與耶穌的洗禮相關的事件。

他列舉了三件這樣的事情：一、天的敞開和聖靈的降下；二、從天而來肯定耶穌是上帝兒子的聲音；三、聖靈召耶穌進入曠野，去與撒但作戰。

在一世紀猶太教的背景下理解，天的敞開是非常重要的，因為自從四百多年前舊約的最後一位先知去世之後，上帝已停止與其子民直接說話了（見馬加比一書4：46；9：27；14：41）。因此，耶穌受洗時天的敞開，象徵了人們期待已久的上帝之靈的歸來。《利未遺訓》（Testament of Levi）曾在二百五十多年前預言了整個過程，當中寫道：「將有一位新祭司，耶和華所有的話都將向他啟示……天要裂開，有父親般的聲音，像亞伯拉罕對以撒那樣，從榮耀成聖的殿臨到他。至高者的榮耀要照耀他。通達和成聖的靈要停留在他身上。」（利未遺訓18：2、6、7）

簡而言之，馬可福音1：9－11所啟示的信息，對於一世紀的猶太人來說，已是時機成熟了。馬可的描述充滿了聖經表號，天（複數）指的不只是天空。保羅在哥林多後書12：2談到自己在異象中被提到第三重天上去。「天」在馬可福音1：10不僅意味著聖靈穿過天空降臨，還包含著上帝是從天上聖殿的神聖寶座間差祂來。這意味著天地之間、上帝與其子民之間的交通又重新開啟了。鴿子的比喻對於那些熟悉猶太教聖經的人來說，也是很有意義。最直接的可能就是使人想到創世記第8章，其中記載鴿子在大洪水之後給挪亞帶來了佳音。一世紀的猶太人約定俗成地相信，聖靈的降下將宣告彌賽亞時代的開始。

舊約聖經描寫聖靈臨到先知、君王和其他領袖的身上，給他們能力來完成他們各樣的任務，這樣的例子包括基甸（士6：34）、參孫（士15：14）和掃羅（撒上10：6）。舊約聖經中反覆記載了當聖靈臨到他們個人身上之後，他們便開始為上帝作工。《所羅門的詩篇》（Psalms of Solomon，大約寫於西元前一世紀的猶太教著作）將聖靈賜下能力這一點，應用在將要來到的彌賽亞身上。作者在描寫這未來的國王時說：「上帝使他在聖靈中有能力，在通達謀略上有智慧，有能力和公義。」（所羅門的詩篇17：37）從這個角度而言，聖靈臨到彌賽亞應是為了裝備祂，使祂有能力來完成其使命。這正應驗在耶穌的生平之中。

「有聲音從天上來」宣告耶穌是上帝的兒子，是祂所喜悅的（可1：11），這也使一世紀的猶太讀者，想起許多出自舊約聖經的具體概念。耶穌的這句引言，是詩篇2：7和以賽亞書42：1兩節舊約經文的結合。所有的猶太人，除了撒都該人以外，都承認詩篇第2篇所說的：「你是我的兒子，我今日生你」，是對將要來臨之彌賽亞的描寫。以賽亞書第42章的引言——心裏所喜悅的，是一段關於耶和華僕人之篇章的開場白，這段經文最終以第53章偉大的彌賽亞篇章為高潮。而這個僕人的命運是要遭受虐待和反對。根據這些事實，威廉・巴克萊總結說：「耶穌從洗禮中得到了兩件肯定的事——祂確實是上帝所揀選的那位，而且擺在祂面前的道路就是十字架的道路。就在那一刻，祂知道祂被選為王，但祂也知道祂的寶座必須是一個十字架。」（Barclay, Matthew, vol. I, p. 53）

從天上來的聲音向耶穌顯明了兩件事

1. 祂是上帝的兒子
2. 祂的寶座將是一個十字架

詹姆斯・愛德華寫道：「上帝從未對任何一位先知像耶穌受洗時對祂那樣說話。亞伯拉罕是上帝的朋友（賽41：8），摩西是上帝的僕人（申34：5），亞倫是上帝所揀選的人（詩105：26），大衛是合上帝心意的人（撒上13：14），保羅是使徒（羅1：1）。」但「只有以色列（出4：22），以及作以色列領袖的王（詩2：7），曾被稱為上帝的兒子。但以色列所失敗的地方，耶穌代替了他們。」（Edwards, p. 38）

耶穌的洗禮是其人生中的一件關鍵大事，使祂有能力與撒但交鋒，不僅是在曠野的試探中，而且貫穿祂整個傳道過程。難怪當公會後來問耶穌祂是靠什麼權柄行事時，祂便將質問祂的人引回到約翰的洗禮上去（可11：27－33）。

馬可告訴我們，耶穌一受完洗，聖靈就催促祂到曠野裏去。他以兩概念繼續寫作：一、祂是上帝的兒子；二、祂的一生將是滿有衝突的一生。這種掙扎不僅立刻開始，而且是在撒但的地盤上發生，即在曠野，一個野獸出沒的地方。

從一開始，新受膏的耶穌就不得不與那惡者搏鬥。而且在祂的一生中，除了衝突就是衝突。在其一生的每一個危機時刻裡，耶穌都不得不單獨面對那惡者。即或祂希望祂的門徒能堅定地站在祂後面支持祂，也無濟於事。

與馬太和路加不同的是，馬可沒有描寫撒但的三次試探。從馬可對於受試探的簡短描寫中，我們所應得出的主要教訓就是，耶穌完全地戰勝了魔鬼，而且祂的勝利是具有戰略意義的，因為「那勝利確保了祂在以後的試探和交戰中的得勝。」馬可所描寫在曠野的交戰，是一場漫長的戰爭（四十天），但「在這次勝利之後，耶穌就有資格從撒但的爪牙中奪回其他人了。祂現在可以吩咐鬼，它們就承認他的權柄。上帝大能的降下，就這樣完成了人類事件中，挑戰唯一的另一個終極權力中心，並且取得了勝利」，這勝利將在整本第二卷福音書中一直延續下去。（Minear, p. 52）

從馬可福音1：12、13的試探開始的衝突主題，一貫地將耶穌描寫為一位得勝者。即或當事情看起來好像撒但在十字架上占了上風時，也依然如此。而福音書的故事是以復活而不是死亡結束的。這樣，那在曠野戰勝了撒但的主最終也必能說：「我是那存活的。我曾死過，現在又活了，直活到永永遠遠，並且拿著死亡和陰間的鑰匙。」（啟1：18）

耶穌受膏和受試探的故事對於馬可時代擔心害怕的信徒而言，是滿有意義的。畢竟，他們也和耶穌一樣受過同一個靈的洗，他們渴望加入上帝兒子的大家庭，他們也和耶穌一樣與同一位試探者搏鬥，如果他們保持與祂聯合在一起的話，就可以期望獲得相同的勝利。這種景況對於我們這些兩千年後跟隨祂的人而言，依然如此。

在轉離對試探的探討之前，我們應看一下馬可福音中特有的一句話，這是在馬太和路加對耶穌受試探的記述中所沒有的話：「他與野獸同在一處，且有天使來伺候他」（可1：13）。作者在選擇這個實例的時候，可能是想到了尼祿的殘暴逼迫。如果真是這樣的話，馬可可能加上了「『與野獸同在一處』的不尋常的話語，藉以提醒其羅馬讀者，基督也曾被扔給野獸，而且正如天使曾來伺候祂那樣，天使也將伺候面臨殉道的羅馬讀者。」（Edwards, p. 41）

這同樣的邏輯，在歷代的信徒面對但以理書第7章和啟示錄第13章中所描述的那些野獸，也曾給他們加添力量。上帝的百姓可能會經歷各種艱難的時期，但祂並不拋棄他們。正如雷・斯泰德曼如此美妙地指出：「耶穌沒有任何人類的同伴或助手。祂在曠野所聽到的挑戰唯一聲音就是仇敵的聲音。但祂並不孤單。」

（Stedman, Servant Who Rules, p. 39）

「你當竭力在上帝面前得蒙喜悅，
作無愧的工人，按著正意分解真理的道。」提摩太後書2：15

# 第二編 第一幕
# 體驗上帝掌權的福氣

（馬可福音1：14－8：30）

# 04 福音書的實質

可1：14、15

[14]約翰下監以後，耶穌來到加利利，宣傳上帝的福音，[15]說：「日期滿了，上帝的國近了！當悔改，信福音。」

---

對於不在意四福音的讀者，他們很容易忽視這樣一個事實，那就是馬可在第13和第14節之間省略了耶穌一年多的傳道生活。那一年包括了在迦拿婚宴上的神蹟（約2：1、2），祂與尼哥底母的相會（3：1－15），耶穌在井旁與那婦人的對話（4：7－42），以及第四部福音書中所記載的其他事件。正如對待耶穌的家譜及其誕生的記載，馬可保持沉默一樣，第二部福音書對於耶穌第一年的傳道服務也隻字未提，儘管其中部分事件是在猶太地發生的。約翰福音告訴我們，耶穌是在人們開始認為祂和施洗約翰是競爭對手時離開猶太地，前往加利利的。

記載在第15節耶穌的信息，包括了四大要素。頭兩個是對事實的陳述，而後兩個是命令。

**一、對事實的陳述**

1. 日期滿了
2. 上帝的國近了

**二、命令**

1. 當悔改

### ❷ 當信福音或好消息

對於「日期滿了」這句話，希臘文用來表示時間的辭彙，標誌著一個特定的時間點。奧斯卡・庫爾曼告訴我們：「kairos在世俗用法中表示特別適合採取某種行動的時機；它是指在不知道其實際日期的時候，早就被論及的時間點；它是固定的日子，用現代的話說，就是所謂的「D日」。（編按：D day，軍事術語，後引伸為執行計畫行動的開始日。）（Cullmann, p. 39）

保羅・米尼爾問：「耶穌所說的『滿了』是什麼『日期』呢？就是罪孽與憂傷之時，耐心等候與懊悔預備之時，重大決定與風險之時，上帝所設定與應許之時，祂將帶著最終的審判與憐憫到地上來的時日。」（Minear, p. 53）

對於猶太人而言，那個特殊的時刻就是彌賽亞時代的黎明。或者像雷蒙德・科特爾所說的那樣，人們將耶穌所宣告的「日期滿了」理解「為一種對於彌賽亞王國將要被建立的宣布。」（Nichol, vol. 5, p. 568）

但以理書9：24－27的時間性預言，曾激起人們對時間因素的興趣。這段經文在討論七十個七年時，指明了那將要「贖盡罪孽，引進永義」的「彌賽亞大君」來臨的時間。巴比倫《塔木德經》（見b. Sanhedrin, 97a, b）曾保留了對此題目的一些探討。保羅似乎也在暗指同樣的思想，他曾寫道：「及至時候完全到了，上帝就差遣他的兒子。」（加4：4，RSV中譯）

耶穌在馬可福音1：15中的第二個事實：「上帝的國近了」，與但以理書第9章的彌賽亞式理解相一致。當時大多數猶太人都不會對那些觀念及其相互之間的關係產生任何疑問，但他們卻會對耶穌對國度的理解感到難以接受。他們期望一位彌賽亞式的君王坐在大衛的寶座上，行事並要像一位對以色列的一切仇敵都所向披靡的軍事征服者一樣。兩約之間出現的《所羅門的詩篇》（Ps. of Sol.）向他們談到了這樣一位君王，他不僅會被授予超自然的恩賜，而且他將「用一個鐵杖打碎他們一切的物質」，並「用他嘴中的道毀滅不法的列國。」（所羅門的詩篇17：24、25）

他們既帶著這樣的期望，難怪一世紀的猶太領袖會如此難以接受耶穌是彌賽亞。鬧了半天，祂的命令不是要他們武裝起來，而是要悔改和相信。基督國度性質的顯明，以及猶太人對其信息的理解與誤解，將是貫穿整本馬可福音其餘內容的主線。

但在我們對此進行探索之前，我們需要先研究耶穌福音信息中的兩個核心命令。第一個是「當悔改」。

「**悔改**」一詞的希臘原文「metanoia」表示一種心意的改變。但人心可以是非常具有欺騙性的。正如威廉・巴克萊所提到的，「我們特別容易將這兩件事混為一談，就是為罪的後果憂傷與為罪憂傷。有太多的人因為罪使他陷於困境而絕望地感到憂傷，但那人非常清楚地知道，如果他能有足夠的理由確知他能逃避後果的話，他還會再去做相同的事情。他所恨惡的不是罪，而是罪的後果。但真悔改的意思，是一個人不僅為其罪的後果而感到憂傷，而且恨惡罪本身。……悔改的意思就是一個曾經愛上罪的人，因其極大的罪惡而開始恨惡罪。」（Barclay, Mark, p. 17）

**基督教的基本要素**

「讓我們自問，我們對這種悔改和信心所知為何。我們是否感受到了我們的罪，並且棄絕了它們呢？……我們可以沒有學問、或財富、或健康、或屬世的尊貴而進入天國。但我們若死不悔改和相信，我們就永遠也無法進入天國。」（Ryle, p. 8）

真實的悔改處於施洗約翰和耶穌信息的核心地位。不幸的是，他們的世代和我們一樣，不喜歡這個觀念。這兩個人最終都將因他們的堅決主張而被治死，他們都堅決主張所有的男女都轉離那些正在毀滅他們的罪——不論是屬靈的罪，就如耶穌與猶太教領袖的衝突，還是屬肉體的罪，就如約翰對希羅底不正常的婚姻而有的衝突。

我們人類最恨惡的就是一種對真悔改的呼籲，一種對放棄那些我們如此貪愛之罪的號召。我們更喜歡那種膚淺虛偽的態度，正如一篇對《古老的公禱書》中「一般認罪禱告文」的改寫所諷刺的那樣：「慈悲、隨和的父啊：我們偶爾有判斷失誤的罪。我們生活在基因敗壞、環境惡劣的條件下。我們有時未能按照常識行事。我們已在環境許可的情況下盡力而為了，並且力求做到不疏忽和為人正派的一般標準；我們很高興地認為我們相當正常。主啊，求你輕待我們不常犯的過失。願你隨意，照著我們有權指望你的無限寬容，恩待那些承認他們不完全的人。像放縱孩子的父母一樣，允許我們從此以後繼續過一種無害處的快樂生活並保持自尊。」（David Head in Garland, p. 65）

這是大多數人所想聽到的，但這不是耶穌和約翰的信息。對他們而言，罪是嚴重的、致命的，是必須予以棄絕的。

這正是馬可福音1：15的第二道命令出現的地方。耶穌不僅警戒了罪的真實危險，祂還超越了罪與悔改而指向了對問題的解決方法。如果說基督在馬可福音1：15中的第一道命令，是在悔改中**轉離罪惡**的話，那麼祂的第二道命令，就是要**轉而**相信福音。

在耶穌的第二道命令中，祂超越了約翰。施洗約翰提出要悔改，但耶穌所傳的卻是以悔改作為邁向相信那至關重要之好消息的一步。那好消息是什麼呢？馬可將在其整本福音書中加以說明。在此，我們只是先略略闡釋一下其內容。

好消息就是

- 上帝的國降臨了
- 上帝在耶穌裏與我們同在
- 上帝關愛我們
- 耶穌能醫治我們的肉體和心靈
- 耶穌獲得了對罪及其結果的勝利
- 我們在耶穌裏有盼望、心靈的平安和永生

這就是好消息，整本馬可福音都與這消息有關。耶穌今日希望我們接受的就是這消息。

# 05 對門徒身分的一瞥

可1：16－20

16順著加利利的海邊走，他看見西門和安得烈（西門的兄弟），在海
裏撒網。他們本是打魚的。17耶穌對他們說：「跟從我，我要叫你
們成為得人的漁夫。」18立時，撇下網，他們就跟從了他。19稍往
前走，他又見西庇太的兒子雅各和他兄弟約翰在船上補網。20耶穌
立刻招呼他們；撇下父親西庇太和雇工留在船上，他們就跟從了
他。

---

「他看見。」

簡單而又滿有含義的話語。

耶穌看見了什麼呢？

我告訴你們我所看見的。我什麼特別的東西也沒有看到，只不過是四個漁夫而已。滿身惡臭、穿著粗陋、沒有文化的大老粗。我見到一個耳朵小、嘴巴大的人。彼得的嘴巴大得使他在本應聆聽耶穌無價話語的時候還在說話。我看到一個在誇耀其勇敢及其在世上的地位時不甘落後，在耶穌最需要他時卻向後退縮的人。

我又看到雅各和約翰，這兩位和彼得也差不了多少，但脾氣卻不太好，以至於人們漸漸地送他們一個綽號，叫半尼其，就是雷子的意思（可3：17）。他倆有一次大發脾氣，甚至想要毀滅整座

撒瑪利亞村莊，只因這裏的居民對耶穌態度冷淡（路9：54）。當談到屬世的野心時，他倆尋求在基督的國中獲得最高貴的地位方面，一點也不比彼得遜色，甚至會讓他們的母親（耶穌的姨媽〔參閱可15：40；太27：56；約19：25〕）向耶穌提出要最重要職位的要求（太20：20、21）。但論到對耶穌的支持，他們卻和彼得一起在客西馬尼園中睡覺，後來又在羅馬人抓住祂後，撇下祂去獨自面對其孤獨的命運（可14：50）。

我看到了什麼鼓舞人心和有品質的東西呢？沒有太多。

但耶穌看見了什麼呢？祂觀察到四個可以被塑造成傳講其福音之大能的人。祂看出彼得轉變成為中流砥柱，而約翰變成最有愛心、最會關心人的人。耶穌看見了我們所看不見的東西。懷愛倫寫得不錯，她說：「祂在每一個人身上看出無限的可能性。祂看出人們受了祂恩典的改造……所能達到的地步。」（《教育論》，67頁）

「他看見」這幾個字包含著一個隱藏的教訓。耶穌看見了別人所看見的，但祂看見了更多的東西。當祂注意到這幾個在漁船上工作的人時，祂也看到了這些人所可能成為的樣子。

那好消息就是祂還在看見。祂看見你和我帶著一切的殘缺、問題和不足，但那並不是祂所觀察到的一切。祂看到我們完全被祂的恩典改造成在其事業中大能而有技巧的參與者。祂不是看我們現在是什麼樣的人，而是看我們藉著運行，祂改變人心並賦予大能之恩典在我們生活中所能成為的人。

我們可以因「他看見」了而感恩。但我們也能因祂還在看見而感恩。就連「他看見」這樣的話語中都含有福音。

而耶穌並不是單單看見了彼得、安得烈、約翰和雅各，祂也召他們跟從祂。

對福音故事不在意地閱讀可能會給我們一種印象，認為這種呼召是耶穌正巧在海邊散步時一次巧遇中發生的。但事實並非如此。一種了解、成長、成熟的過程，在呼召之前早已發生了。我們在約翰福音中瞥見了這一早先的經歷。這些人當中，有些人曾是施洗約翰的門徒。他們曾聽到施洗約翰宣告說，耶穌是「上帝的羔羊」（約1：29），他們當時曾跟隨祂一段時間。這些人當中一位就是安得烈，另一個無疑就是西庇太的兒子約翰。此後不久，安得烈就告訴他兄弟（西門彼得），說他找到了彌賽亞（35－42節）。除此以外，這些人在他們正式蒙召之前，還見證了諸如耶穌在迦拿變水為酒的神蹟（2：1、2）。

他們已經認識了耶穌，祂也認識了他們。他們的蒙召是一個發展中的關係的一部分，這在整本馬可福音中會繼續成熟。

我們的經文指出，耶穌的邀請不是一種獲得特權和舒適的召喚，而是要去服務。祂召他們去執行一項會佔用他們後半生的任務，其中至少有兩位（雅各和彼得）要為祂的緣故而英年早逝。傳說告訴我們，有一位（約翰）要在被放逐到拔摩海島之前，被下在沸騰的油鍋裏。他們的門徒身分是會有一定的代價的，而這種代價並不輕鬆。他們蒙召的目的，是要使他們成為得人的漁夫。請注意，耶穌並沒有召來單單坐在教堂裏、讀經、或只是去組織和管理的人。相反，祂召他們是為了要抓住男女眾人——一種佈道性的責任。這就是對每一位門徒的呼召——甚至對於兩千年後的我們也是如此。哈爾福特・路科克指出：「一個如此清楚明確、威風凜凜的邀請，竟會變得模糊了，這真是件奇怪的事情！但這種現象卻曾一次又一次地上演。基督教團契的佈道宗旨，捕魚事工的優先權，會很容易地進入能見度低的地區。當那偉大的『第一』變成第二或第三時」，即或是為了一些美好的教會目標，

「一種令人麻木的枯燥乏味便開始侵襲教會。」（Luccock, p. 658）

我們這段簡短的章節還蘊藏著另一個教訓。耶穌呼召打魚的漁夫要成為得人的漁夫。這裏有一個需要我們牢記在心的真理。當一個人來就耶穌時，祂會使用我們自然已有的才幹。當我們成為基督的門徒時，我們以往的技能和才幹不會被丟棄。正如祂讓漁夫得人心一樣，祂也能將作家、醫生、教師和木匠的技能，用在祂的服務中。基督的跟從者雖然可能擁有不同的技能，但有一件事是可以肯定的，那就是每個門徒身上都有一些上帝能用來佈道性地建立國度的東西。鍾斯指出，當耶穌呼召一個人時，祂會「尊榮和高抬」他們的呼召。「請注意，基督不毀壞，祂會轉化。祂不會毀壞這些人因從事打魚的工作而獲得的警醒、機敏的品質，祂轉而使他們從事更高尚的用途，『你們從此要抓人了』。」（Jones, vol. 1, p. 33）

第20節告訴我們，雅各和約翰撇下了「父親西庇太……在船上」，然後「他們就跟從了他」。馬可福音1：16－20中的這四個門徒都撇下了一些東西。對於彼得、安得烈和西庇太的兩個兒子而言，他們所撇下的是他們的船、他們的生計，從某種意義上說，也包括他們的家人。他們並不是懷著「先試試看再說」的態度而加入耶穌的隊伍。相反的，他們的門徒身分帶有一種終結性，他們捨棄了一切來跟從祂。

門徒的身分仍然是一系列的撇棄。對我們當中的有些人而言，是工作，對其他人而言，是朋友，還有一些，可能是偏見。若沒有真實的撇棄，就不可能有真實的跟從。

我們還需要查考門徒身分的另一個層面。耶穌告訴祂的第一批門徒說，如果他們要跟從祂，祂就會「叫」他們「成為得人的漁夫」（1：17）。那好消息就是，作為門徒，我們永遠也不會真的孤單，呼召門徒的主人必裝備祂的門徒。耶穌將花許多年來教導祂的第一批跟從者，以便預備好他們去執行祂擺在他們面前的任務。對馬可福音的細心閱讀顯明，從某種意義上說，這是一個關於門徒如何從不合格向合格進步的發展故事。當然，耶穌一切勞苦的果效，大部分是在五旬節之後實現的。我們可以將馬可福音，看作一部以耶穌如何預備其跟從者去從事其工作為實例的說明書，當中闡述如何在活動中培訓門徒，而這種培訓門徒的工作，並沒有在福音故事的結尾處停止。這項工作一直會持續到末時，並且包括凡曾回應過基督呼召的人。

「他看見。」

祂還在看見。

那好消息的一部分內容就是，如果耶穌能藉著那四個漁夫做工的話，祂肯定也能使用你和我。在他們身上，祂看見了無限的潛能，這似乎並不難被我們所理解。但祂在我們身上也看出了同樣的潛能，這卻似乎使我們覺得難以想像。然而這就是事實。祂還在看見，而且祂所看見的正是我們。祂今日正在呼召的也是我們。留給我們的是一個擾人的問題，那就是我們將如何回應。答案只有兩個——願意或者不願意。

# 06 一次權柄的顯示

可1：21－28

[21]到了迦百農，耶穌立刻在安息日進了會堂，開始教訓人。[22]眾人
很驚奇他的教訓，因為他教訓他們，正像有權柄的人，不像文士。
[23]在會堂裏立刻有一個被污鬼附著的人。他喊叫[24]說：「拿撒勒人
耶穌，你想幹嗎？你來滅我們嗎？我知道你是誰，乃是上帝的聖
者。」[25]耶穌責備他說：「安靜，從他身上出來吧！」[26]污鬼叫他
抽瘋並且大聲喊叫，就從他身上出來了。[27]眾人都驚訝，於是彼此
議論說：「這是什麼事？是個帶權柄的新道理啊！他吩咐污鬼，他
們就聽從了他。」[28]對他的傳言立刻在加利利四圍的鄉間傳開了。

---

根據馬太福音4：13和9：1的記載，迦百農成了耶穌離開拿撒勒之後的居所。迦百農位於加利利海的西北岸（見本書第11頁的地圖），這裏是湖邊最大的漁村。作為一個具有一定重要性的村莊，這裏有一個稅關（太9：9）和一個羅馬駐防城。這個駐防城的軍長對猶太人特別友善，甚至為他們建了一個會堂（太8：5－13；路7：1－10）。迦百農不僅是西門彼得和安得烈的家鄉（可1：29；路4：38），這裏也是稅吏馬太在任職時接受耶穌呼召的地方（太9：9－13；可2：14－17；路5：27－32）。耶穌將在迦百農行許多神蹟、傳授很多教訓，但祂卻沒有對當地的居民產生多少影響（太11：23、24；路10：15）。

聖經沒有告訴我們，耶穌為什麼以迦百農作為祂的總部，或許是因為祂的一些早期門徒在那裏生活。另外，迦百農離猶太地和加利利的政治中心相當遠，希律安提帕監禁施洗約翰（可1：14；6：14—29），使這後一種考慮顯得很有意義。

馬可福音1：21告訴我們，耶穌在安息日到猶太會堂裏開始教訓人。會堂是猶太教在地方社區中的中心，只要有至少十名成年猶太男子組成管理層或長老會議，就應建立一個會堂。

我們不應把會堂與耶路撒冷的聖殿混為一談。祭司在聖殿裏獻祭，所有的猶太男子都當為一年的許多重大節期而參加聖殿中的崇事，逾越節就是最著名的一個節期。

相對而言，猶太人不在會堂裏獻祭，這裏是教導和訓誨的地方。許多學者相信，最初的會堂是在猶太人流放巴比倫時期產生的，當時耶路撒冷的聖殿已成為廢墟。當猶太人被擄歸回之後，它們就成了猶太人中永久的一部分。（見F. F. Bruce, pp. 143-148）

關於會堂的趣事之一，是它們沒有專業的神職人員。聖殿及其儀文崇事都是由亞倫家族的祭司監督的，而在會堂中卻沒有任何神職人員管理。正如威爾納・福爾斯特指出的，「沒有任何專業的誦讀者和講道人，任何人都能向公眾閱讀和演講。管會堂的負責指派誦讀者和外在的秩序（徒13：15）。」（Foerster, p. 145）

這種情況使得會堂成為有上帝信息之人開始其宣講的首選場合，不僅有上帝的百姓在那裏聚集，而且這個機構的根本目的，就是為了誦讀和解釋猶太教的聖經。耶穌在祂剛開始傳道時，就已獲得了作為一位帶有信息之人的名聲了。所以在對祂的反對的聲音增加強化之前，祂自然會被邀請誦讀聖經教訓並宣講祂的信息。

但當耶穌教訓人時，其聽眾很快就發現祂和一般的教師不一

樣。「眾人很驚奇……；因為他教訓他們正像有權柄的人，不像文士。」（可1：22）

請注意，馬可在這一情景中告訴我們耶穌教訓了眾人，但他沒有指明祂說了些什麼。正如克蘭費爾德指出，「和其他的福音書作者相比，馬可沒有給予過多耶穌實際的教訓」，但和他們一樣，他「也極力強調耶穌的教育工作」（Cranfield, p. 72）。馬可使用動詞「教訓」十六次，名詞「教師」十一次。

在馬可福音1：22中，作者所在乎的不是耶穌講了些什麼，而是祂如此有權柄地講道，以至於眾人都感到驚奇。馬可繼續指明他們感到驚奇的原因之一，就是祂不像文士那樣教訓人。最有助於理解這節經文之含義的做法，可能就是去看馬太所記載的山邊寶訓。我們在那裏找到了一個類似的說法：「耶穌講完了這些話，群眾都希奇他的教訓，因為他教訓他們，正像有權柄的人，不像他們的文士」（太7：28、29）。在記載相同觀念時，馬可與馬太之間的不同之處在於，馬太說明了耶穌的教訓怎麼不一樣。文士是依賴他人的權柄教訓人（「某某拉比曾說……」），而耶穌就是祂自己的權柄。

當祂解釋與文士的傳統相反的真律法原則時，「你們聽見有話說……只是我告訴你們」是祂在馬太福音第5章中經常重複的話語（見第21、27、33、38、43節）。

難怪祂的教訓不斷地令他們吃驚。祂是誰，竟敢與國中偉大的思想家們及其被尊為聖的傳統相矛盾？祂沒有職分，祂沒上過神學院，祂不過就是個木匠。但正是這個什麼都不是的小人物卻帶著權柄教訓人。

正是在這一點上，馬可與他的猶太同胞不同。耶穌不是個無名小輩，事實上，祂乃是上帝的兒子。祂的權柄是上帝自身的權柄，而且眾人認出了這一點。他們一聽到祂的話語，就知道他們是在一位聖者面前，祂是一位帶著權柄教訓人的人（可1：22）。

**但是**，有人可能想：**光會說算不了什麼，一個技術高的假藝術家往往能矇騙大多數人。這位充滿活力的年輕人可能只是另一個伶牙俐齒、個性強硬的好辯之徒。**

馬可福音1：23－28正是在這種背景下出現。耶穌不僅因說話有權柄而令人感到驚訝，而且也因祂行事有權柄而令人感到驚奇。我們在被污鬼附著的人得醫治的事上，看到這一事實得到了驗證。這件事就發生在祂曾教訓人的同一個會堂之中。

馬可再次告訴我們：「眾人都驚訝，於是彼此議論說：『這是什麼事？是個帶權柄的新道理啊！他吩咐污鬼，他們就聽從了他。』」（第27節）。

第21和22節與第23至28節的結合並非出於偶然。相反的，馬可沒有別的方法可以說明他的觀點，他充分說明了耶穌在言語和行為上都滿有權柄。除此之外，他的並列用法突出表現了這樣一個事實，那就是耶穌的話語滿有權柄，不僅是因為祂教訓人的方式，而且是因為祂的行為，祂有能力成功挑戰那些存在於日常經驗之「現實世界」中的邪惡勢力，證明祂甚至有掌管超自然世界的能力。簡而言之，馬可將耶穌表現為一位在各方面都滿有權柄的人物，是我們所應聆聽和順從的對象。

當耶穌教訓完眾人後，馬可告訴我們眾人都感到驚奇。而在醫治之後，他表示他們都感到驚訝。我們對此有何反應呢？我們是否因耶穌的教訓而感到希奇？還是我們太熟悉這些道理了，以至於這些道理不再使我們產生任何腦電波了呢？我們是否已經到了根本不珍惜祂教訓的地步，以至於我們在讀祂的話語和觀看祂的行動時，已不再感到驚訝了呢？

眾人感到驚訝的是：

1 耶穌有權柄的教訓（第22節）

2 耶穌有權柄的行動（第27節）

若沒有權威性的行動，祂的教訓就不會有如此持久的效應。若沒有權威性的教訓，祂的行動就只能變成煽情主義。兩者合在一起，它們共同說明了祂就是祂所宣稱的那一位。

我們是在面對一位自稱是上帝的人，這難道不令我們感到驚奇嗎？祂宣稱祂將為全世界的罪而死，這難道不令我們感到驚訝嗎？正如C.S.路易斯所主張的，作出那種宣稱的人，若不就是他所宣稱的，就是一個屬於「地獄中的魔鬼」的「瘋子」。（Lewis, p. 56）

我們的問題可能就是耶穌已不再令我們感到驚奇了。一位研究馬可的學者建議說：「我們作為基督徒無法令世人感到驚奇的原因，可能是因為我們自身就沒有感到足夠的驚奇。……如果我們更加感到驚奇的話，我們就會做出更多令人驚奇的事了。」（Luccock, p. 660）

# 07 充滿行動的服務

可1：29－45

29他們剛一出會堂，就同著雅各、約翰，到西門和安得烈的家裏去
了。30西門的岳母正害熱病躺著，他們立刻將她的事告訴了耶穌。
31他來到她身邊，拉她的手，扶她起來，熱退了，她就服事他們。
32天晚日落的時候，他們帶著一切有病的和被鬼附的，來到他跟
前。33合城的人聚集在門前，34他治好了許多害各樣病的人，他又
趕出許多鬼，但他不許鬼說話，因為他們認識他。
35次日一大早，天還沒有亮，他就起來，到曠野地方去，在那裏禱
告。36西門和同伴尋找他，37他們找到了他就對他說：「大家都在
找你。」38他對他們說：「我們往別處去，到鄰近的鄉村，我也好
在那裏傳道。那就是我來的原因。」39於是他走遍了加利利全地，
在他們的會堂裏傳道，並且趕鬼。
40有一個長大痲瘋的來求他，在他面前跪下說：「你若願意，你就
能潔淨我。」41耶穌動了慈心，就伸手摸他，說：「我願意，潔淨
了吧！」42大痲瘋立時離開了他，他就潔淨了。43耶穌嚴厲地囑咐
他，並立刻打發他走，44對他說：「你要謹慎，什麼話都不可告訴
人，只要去把身體給祭司察看，又因為你潔淨了，獻上摩西所吩咐
的禮物，對眾人作證據。」45但他出去，開始宣揚許多事情，到處
傳這消息，叫耶穌以後不能再明明地進城，只好在外邊曠野地方。
但他們從各處都就了他來。

從第23節對被污鬼附身之人的醫治開始，馬可轉入他對耶穌之教訓與醫治的第一輪描寫。耶穌曾在曠野遇見並打敗了撒但（可1：12、13），祂現在已準備好要在男女的世界中與那惡者相遇。耶穌帶有攻擊性地進入了一場將要覆蓋馬可福音剩餘篇幅的較量。

與此同時，耶穌的四個門徒和其他人一同觀看著所發生的一切，他們一直問著這樣一個問題，那就是「這耶穌到底是誰？祂到底擁有什麼樣的權柄？」（見1：27）。這些旁觀者一開始對答案並不確定，但馬可將一點一點地說明故事中的人物，是如何漸漸地看出耶穌的真實身分。

馬可福音的讀者當然並沒有遭遇這種在認識上的缺乏。馬可從一開始就告訴他們耶穌是基督，上帝的兒子（1：1），但那些讀者並不是唯一擁有那種知識的人，那些充滿在馬可福音各篇章中的污鬼，也相當了解他們對手的神性（第24節）。

我們應將馬可福音1：21－45，視為上帝的大能藉著耶穌工作的公開揭示。隨著馬可對耶穌接二連三地施行一個又一個的神蹟的描寫，大能的存在是不可否認的。到了第45節，群眾的眼睛已和耶穌早期門徒的眼睛一起睜開了。

第29至45節，迅速地帶領馬可的讀者掠過耶穌在行動中的四個鏡頭，每個鏡頭都告訴我們一些有關祂及其跟隨者的信息。

第一個鏡頭（第29－31節）將我們從耶穌曾醫治被污鬼附著之人的會堂，帶到了彼得的家，我們在那裏發現門徒生病的岳母。雖然這時顯然還是安息日，但耶穌卻拉她的手醫治了她。不論在哪裡，每當祂遇到人性的需求時，祂都會隨時加以解決，這對於馬可在羅馬的第一批讀者而言是一個重要的信息。他們具有非常具體的需求，他們需要得到他們所能獲得的一切鼓勵。

在第31節的最後一句話中，蘊含著一個有關門徒身分的附帶教訓，這也是馬可在其整本書中所要強調的，就是「她就服事他們。」人們很容易忽視這幾個字，或認為這是彼得岳母品格的正常運行。但這些話卻提出了馬可的主題之一，他不僅將耶穌的一生描述為一種服務的人生，而且他引用耶穌的話說：「若有人願意作首先的，他必作眾人末後的，作眾人的用人。」（9：35）

曾有一位作者寫到，教育的真功用，就是要「預備學者得在此世以服務為樂，且因更大的服務、在來世得更高的福樂。」（懷愛倫《教育論》，11頁）。這正是馬可以彼得的岳母為例開始，所要努力使人明白的信息。福音書的偉大教訓之一，就是那些蒙救贖的人，乃是為了服務而得救的。

第二個鏡頭（第32－34節）顯示，耶穌不僅醫治被污鬼附著之人（1：23－27）或彼得的岳母（1：30、31），而且醫治一大群有屬靈和肉體疾病的人。

街坊鄰里的傳聞互聯網，顯然已將當日早些時候的兩次醫治傳開了。眾人幾乎等不及安息日的結束，這樣好使他們能帶著他們有困難的人到耶穌那裏。太陽剛一落，他們就帶著他們的病人與「合城的人」，聚集到了彼得的家門口（1：33）。耶穌在那裏向所有人顯示祂具有無限的醫治之能。

與此同時，我們在第34節發現，馬可福音中反覆出現的另一個主題：耶穌不許說話的吩咐。這次涉及到了邪靈，正如第24和25節所記載的，「因為他們認識他。」我們在此發現了馬可福音中最有趣的互動之一。詹姆斯・愛德華指出：「關於耶穌身分的疑問來自人類這一邊（1：27；2：7；4：41；6：2；6：14－16），……而答案卻有一部分來自鬼這一邊（1：24；1：34；3：11；5：7）。人類的疑問與鬼的回答之間的互相作用，顯明了在人類參與者還不理解耶

穌身分的時候，鬼卻早就理解了，因為他們和祂一樣都屬於靈界。」（Edwards, p. 61）

第三個鏡頭（第35－39節），從第29至34節純粹的醫治佈道工作，轉回到了第21至28節教訓與醫治相結合的佈道工作。第35至39節突出描寫了有關耶穌和門徒的重要教訓。關於耶穌，這些經文幫助我們看出禱告在其生活中的核心地位。懷愛倫寫道：「救主在完全為人謀福的生活中，覺得有必要暫時離開川流不息的行人和天天跟著祂的群眾。……祂凡事與我們相同，並且分擔我們的需要和軟弱，但祂是完全依靠上帝的，祂在禱告的密室中求得神聖的力量，準備去應付祂的責任和考驗。耶穌在罪惡的世界上忍受了心靈掙扎的痛苦，但與上帝交通時，能卸掉那折磨祂的憂慮，在這裏祂得到了安慰和喜樂。」（《歷代願望》上冊，367頁）

但耶穌並不是為了禱告而禱告，而是為了作好預備去應付擺在前面的任務。祂禱告完了就起來，在加利利全地傳道醫病（第39節）。威廉・巴克萊寫道：「禱告永遠也不會替我們做我們所該做的工作；禱告所能做的，就是給我們力量去完成必須完成的任務。」（Barclay, Mark, p. 34）

第35至39節也告訴我們一些有關門徒的事。愛德華・施崴澤指出：「門徒的缺乏悟性頭一次顯露出來」（Schweizer, p. 56）。文森特・泰勒註解說：「他們顯然以為耶穌正在失去一次因在迦百農醫病趕鬼而獲得的大好時機。」（Taylor, p. 183）從他們的眼光來看，此時正是充分利用祂作為行神蹟者之新名望的時候。

但他們的熱情根本就不是耶穌所想要的。祂最不想要的，就是被人們看作是一位能行奇事的彌賽亞——一位大概能用其非凡的能力，將羅馬人從巴勒斯坦趕走的人。祂所擁有的，正如門徒們慢慢明白的，是一種不同的彌賽亞身分。但在此處，耶穌並沒有完全顯露其身分。祂只是控制住局面，並告訴祂的跟隨者們，現在是他們都應轉移到祂不太出名的地方去的時候了（可1：38、39）。經文雖然沒有如此說，但彼得和他的朋友們一定非常失望。難道耶穌不知道祂正在讓機會從手中溜走嗎？祂知道這一點，但從祂的眼光來看，這更像是一種試探而不是機會。

最後的一個鏡頭（第40－45節），顯示耶穌做了一件不可思議的事情——摸一個大痲瘋患者。大痲瘋是古代世界中最可怕的疾病，除了身體上的惡化以外，病人還會遭受將他們從家庭和社群的安逸中隔離出去的社交排斥。一旦被診斷出這種病，大痲瘋病人就必須完全放棄正常的人類社會。摩西寫道：「傳染病在他身上的日子，他便不潔淨。他必須獨居，他必須在營外生活」（利13：46）。在耶穌的時代，政府當局將大痲瘋病人都關在城牆以外。這樣，他們顯然就無法參加聖殿中的崇拜了。根據利未記的規定，那些染上大痲瘋的人必須穿撕裂的衣服，避免梳頭髮，把臉的下半部蒙上，並且喊叫說：「不潔淨了！不潔淨了！」（利13：45，NIV）。這樣，就不會有任何健康的人，因無意接觸到他們而傷害自己的健康了。

但耶穌卻因為「動了慈心」而醫治了大痲瘋患者！耶穌祂不僅治好了他，而且在他被醫治之前還「伸手摸」了「他」（第41節）。

這件事顯示了兩個引起公憤的行為。第一個行為是那大痲瘋患者竟然膽敢靠近耶穌；第二個行為是耶穌不單沒有責備他，反而摸了他。這裏的教訓是十分清楚的，耶穌將人類的需求置於其個人安危，甚或利未記的衛生規條之上。但我們還發現了一個更深刻的教訓：那就是耶穌甚至有權柄醫治最可怕的疾病。

在潔淨之後，耶穌做了兩件事。祂讓被醫治的大痲瘋患者發誓對這神蹟保持沉默。祂又吩咐那人遵照利未記的規定，到祭司那裏去鑒定他是潔淨的（見利14：1－32）。不幸的是，那被治好的人抑制不住地要說話，從而無法保護耶穌免於逐漸被人們視為一位專行神蹟的人。但話又說回來，有誰能在這種處境中保持沉默呢？而且即或那被治好的人如此行了，他回家一向眾人露面，全社區的人也就都知道了。就連耶穌也知道這次的醫治對鑒定此事的祭司而言，將成為一個證據（可1：44）。

這樣，耶穌發現自己被困在一種矛盾的張力之中。祂想保持無名，但祂所做和所教訓的事情本身，卻將祂的名聲傳開了。這種動力將馬可福音中的各種事件，推向十字架的高潮。

# 08 耶穌甚至有赦罪的權柄

可2：1－12

1過了些日子，當他回到迦百農時，眾人聽說他在家裏。2就有許
多人聚集，甚至連門前都沒有空地，耶穌就對他們講道。3有幾個
人來見耶穌，其中有四個人帶著一個癱瘓了的人。4他們既因為人
多不能把他帶到耶穌面前，就把他頭上的房頂開了一個口，拆通
之後，他們將癱瘓之人所躺臥的褥子縋了下來。5耶穌一看出他們
的信心，就對癱瘓的人說：「孩子，你的罪赦了。」6但有幾個文
士坐在那裏，心裏想：7「這個人為什麼這樣說呢？他是在褻瀆神
明。除了上帝以外，誰能赦罪呢？」8耶穌心中知道他們心裏這樣
質疑，就立刻對他們說：「你們心裏為什麼質疑這些事呢？9或對
癱瘓的人說『你的罪赦了』，或說『起來，拿你的褥子行走』，哪
一樣容易呢？10但要叫你們知道，人子在地上有赦罪的權柄。」就
對癱瘓的人說：11「我吩咐你起來，拿你的褥子回家去吧！」12那
人立刻起來，拿著褥子，當眾人面前出去了，以致眾人都希奇，歸
榮耀與上帝說：「我們從來沒有見過這樣的事！」

---

馬可福音的情節在第2章中變得更加詳細了。第1章在結束時告訴我們，儘管耶穌想對其傳道的能力保持沉默，但祂卻無法如此行。

這個問題在第2章的頭幾節經文中，以生動的色彩閃現了出

來。我們在這章所遇到的第一批人，就是我們可以稱之為「眾人」的人。他們聽說耶穌回到鎮上來，不僅湧進祂所在的屋子裏，而且屋子的周圍也擠滿了人，以至於人們都很難靠近門口，更不用說想要靠近那被困在屋子裏的耶穌了。

眾人在第二卷福音書中扮演著一個重要的角色。前九章，馬可將近四十次提到眾人。他們不僅為耶穌提供了聽眾，而且祂的心也牽掛著他們。但眾人在馬可福音中從來不以悔改和相信來回應耶穌的信息。詹姆斯‧愛德華指出：「馬可福音中的群眾最常見的特性，就是他們阻礙通向耶穌的通路。因此，耶穌雖然很受人歡迎，但群眾的簇擁並不是成功的一種標誌。」（Edwards, p. 74）馬可最終描述了一群以釘祂十字架為口號而轉過來反對祂的群眾（15：13、14）。

在馬可福音的前幾章中，耶穌行神蹟的能力，無疑把群眾吸引到祂這裏來，但人們也因祂的教訓而來。然而，「成為耶穌身邊之眾人的一分子，與成為耶穌的一個門徒，並不是同一回事。群眾站著觀望，而門徒則必須付諸行動，正如那四個有勇氣的人所做的」，他們將那癱瘓的人帶到耶穌面前。（Edwards, p. 75）

那四個人敢於在任何群眾面前站出來。他們都是些無名之輩，儘管我們不知道他們是誰，但我們不能不欽佩他們的決心，和他們對其無助朋友的熱愛。他們成了那些歷代以來眾多將他人帶到耶穌面前，以便讓祂可以使他們的身、心、靈都得痊癒之人的先鋒。他們與眾人相對立，是一些有任務在身的人。他們不是單單去作被動的聽眾，而是表現出了真門徒積極的信心。如果群眾阻塞了通向耶穌的通路，一位真朋友的最高目標，就是要不顧一切地將他人帶到祂面前。

對於這些不為人知的人，我們所能說的就是，他們在將他們癱瘓的朋友帶到耶穌面前來的事上，運用了聰明和堅毅。試圖從人群中擠過去完成任務是一回事，藉著拆開房頂而製造一種奇觀卻完全是另一回事。

當時的巴勒斯坦房頂是平的，而且經常作為休息和乘涼的地方。因此在房子的外邊，也有一個樓梯通到屋頂。屋頂本身是由一根根間隔一碼的梁木構成的，梁木之間有被風乾的泥巴糊上的樹枝和燈心草，因此屋頂可以被拆通一個洞，而又不會留下任何永久性的損壞。

就像我們對這四位有信心的人所知甚微一樣，我們也沒有什麼太多有關那個癱子的資料。但我們知道，他一定是一個窮人，因為被用來形容其褥子的辭彙，「暗示著一個窮人的草鋪」（Rawlinson, p. 26）。除了這一事實以外，他似乎深受其過去不檢點的人生所害。難怪耶穌對他所說的第一句話，就是有關赦罪的話。有誰說過任何有關罪的話語了嗎？沒有人。但洞察一切的耶穌，知道那人最大的恐懼和焦慮。耶穌所看到的不僅是一位無助的癱子，而且是一位帶著被壓傷之良心的人。良心上的重擔，使他感到比肉體上的無能更嚴重的痛苦。

第6節引出了另一群人，這些人將隨著馬可的故事逐漸推向高潮而成為核心人物。他們就是文士。在猶太人的社會，文士是一個有學問的階級，他們是研究摩西律法的專家，新約聖經有時稱他們為「律法師」。他們後來將在耶穌的被捕和受審中扮演主要角色（可14：43、53）。

當我想像擁擠在屋子裏的眾人，看到四位朋友將癱子從屋頂縋下來時所發出的反應時，我能想像耶穌見證這一信心之舉時，臉上所有的一絲微笑。但這卻不是文士臉上的表情。當他們看到他們所認為最不正常的宗教經驗時，他們的表情更近似於輕蔑的陰沉臉色。

> **馬可福音2：1－12戲劇中的演員表**
> 阻礙通向耶穌之道路的眾人
> 奮力創造通向耶穌之道路的朋友
> 獲得徹底醫治的癱子
> 想挑毛病的文士
> 與文士針鋒相對並給予最寶貴之禮物的耶穌

與這四位朋友的信心相比，文士所流露出來的乃是懷疑。第8節恰當地將他們描寫為「質疑」。他們的態度本身就使他們無法看明，在那擁擠的屋子裏到底發生了什麼事情。他們似乎絲毫沒有領悟那驚人神蹟的意義。他們陶醉於正統信仰之中，無心顧念一個處在困境裡的人。他們對其傳統的專注，使他們無法看明在他們眼前所上演的屬靈現實。他們所看到和聽到的，只是耶穌赦免了那癱子，那對於他們來說就夠了。他們現在已經有了指控耶穌的把柄，這是他們在以後的年日中所不容放過的。道格拉斯・海爾寫道：「在『褻瀆神明』的指控中，我們得到了對受難的第一個預示；耶穌正是以褻瀆神明的罪名而被大祭司的議會定死罪的（14：64）。」（Hare, p. 37）

我們當然不應指望文士帶著一種相信的態度，他們不是帶著信徒的盼望而來的。相反，不用懷疑是那些宗教領袖打發他們來，為要審查這位在加利利製造了如此風波自封的拉比。他們的思想從一開始就傾向於批判而不是相信。不幸的是，他們的性情在兩千年後的教會中依然十分活躍。每一會眾裡都有種特別樂於向干犯其傳統和習慣做法的新鮮思想的批判因素。這種人使我想起不久前所見過的一個貼在汽車擋板上的標語：「耶穌救我——

脫離你們這些人。」

馬可福音2：1－12的戲劇中最後的參與者是耶穌。可以說祂知道文士為什麼坐在前排觀看祂的一舉一動。祂雖然意識到在他們聽到祂宣布癱子的罪得赦時，他們會有什麼樣的反應，但祂還是這樣做了。因此我們應將祂的話，視為對文士的一種公開挑戰。

但這並不是一次沒頭腦的對質。耶穌理解他們的神學。祂知道他們認為疾病是個人犯罪的一種結果，知道他們有句俗話說：任何病人只有當他們的罪都得赦免時才可能得醫治，祂也知道他們相信只有上帝才能赦罪。

因此，祂的赦罪既是一種宣告又是一種挑戰。文士以預料之中的反挑戰作出了回應。耶穌對此回答說：「或對癱瘓的人說『你的罪赦了』，或說『起來，拿你的褥子行走』，哪一樣容易呢？」（第9節）。這個問題使文士陷於窘境。畢竟，任何一個騙子都能宣稱赦免人的罪，但沒有任何人能證實這種主張。然而在馬可福音第2章的上下文中，對一個癱子的醫治卻既是可證實的，又是對神性的一種主張。當然，耶穌大能施行那能驗證其觀點的醫治了。但威廉・巴克萊斷言：這樣，「耶穌就簽發了祂自己的死刑執行令——而且祂知道這一點」（Barclay, Mark, p. 43）。就這樣，馬可在耶穌向十字架邁進的戲劇中又加上了一個片段。

我們在繼續研究下文之前，應強調一下最後一點，那就是耶穌依然擁有赦罪的能力。

「我們若認自己的罪，上帝是信實的，是公義的，必要赦免我們的罪，洗淨我們一切的不義。」（約一1：9）

「若有人犯罪，在父那裏我們有一位中保，就是那義者耶穌基督。」（約一2：1）

「凡靠著他進到上帝面前的人，他都能拯救到底，因為他是長遠活著，替他們祈求。」（來7：25）

我親愛的朋友們啊，這就是關於耶穌的好消息。

# 09 你不必非得作個好人才能作門徒

可2：13－17

[13]耶穌又出到海邊去，眾人都就了他來，他便教訓他們。[14]耶穌經
過的時候，看見亞勒腓的兒子利未，坐在稅關上，就對他說：「跟
從我！」他就起來跟從了耶穌。[15]耶穌在利未家裏坐席的時候，有
好些收稅的和罪人，與耶穌並門徒一同坐席。因為這樣的人多，
他們也跟隨耶穌。[16]法利賽人中的文士看見耶穌和罪人並收稅的一
同吃飯，就對他的門徒說：「他為什麼和收稅的並罪人一同吃喝
呢？」[17]耶穌聽見，就對他們說：「健康的人用不著醫生，有病的
人才用得著。我來本不是召義人，乃是召罪人。」

---

J.C.賴爾從上述章節中得出的教訓是：「沒有人壞得讓基督不想呼召」（Ryle, p. 32）。若有任何人在猶太人的眼中看來比長大痲瘋的還差勁，那就是收稅的或稅吏。在猶太文獻中，「收稅的……被列為和強盜」以及其他聲名狼藉之輩「相同的類別中」（Schürer, div. 1, vol. 2, p. 71）。根據猶太教《米示拿》的記載，如果一個收稅的摸了一間屋子，那屋子也算為不潔淨（〈論節日獻祭〉3：6）。《米示拿》不僅將收稅的與殺人犯和強盜定為同類，而且提出一條規定，說一個人可以向收稅的撒謊而不受任何懲罰（〈許願書〉3：4）。

利未馬太就是那些不可觸摸者之一。一個從低加波利或加利

利海東北邊希律王腓力的領地而來經過迦百農的人，就會被像利未馬太這樣的政府代表徵稅。

旅行者在這些人面前所面臨的最大問題之一，就是稅率沒有標準。收稅的是以每年固定的金額，租得某一地區的收稅權。從這種交易中獲得的利潤，來自這些政府代表向人們徵收他們認為所能索取盡可能多的稅款。多餘的部分當然就進入這些不太誠實之人的腰包了（見Schürer, div. 1, vol. 2, pp. 68, 69）。他們雖然是為一個外國勢力工作，並且在出現糾紛的時候有軍隊來支持，但這一切並不能改善人們對於像利未這種人的態度。當地的百姓不僅把他們看作是強盜和敲詐者，而且把他們看作是賣國賊。

耶穌在馬可福音第2章竟然呼召了這樣一個人，這一事實若不算是令人震驚，也夠令人驚訝的。但同樣令人驚奇的可能是：利未居然跟從了祂。要知道，他是在放棄一個很有油水的事業，而選擇一種沒有薪水的工作。我們或許可以辯論說，彼得和約翰很有可能在耶穌情況不妙的時候再回去打魚，但同樣的情形卻不能應用在馬太身上。一旦放棄了他的職位，他就不能再收回了。他所邁出的是信心的一步。這是一種建立在其內心需求之上的信心，是一種相信耶穌所能提供的，會比他過去人生中所得到的物質財富更好的信念。

利未馬太的蒙召，對我們每個人都有一個非常重要的教訓。賴爾寫道：「當我們讀到這段經文的時候，我們永遠也不應對任何人的救贖感到完全絕望。那召了利未的主，祂還活著，而且還在做工。行神蹟的時代還沒有過去。對金錢的貪愛是一個強大的原則，但基督的呼召更為強大。」（Ryle, p. 32）基督仍然在不斷地發出呼召，不僅向有錢有勢的人，也向窮困的、甚至是邪惡和變態的人發出。沒有人是上帝的恩典所不能救贖和改變的。稅吏利未馬太一定因他成了耶穌的門徒而欣喜若狂，因為他決定要辦一次盛大的宴會。他唯一的問題就是該邀請誰。他的選擇是相當有限的，因為受人尊敬的猶太人不會願意在一個稅吏家中作客。因此利未做了他唯一所能做的。他邀請了一群和他自己一樣的人，「收稅的和罪人」，其他名聲掃地的人物（可2：15）。

「罪人」是一個非常引人注意的字眼。此詞可以指兩種不同的群體。它可以用來指那些過著邪惡生活方式的人（如殺人犯、強盜、犯姦淫者等）或是那些從事卑賤職業的人（如收稅的）。但此詞也可以指那些被法利賽人視為沒有按照他們的傳統所規定的儀文律法生活的老百姓。而羅伯特・圭理克辯論說：「由於耶穌和他的門徒屬於這後一種類別的人，因此不太可能會因與類似的人吃喝而被挑剔。這裏的『罪人』是更具體地指名聲敗壞的人。」（Guelich, p. 102）

正如我們能想像的，法利賽黨派中的文士，肯定會因耶穌同意參加這樣的宴會而感到憤怒和噁心，這並不令人驚訝。那宣稱祂來「為要尋找、拯救失喪的人」（路19：10）的耶穌去赴筵席也並不希奇。歸根結底，他們對祂而言代表了一群目標觀眾。但令人驚訝的卻是，如此多的稅吏和罪人，居然會來參加一場為了慶祝一位宗教領袖而舉辦的宴會。A.B.布魯斯寫道：一個有趣的要點就是，這麼「一大群」這樣的人「開始對耶穌感興趣，並且開始追隨祂。」（A. B. Bruce, "Kata Mapkon," p. 353）

但這可能並不像表面上看起來的那樣奇怪。那些道德「良善」之人的自相矛盾之處在於，他們傾向於仰賴他們自己的功德，並且不覺得需要救主。他們正確地看自己比他人好。但他們對那些不太好的人所表現出來的優越感，卻帶有很濃厚的驕傲色彩。新約聖經指明，最可怕的罪實際上就是「自我感覺良好」的罪。我們在《天路》一書中讀到：「在一切罪愆之中」，「驕傲自負」的罪，「是最沒有希望的不治之症。」這是因為自我感覺良好的人，不覺得自己有任何需求。（懷愛倫《天路》，123頁）相對而言，收稅的、罪人和妓女認出他們真實的狀況，他們渴望靠近耶穌，樂於聽祂講論，因為對於祂來所要提供之潔淨，他們感覺有極大的需要。

基督教歷史的真正悲劇之一，就是許多教友沒有從馬可福音2：13－17中學到任何教訓。他們還在「聖」氣凌人地看待那些不像他們那麼良善的人。我曾經遇見過一位如此屬靈得令人討厭的人，以至於我最終告訴他，如果上帝像他一樣，我就根本不想去天國了。但好消息卻是，上帝並不像那刻板的、聖潔過人的、總是那麼循規蹈矩的教友。不！那**奇妙的**消息就是，祂像耶穌一樣，是那位與收稅的和罪人打成一片的耶穌，那位關心人的需求勝過僵化的正統教條的耶穌。

談到這裏，我們需要一點警示。我們必須強調，耶穌並沒有成為一個罪人。相反，祂那接納人的做法，使祂能接觸到罪人，而其方法讓他們覺得在祂身邊很舒服，又使他們渴望接受其救恩的信息。

馬太就是如此的罪人。請注意，利未馬太沒有繼續作一位收稅的，相反，耶穌召他離棄了那職業。利未對祂的委身跟從，改變了其人生的各個方面。他曾一度無惡不作，就像年輕人所說的那樣，靠敲竹槓來自肥，而後來他卻願意做任何事情來白白地將福音信息傳給眾人。這位門徒成了人生轉變（羅12：2）的一個楷模，成了一個耶穌想在我們每個人生活中所做之事的例證。

但這種認識卻是法利賽人所無法理解的。他們唯一所能做的就是問：「他為什麼和收稅的並罪人一同吃喝呢？」（可2：16）。

從不吃啞巴虧的耶穌回答他們說：「健康的人用不著醫生，有病的人才用得著。我來本不是召義人，乃是召罪人」（第17節）。

在祂的回答中，我們找到一種可以說是有點被聖化了的挖苦。耶穌在路加福音15：7中使用同樣的方法斷言說：「一個罪人悔改，在天上也要這樣為他歡喜，較比為九十九個不用悔改的義人歡喜更大。」在那節經文中，祂也是批評那些低聲抱怨說：「這個人接待罪人，又同他們吃飯」的法利賽人和文士（第1、2節）。

毫無疑問的事實是，世上沒有一個義人，沒有不需要悔改的人。法利賽人知道這一點，因為舊約聖經反覆教訓說，所有人都「污穢；並沒有行善的，連一個也沒有。」（詩14：3，RSV）從前作過法利賽人的保羅，在羅馬書3：10－18中，引用了這節和其他五處經文，從而得出結論，說猶太教的聖經毫無疑地問教導：「眾人（猶太人和外邦人）都犯了罪，虧缺了上帝的榮耀。」（羅3：23，RSV中譯）（見Knight, pp. 71-74, 83）

坦白地說，如果一位思想沉浸在舊約聖經中的人閱讀這段話的話，耶穌是在告訴法利賽人：所有人都真的有病，所有人都需要祂的醫治和呼召——甚至包括他們。祂最終將為這樣的教訓付上致命的代價。馬可福音的部分信息就是，沒有什麼比一個自以為義的教會人更卑鄙的了。正是這樣的人最終將把那專誠來救他們的主釘在十字架上。

馬可福音2：13－17的教訓到底是什麼呢？很簡單。你不必非得作個好人才能作門徒，但你確實需要聽基督的呼召，回應祂，並讓祂以祂對馬太所做的同樣方式來改變你的人生。

# 10 從起初知道末後

可2：18－22

18約翰的門徒和法利賽人實行禁食。他們來問耶穌說：「約翰的門
徒和法利賽人的門徒禁食，你的門徒倒不禁食，這是為什麼呢？」
19耶穌對他們說：「新郎和來賓同在的時候，來賓豈能禁食呢？新
郎還同在，他們不能禁食。20但日子將到，新郎要被帶走離開他
們，那日他們就要禁食。21沒有人把未縮水的補丁縫在舊衣服上，
否則新補丁就會扯壞舊衣服，導致更大的裂縫。22也沒有人把新酒
裝在舊皮袋裏，否則酒會把皮袋撐破，酒和皮袋就都壞了；惟把新
酒裝在新鮮皮袋裏。」

---

馬可福音第2章有一個反覆出現的辭彙，那就是「為什麼」。此詞首先出現在第7節有關赦罪一事的上下文中；然後又出現在第16節，就是與聲名狼藉之人吃飯的問題相關的經文中；然後第18節，與禁食有關。最後一次是在第24節中，就是有關安息日一事的上下文中。

這些「為什麼」當中的第一個「為什麼」，是耶穌的敵人心裏在想的事情。第二個是他們針對耶穌的行為而對門徒說的。第三和第四個是他們針對耶穌的門徒而問祂的。儘管這些發問不同，但這四個為什麼都有一些共同點。其一，這些都是對耶穌的批評。其次，後三個為什麼是想在耶穌和祂門徒之間製造一種分

裂。還有，這四個為什麼都是針對耶穌所挑戰的宗教習俗或解釋。

四個為什麼

1「這人為什麼這樣說話呢？這是褻瀆神明！除了上帝以外，誰能赦罪呢？」（第7節，RSV中譯）。
2「他為什麼和收稅的並罪人一同吃喝呢？」（第16節，RSV中譯）。
3「約翰的門徒和法利賽人的門徒禁食，你的門徒倒不禁食，這是為什麼呢？」（第18節，RSV中譯）。
4「他們〔門徒〕在安息日為什麼做不可做的事呢？」（第24節，RSV中譯）。

我們在同一章中發現四個為什麼，這並非偶然。我們不是在閱讀一部按時間順序編排的作品，而是馬可為了說明耶穌與宗教領袖之間不斷升級的緊張關係，按主題編排的作品。馬可知道他要怎樣寫作。這一系列的情節將在馬可福音3：6達到高潮，「法利賽人出去，立刻同希律一黨的人商議，怎樣除滅耶穌。」（RSV中譯）

馬可將在那裏完成其第一輪教訓。在第1和第2章中，他介紹了耶穌（1：1－20），將祂描述為一位教師和帶有奇妙權柄的醫治者（1：21－45），並且表現了那最終將導致祂犧牲之反對勢力的發展（2：1－3：6）。馬可將在那裏提出耶穌教訓與醫治的第二系列故事（3：7－5：43），並在又一次的拒絕情景中達到高潮。

藉著聖靈的引導，馬可是一位傑出的作家，他知道他在幹什麼。他一步步地打開其讀者的眼睛，使他們看清在勝利與緊張關係中發展的福音故事。在此過程中，他無疑使他在羅馬的第一批讀者能夠看出，他們自己的人生也具有許多同樣的勝利與緊張關係，但他們也開始更加徹底地了解，他們跟從的主有權柄、願望和能力，來幫助他們經過他們所可能遭遇的每一境遇。馬可福音不只是一個故事，它也是一部教育文獻，這部著作不僅對那些在羅馬掙扎著的門徒有意義，也對直到末時的基督徒人生具有深刻的意義。

第18至22節幫助我們看清，我們所事奉的是一位從起初就知道祂自身所要經歷的人生大事的基督。這幾節經文是以一個問題開始，就是耶穌的門徒為什麼不像法利賽人的門徒和施洗約翰的門徒那樣禁食。

禁食在一世紀的猶太教中已成為一項重要的話題。雖然舊約聖經只吩咐人們一年禁食一次（贖罪日），但到了後流放時期，人們一年至少四次禁食（亞8：19）。而法利賽人遠遠超過了舊約的要求，有些在每週的星期一和星期四禁食（路18：12）。

施洗約翰餘下的門徒至少在一定程度上保持了他嚴格的飲食習慣（見可1：6），其中顯然包括了某種形式的禁食。我們應指出，在耶穌開始傳道後，約翰的門徒中漸漸出現了分裂。有些人，如安得烈和西庇太的兒子約翰，變成了耶穌的門徒（約1：35－42），而其他人即使在希律將約翰下在監裏，也還繼續遵循約翰的教訓（可6：29；太11：2、3）。根據使徒行傳的記載，他們多年來一直作為一種獨特的宗教團體而存在著（見徒18：25；19：1－7）。他們若認真聆聽了約翰的話，就都會跟從耶穌了。但人的本性就是如此，我們不僅很難不先入為主地聽道，而且很難放棄老習慣。

無論如何，新約聖經清楚地告訴我們，耶穌的教訓遠遠超越了施洗約翰的教訓。施洗約翰可能傳講了悔改的道，但耶穌超越了對悔改的傳講，勾勒出天國的形狀。而且正如我們在馬可福音的閱讀中已開始看到的，祂的思想將挑戰許多由來已久的猶太傳統。

但在馬可福音2：18－22，如果猶太人與耶穌的接觸中禁食是個問題的話，這對祂而言卻不是問題。祂將他們的提問當作一次做出許多重要陳述的機會。第一句就藏在祂與禁食有關的反問中：「新郎和來賓同在的時候，來賓豈能禁食呢？」（第19節）。祂顯然自稱為新郎。我們應注意，這一主張不是一個彌賽亞式的宣稱，沒有任何舊約章節將彌賽亞與新郎的比喻聯繫在一起。

耶穌自稱是新郎，這實際上是一種更有意義的宣稱，因為舊約聖經不斷將上帝認定為以色列民的新郎。在談到以色列的復興時，上帝對其百姓說：「你必稱呼『我夫』，……因為我必聘你永遠歸我為妻」（何2：16、19，RSV中譯；參閱賽61：10；62：4、5）。因此，認真聽耶穌關於新郎暗喻的人，必會意識到祂是在宣稱自己就是耶和華，舊約聖經中的上帝。

但馬可福音的讀者對這種宣稱並不感到新奇。馬可已在其著作的第一節宣布了耶穌的身分，馬可福音1：2、3中關於先驅的以賽亞章節暗示了這一點，天父在第11節中從天上宣告了，一個鬼也在第24節中揭示了，耶穌在祂對赦罪權柄的主張中，實質上已斷言了自己就是上帝（2：1－12）。所以我們在新郎的暗喻中沒有發現任何新奇的事情，只不過是對一個已充分說明了的主題的補充說明。

這最後一點是我們所需要記住的。馬可一直在力求得出一個重要的教訓，那就是拿撒勒人耶穌就是成為肉身的上帝。這一點對於讀者而言十分清楚。但對於門徒而言卻並非如此，他們直到馬可福音8：29才認出這一點。宗教領袖們也沒有接受這一點，他們將否認此直到馬可福音的結尾，最終將耶穌以褻瀆神明的罪名送上十字架。

儘管耶穌自稱為上帝的主張在馬可福音中並不是一個新概念，新郎的轉換卻有一個隱藏的教訓，新的成分就是「新郎要被帶走」（2：20）。我們在這裏發現耶穌第一次暗示祂自己的未來。馬可福音在這裡，祂對於祂被「帶走」的含義說得並不非常明確，但後來當祂告訴門徒祂將被釘十字架時，祂卻提供了頭等重要而且反覆出現的主題（8：31；9：31；10：33）。

因此，耶穌不僅知道祂是誰，祂也了解祂的未來。祂知道到那時將會如何，而祂人生戲劇中的其他人物到了那時卻還未能領悟。但讀者已經開始理解了，而且馬可正在精心設計他對耶穌與宗教領袖之間，不斷發展之對抗的描述，這種對抗將提供那導致他們最後衝突的動力。

馬可福音2：21、22中的兩個簡短比喻，部分地突顯了這種交互作用。這兩個比喻說明耶穌非常了解這樣一個事實，就是祂所必須教導的大部分內容，對於傳統的猶太思想而言，既是新奇的又具有攻擊性。

祂也意識到祂的新理念不會適合傳統猶太人的思維方式。祂那充滿活力的思想會像新酒的發酵作用一樣，耶穌的行為將劈開猶太人刻板的遺傳。祂的教訓也不會無法適合「做事的常理」或傳統的思維框架，兩者是互不相容的。兩者的結合將導致舊事物的撕裂或破碎，所需的不是對宗教遺傳的刻板維持，而是祂形容為新酒的新思維和行動方式。

當耶穌進入我們的生活時，祂絕不應像在舊衣服上縫一塊新補丁或將新酒倒進舊皮袋裏（2：21、22），那永遠也沒用。事實上，成為祂的門徒要求我們在思維和信仰的方式上，發生一種完全的改變。耶穌的人生哲理，祂的生活方式，不是一種部分的改變，而是完全的轉變。正是這種改變，使得當時的法利賽人覺得無法接受。

歸根結底，耶穌在馬可福音中是在和那些僵化的教條爭戰，而那些僵化的教條最終捕獲了每一宗教運動，使之成為一所過去事物的博物館，而不是一種對現在和未來有用的力量。

雷・斯泰德曼把握住了這一觀念，他警戒其讀者要「小心……傳統的陷阱。那說『我們一直是這麼做的』的態度，對於與上帝和與他人充滿活力而令人興奮的關係是極其致命的。耶穌當年曾與刻板而限制人的傳統爭戰；我們作為祂的跟從者，也必須在我們的時代、我們的生活、我們的教會中與此爭戰；我們必須成為溫柔的（或不那麼溫柔的）破壞分子，傳統總要抑制並與那些使我們與上帝和彼此之活潑關係的實現作戰。」（Stedman, Servant Who Rules, p. 88）

# 11 掌管安息日的權柄

可2：23－3：6

23當耶穌在安息日從麥地經過時，他的門徒在跟著行路的時候開始
掐麥穗。24法利賽人對耶穌說：「看哪，他們為什麼在作安息日所
不可作的事呢？」25耶穌對他們說：「你們沒有唸過大衛和跟從他
的人在缺乏、饑餓時所做的事嗎？26當亞比亞他作大祭司的時候，
他如何進了上帝的殿，吃了獻過的臨格餅，又給跟從他的人吃？這
餅（除了祭司以外）人都不可吃。」27又對他們說：「安息日是為人設
立的，人不是為安息日設立的。28所以人子甚至可以說是安息日的
主。」
1耶穌又進了會堂，在那裏有一個人枯乾了一隻手。2眾人密切地窺
探耶穌，要看他在安息日醫治不醫治，好使他們可以控告耶穌。3
耶穌對那一隻手枯乾了的人說：「起來！站在前面。」4又問眾人
說：「在安息日行善行惡，救命害命，哪樣是可以的呢？」他們卻
默不作聲。5耶穌怒目周圍看他們，對他們心地的剛硬感到極度痛
苦，就對那人說：「伸出手來！」他把手一伸，手就復原了。6法
利賽人出去，立刻同希律一黨的人策劃，好使他們可以除滅耶穌。

---

馬可福音1：40開始，福音書的作者陳述了一系列事件，耶穌在這些事件中不斷地挑戰對律法的某些解釋。在1：41，祂摸了一個長大痲瘋的；在2：1－12，祂斷言自己有赦罪的神聖特

權；在2：15、16，祂同收稅的和罪人吃喝交往；而在2：18－20，祂對法利賽人禁食的方法提出了質疑。這四次挑戰中，有三次都直接與勝過傳統與儀文習俗的人性需求之重要性有關。馬可福音2：23－3：6中關於安息日的兩個故事，延續了衝突與挑戰，並在3：6達到高潮，其中提到法利賽人與希律一黨的人勾結起來，決定要殺死耶穌。這兩個故事再次將人性的需求高舉於宗教儀式之上。

在第一個故事中，耶穌和門徒走過一片麥田，門徒不僅掐了一些穀粒，而且在兩手之間揉搓脫殼。無處不在的法利賽人就此行為的合法性向耶穌提出了挑戰。

在現今的時代，我們可能以為他們是因為門徒拿了不屬於他們的穀子而生氣，因為他們在偷東西。但那並非問題之所在。事實上，他們經過田地時收穀子吃是摩西律法明文許可的。申命記23：25告訴我們，人可以用手摘鄰舍的穀子，但不能用鐮刀收割。

掐穗子並不是問題，在安息日做這事才是問題。這樣的舉動是在收割，在安息日收割被定為做工，而在安息日做工當然就是罪了。而且他們不僅收莊稼，他們還打穀，因為他們用兩手揉搓穀子。打穀也是一種在安息日被禁止的活動。此外，法利賽人當然也能指控門徒旅行。猶太傳統認為走路超過1,999步就是一次旅行，因此就是干犯安息日。但法利賽人似乎只是在暗指收割和打穀，因為那指控是針對吃穀子的門徒，而不包括和他們一同旅行的耶穌。

法利賽人可能預期耶穌會制止這種不法活動，儘管他們隱約地察覺到祂肯定不會這麼做。令他們相當驚訝的是，祂居然與他們針鋒相對地重述了一個記載在撒母耳記上21：1－6的故事。大衛在逃命時來到了挪伯的帳幕，並向亞希米勒要吃的（不是馬可所說的亞比亞他，他是亞希米勒的兒子〔撒上22：20〕）。但亞希米勒什麼也沒有，只有會幕的聖所中，在耶和華面前擺了一週剛換下來的聖餅。上帝藉著摩西曾特別規定，只有祭司才能吃獻給上帝的聖餅，但大衛卻拿了那餅吃了。在此過程中，他違犯了律法。

弗朗斯說得不錯，耶穌為什麼講了那個具體的故事，福音書「並未直接顯明」（France, Mark, NIGTC, p. 145）。耶穌為什麼會選擇那個例證的最明顯原因，就是這證明了聖經本身提供了一個例子，說明人性的需求優先於摩西的律法。但正如弗朗斯所指出的，「先前對律法的違反……不能成為進一步犯罪的理由！」（引文出處同上）。大衛不屬於這種問題，他是在他的人快要餓死的時候違反律法，這幾乎無法與只是饑餓的門徒相提並論。

弗朗斯辯稱，對耶穌而言，真正的問題不在於對門徒所做的任何具體行為作出辯護。「正如第27和28節所將要指明的，真正的問題其實是」：作為安息日的主的「耶穌，是否有權推翻」傳統的理解。因此，對大衛例證的運用，主要不是說明大衛做了什麼，「而是在於這是大衛做的，而且聖經記載了他的行為。這行為雖然絕對不合法，卻被聖經認可了。因此，耶穌辯論的邏輯，暗示著一種對至少和大衛的權柄一樣大的個人權柄的隱蔽主張」（引文出處同上）。

在有關大衛的例證後面出現了耶穌的雙重主張，即：

「安息日是為人設立的，人不是為安息日設立的」；

耶穌本身就是安息日的主（可2：27、28）。

在第一個主張中，耶穌說出了作為一切真信仰之根基的一個基本真理。那就是，宗教信仰的焦點在於人性的需求，而不是傳統或儀式本身。就安息日而言，耶穌斷言說，當安息日被正確理解時，安息日便是一種為了滿足男女需求而被設立的制度。正如威廉・巴克萊所說的，「人是在……安息日律法出現之前被造的。人不是為了成為安息日法律法規的受害者和奴隸；安息日的律法起初是為了使人類的生活更加充實、更加美好而被創立的」（Barclay, Mark, p. 58）。主在第六日創造了人類，那了解他們一切需求的上帝在第七日制定了安息日。安息日是為了使人類的生活變得更美好而存在。

談到馬可福音2：27、28，查德威克寫道：「這段經文……絲毫沒有說到一個安歇之日的廢除。相反的，此經文宣告此日不是一個猶太教的禮儀，而是一個普世性的禮儀，這是為人類設立的」，而不只是為一部分人——猶太人而設立的。『讓那些否認這偉大制度之神聖權柄的人好好想一想這句話，這句話不僅聲明其普世的範圍，而且還包括了基督之統治權的偉大聲明，即祂『可以說是安息日的主』。」（Chadwick, p. 69）

鍾斯的注釋也很有幫助。他辯論說：馬可福音2：23－28的含義，不是說耶穌是個「干犯安息日的人」，而是說「祂是真正守安息日的人。在這些有關祂與法利賽人衝突的故事中，沒有任何暗示或建議說安息日的律法已被拋棄，或有任何抵觸安歇之日的意圖。尊安息日為聖是我們的主吩咐他人要遵守的那些神聖誡命之一，也是祂自己所遵守的一條誡命。我們的主所反對和抵制的，是對安息日的貶低。對此誡命的扭曲，已將上帝原本打算使之成為一種仁慈恩惠的事物，變成了一種最痛苦的重擔。」（Jones, vol. 1, p. 76）

耶穌說自己是安息日的主，這種宣稱是其又一次對抗性的宣告。猶太人非常清楚安息日是上帝所設立的（創2：3），耶穌藉著將自己描述為安息日的主，再次做出了對神性的主張，一個令其聽眾不容遺忘的事實。

馬可福音3：1－6在此挑戰之上，又加上了另一個挑戰。在此章節中，耶穌在安息日進入會堂，並且很快發現一個一隻手枯乾了的人。法利賽人照常等著看耶穌是否會醫治那人，並且因此（照他們的觀點所認為）干犯律法。耶穌沒有回避這問題，祂也無法避免與祂的貶低者相遇。畢竟，會堂的前排座位都是留給這些顯貴們的。耶穌此時知道只要這種疾病涉及到病人的生死，法利賽人並不反對醫療或在安息日治病，但那帶著一隻殘廢了的手的人顯然不在這規定之列。他患此病已有一段時間了，而且對他的醫治完全可以隨意地再等一兩天。

但對耶穌而言，這是一個考驗性的特例。祂將那人叫到前面來，使所有人都能看見他，然後問那些旁觀的法利賽人，在安息日行善行惡哪樣是合法的（第4節）。這使他們處於一種進退兩難的窘境當中。沒有人能回答說，行惡是可以的。因此，他們除了回答行善是合法的以外，就別無選擇。那麼難道醫治一個人不是行善嗎？

這第一個問題使法利賽人陷於窘境。耶穌為什麼問這個問題是相當明確的。但第二個問題乍看起來卻令我們感到有些迷惑：「救命害命，哪樣是可以的呢？」話說回來，有誰在殺任何人嗎？大家唯一所爭執的，不過就是醫治一個人的手而已，但耶穌在這裏再次顯明祂了解人的內心（見約2：25）。就在那一刻，法利賽人正開始密謀殺害祂。因此，那最壞也不過是要推翻他們對安息日傳統解釋的耶穌，要比那些盤算著如何殺祂的人好得多了。難怪他們對祂的問題沉默不語。

馬可告訴我們，如此扭曲的宗教信仰令耶穌感到憤怒。祂在眾人面前醫治了那人。

但法利賽人卻出去，開始與希律一黨的人商議如何除滅耶穌。我們在這裏看到了最大的諷刺。那些如此謹慎地維持其傳統的法利賽人，嚴格得使他們急於將違反這些傳統的耶穌置諸死地。但與此同時，他們竟願意違反他們自己的傳統而與希律黨人合作。法利賽人曾因希律黨人對宗教信仰的懈怠，以及他們勾結羅馬人而鄙視他們。但一位共同的仇敵把很不相同的人湊在一起。對馬可而言，虔誠的法利賽人與世俗的希律黨人之聯合，代表著「全面反對〔耶穌〕及其權柄的反對勢力」（Anderson, p. 114）。兩者的權柄最終將決出個你死我活來，耶穌正走在一條將與當時的當權者相撞的道路上。

# 12 吸引一群、選召幾個

可3：7－19

7耶穌和門徒離開那裏到海邊去。有許多人從加利利跟隨著，8還有
許多人聽見他所作的事，就從猶太、耶路撒冷、以土買、約但河外
並推羅、西頓的四方，來到他那裏。9他因為人多，就告訴門徒叫
一隻小船伺候著，免得眾人擁擠他。10他治好了許多人，所以凡有
疾病的，都擠過來要摸他。11污鬼無論何時看見他，就俯伏在他面
前，喊著說：「你是上帝的兒子！」12耶穌嚴厲地囑咐他們，不要
把他的身分顯露出來。

13耶穌上了山，隨自己的意思叫人來，他們便來到他那裏。14他任
命了十二個人，使他們可以常和自己同在，使他可以差他們出去傳
道。15並給他們權柄趕鬼。16他任命了這十二個人：西門（耶穌又給他
起名叫彼得）；17還有西庇太的兒子雅各，和他兄弟約翰，又給這兩
個人起名叫半尼其，就是雷子的意思；18又有安得烈、腓力、巴多
羅買、馬太、多馬、亞勒腓的兒子雅各、達太，並奮銳黨的迦南人
西門；19還有賣耶穌的加略人猶大。

---

耶穌的工作已達到了一個危機點。除非祂想和宗教當權者搞得魚死網破，不然祂最好先避開會堂一段時間。

而這正是祂所做的。馬可告訴我們：「耶穌和門徒離開那裏到海邊去」（3：7），這無疑是指加利利海。耶穌沒有因為畏懼而

退縮。祂已在許多對抗中顯示了祂的大無畏精神。事實上，祂的撤退乃是一種慎重之舉。除非祂想在祂和門徒做好準備之前促成危機的爆發，否則審慎便是更為有智慧的表現。正如約翰極其恰當地指出：「他的時候還沒有到。」（約7：30）

不幸的是，基督的一些跟隨者並沒有學會慎重的教訓。他們行事為人彷彿每座山頭都值得為之一死，從而只在教會甚至在家庭中製造糾紛。我們當中有些人還需要領會，進攻有時，撤退也有時。

耶穌雖然能避開城市和會堂，但祂卻躲避不了群眾（可3：7、8）。好奇而滿懷期望的百姓從各處向祂蜂擁而來。那些來找祂的人真是五花八門，加利利、猶太和耶路撒冷是以猶太人為主的領地，而推羅、西頓則幾乎完全是外邦人的區域。在這兩者之間還有那些來自以土買和約但河外的人，當地的人口由猶太人和外邦人混合而成。耶穌真的成了一位比施洗約翰更著名的傳道人。根據馬可福音1：5的記載，施洗約翰的跟隨者僅限於耶路撒冷和猶太地。群眾如此擁擠耶穌，以至於祂不得不吩咐人預備一條船在旁邊，作為一種逃生的方法，以免眾人將祂擠傷了。第10節告訴我們，耶穌作為一位醫治者的工作，將祂帶入了特殊的危險之中，「因為病人甚至來不及等祂來摸他們，」而是「衝過去摸祂」。（Barclay, Mark, pp. 65, 66）

那些污鬼就像他們在馬可福音1：24所做的，以及在1：34想要做的那樣，宣告了耶穌是上帝的兒子（3：11）。到此為止，除了天父上帝以外（可1：11），污鬼是唯一如此認定耶穌身分的人物。將耶穌看作聖子顯然是馬可福音的要點之一。但耶穌卻一再禁止邪靈宣告這非常重要的真理（3：12）。為什麼呢？因為，正如我們早些時候所提到的，祂的時候還沒有到。祂需要機會來教導其跟隨者，而且如果可能的話也教導他人，使他們明白祂的彌賽亞身分，是一種受苦和服務的身分。而這種思想與當時流行的觀點截然不同。當時的猶太人將彌賽亞理解為一位作為大能軍隊之元帥的常勝君王。因此，祂必須有時間來教育祂的跟隨者，免得謠言驅動百姓封祂為王，因為這樣做的結果只能是徹底的失敗。這樣的一場運動差點在約翰福音6：15中爆發，而以加利利人猶大眾子為首的這樣一場改革運動，最終導致了耶路撒冷於西元66－70年被毀。該撒絕不會在耶穌的時代輕視一場看似起義的運動，就像他幾十年後所做的一樣。因此，不讓污鬼說話是非常必要的事。

但並不是每個人都要永遠保持沉默。馬可福音3：13－19描寫耶穌，說祂任命了十二個最終將為祂說話的人。我們都知道，他們並不是祂所召的第一批門徒。我們在馬可福音1：16－20看到四個漁夫（西門、安得烈、雅各、約翰）回應了耶穌的呼召，在馬可福音2：14看到收稅的利未馬太做了同樣的事情。但耶穌的傳道工作已到了必須有正式組織的時候，祂需要從祂身邊的跟隨者中，選擇許多祂能加以訓練的人，好使門徒在祂不再與他們同在的時候，繼續引導祂的運動。

我們不知道在其傳道工作的這一時期，祂身邊有多少跟隨者。但聖經保留了那叫作巴撒巴的約瑟和馬提亞的名字，他們雖然從耶穌受洗到復活一直跟從祂，但他們卻不屬於被正式差遣的門徒之列（徒1：22、23）。

選擇十二個而不是十個或十三個門徒，這對耶穌而言是十分重要的，因為那正是以色列支派的數目。藉著選擇十二個門徒一事，耶穌宣布說，祂認為祂所設立上帝的新以色列民，將延續創世記22：17、18和26：4中為萬國而賜予亞伯拉罕的福分。

值得注意的是，耶穌將祂的門徒叫到祂那裏來，猶太教師通常的做法並非如此。拉比從不邀請他人來作他們的弟子，而是由弟子們所選。這有些像一位現代的研究生，因為想從師於某位特定的教授，而在某一大學裏選擇某一專業一樣。但耶穌卻採取了主動。正如祂召了祂的第一批門徒一樣，祂今日還在從事著邀請男女來加入其聖工的工作。

耶穌為什麼召了十二個門徒呢？馬可福音3：14、15提供了三個理由：

1.「使他們可以常和自己同在」
2.「使他可以差他們出去傳道」
3. 使他們可以有「權柄趕鬼」

這兩節經文顯明了門徒與使徒之間的差別。門徒的希臘原文（mathētēs）的意思，就是「一個通過領受從另一個人而來的教導而學習的人」、一個「**門生**」或「**學徒**」（Danker, p. 609）。而使徒的希臘原文（apostolos），則表示一個被差派出去的人。這十二個人需要靠近耶穌，以便使祂可以教導他們。馬可福音的大部分內容都集中在這訓練上。從馬可福音8：31到其福音書的結尾，馬可非常具體地將內容都集中在這十二個人身上。直到耶穌已花了充分的時間來教導他們去執行他們離開祂的第一項正式任務之後，祂才開始「差他們」（apostellein）去傳道，並有權柄趕鬼（見可6：7–13）。他們在執行任務的過程中所獲得的經驗與失敗，為作門徒的進一步教導提供了參照標準。

這種過程依然是上帝在耶穌升天之後用了兩千年的同一過程。首先，上帝召人加入聖工。然後，祂藉著祂百姓所設立的教育機構來預備男女（門徒），以便使他們可以帶著祂的權柄出去傳道，並將醫治帶給住在地極的人。

這十二個蒙召作耶穌學徒的人，是一群不太可能成為一個世界教會之未來領袖的人。他們沒有我們所說的那種社會或教會關係，他們沒有受過常規的神學院教育。而且他們當中有些人，如彼得、雅各和約翰，是相當粗俗和沒教養的。他們更像我們心目中所想像的民工而不是傳道人。但正如我們先前所提到的，耶穌在他們身上看到了希望，祂認出了祂所能發掘的潛能。

**先作門徒，再作使徒**

「耶穌任命了十二個人與祂同在，然後祂差他們帶著祂的權柄去傳揚那好消息。許多人都想不進入作門徒的學校，而直接獲得彼得或約翰式的權柄。那十二個人需要接受教導、訓練、實習，而且最重要的是，成熟所需用的時間。我們必須願意花時間從老師那裏學習，然後才能前去做祂對公眾的工作」（Barton, p. 81）。

這個名單本身就非常有趣。對於他們當中的有些人，如巴多羅買、亞勒腓的兒子雅各、達太、奮銳黨的西門，我們對他們所知甚少。耶穌不怕麻煩地給至少其中三個人起了暱稱。對彼得，祂給予了「石頭」的綽號（希臘文為Petros，巴勒斯坦亞蘭文為Cephas〔磯法〕）。相當有趣的是，彼得在馬可福音的剩餘部分中，一點也不像一個堅固的磐石。但他在五旬節以後，在使徒行傳的頭幾章中，將表現出磐石般的特徵。耶穌給約翰和雅各起名叫「雷子」（可3：17），可能表示他們的脾氣暴躁。約翰從一個雷子到充滿愛的門徒，以及福音故事中像海綿一樣軟的彼得，變成像石頭一樣堅固，這就是耶穌的門徒培訓計畫有效性的證據之一。

我們還在門徒中發現一些奇怪的組合。我們很難想像，奮銳黨的西門和收稅的馬太能在同一個小團體裏和睦相處。實際上，奮銳黨人「相信他們蒙上帝所召，去從事反對『黑暗勢力』的聖戰」（Russel, p. 38）。一個像西門這樣的奮銳黨人，更有可能給賣國求榮的稅吏捅一刀，而不是與他交往。但這就是基督改變人心的大能，祂甚至可以將如此不可能的組合，包羅在祂那一小群學徒當中。

最後還有加略人猶大，這標誌著馬可的腦海從未遺忘過十字架。但提及「賣耶穌的加略人猶大」（可3：19）的名字，也應提醒我們耶穌的教會從來也不是完美的。教會中總有猶大，他們甚至存在於從事聖工的人當中。但上帝從不丟棄這樣的教會。事實上，祂雖然知道它是什麼樣的一個教會，卻依然與它同工。

# 13 不得赦免的罪

可3：20－30

[20]耶穌進了一個屋子，群眾又聚集，以至他們無法用餐。[21]耶穌的家人聽見，就去監視他，因為他們說：「他神志失常了！」[22]從耶路撒冷下來的文士說：「他是被別西卜附著啦！他是靠著鬼王趕鬼。」[23]耶穌叫他們來，用比喻對他們說：「撒但怎能趕出撒但呢？[24]若一國自相分爭，那國就站立不住；[25]若一家自相分爭，那家就站立不住；[26]若撒但起來反對自己，他就站立不住，必要滅亡。[27]沒有人能進壯士家裏掠奪他的財物，除非先捆住那壯士，才可以掠奪他的家。

[28]我實在告訴你們：世人一切的罪和褻瀆的話，都可得赦免；[29]但凡褻瀆聖靈的，卻永不得赦免，而是犯了永遠的罪。」[30]因為他們不斷地說：「他是被污鬼附著的。」

---

如果連你的家人都開始認為你瘋了，那麼你的處境一定糟透了。我們可能想，**耶穌的家人怎麼會得出這樣一種結論？**但是我們只要想一想，就不難發現可能存在的理由（見Barclay, Mark, pp. 71, 72）。

首先，耶穌撇下了在拿撒勒顯然很豐厚的木匠生意。而祂這樣做又得到了什麼呢？不過是成為一個朝不保夕的流浪教師。正常而有理智的人根本不會做那樣的事情。他們不會拋棄安全與保障，最終導致自己連枕頭的地方都沒有（太8：20）。

其次，耶穌做事缺乏政治上的精明。事實上，祂顯然是在與國家的宗教和世俗領袖作對。難道祂沒有意識到與這些勢力作對有多危險嗎？一個頭腦正常的人是絕對不會拿自身的安全開玩笑的。

第三，耶穌已建立了一個屬於祂自己的宗教社團。這是一個多麼古怪的小群體啊！這一個由幾個漁夫、一個歸信了的稅吏、和一個狂熱的民族主義分子組成的庶民團體。如果你是個想在社會上有一定影響力的人，你就不會選擇這樣的一群人。事實上，通達的人甚至不想讓人知道他們與這樣的人有交往。

家人只能得出一個結論：耶穌雖然擁有那麼多美好的品質，卻正在逐漸失去理智。除此以外，祂的行為不僅使祂自己處於危險之中，而且可能最終使全家人陷於窘境。因此，他們想監護祂，這樣他們就可以使祂遠離麻煩。從耶穌的角度而言，我們只會想，這些經歷或許就是祂說：「人的仇敵就是自己家裏的人」（太10：36）的原因吧。

我們可能會問：這個插曲對我們有什麼意義呢？太有意義了！瘋狂是世俗甚至宗教界人士，對所有將自己全部生命都熱心地奉獻給一種宗教或慈善事業的人所給予的判決。「這個世界尊崇那些為了名聲而戰死沙場的人；但如果一個人為了基督而殉難，世人就會將他當作一個傻瓜。這個世界唯一能夠容忍的宗教就是溫吞的宗教，老底嘉式的信仰。但那種打破一切名譽和慣例之束縛的宗教，那種真誠、火熱、當真的宗教，卻被人稱為瘋狂。」（Jones, vol. 1, p. 93）

哈爾福特・路科克問道：「有沒有任何人曾經稱我們為『瘋子』呢？如果沒有的話，那麼我們可能就要想一想，我們是否真的曾經算是個基督徒，我們是否曾切得夠尖銳和深刻，足以留下任何永久性的痕跡。……『他瘋了』在基督教的歷史上，一直是對那些只事奉一個主，而不是兩個主的人至尊的頌辭。保羅贏得了那獨特的服務稱號。非斯都大聲說：『保羅，你瘋了吧』（徒26：24）。」（Luccock, p. 691）

我做得怎麼樣呢？我是瘋了還是只是一個普通正常的老教友呢？

耶穌的家人並非唯一對其「不正常」的行為表示關注的人。來自耶路撒冷的文士也發現祂既不按牌理出牌又具威脅性，他們的指控並非單純地將祂說成是精神錯亂（儘管在他們心中可能也曾有過這種想法），而是將祂與鬼王別西卜聯繫在一起。查德・邁爾斯指出：「文士的邏輯很簡單：因為他們相信自己是上帝的代表，所以耶穌與他們的『分離』，必然使祂與撒但相結合。」（Myers, p. 165）

耶穌的回應是一系列簡短的比喻性言辭，來說明內戰有違自己初衷的性質（可3：23－26）。然後祂在壯士的比喻中（第27節）指出，與魔鬼為伍並非推翻其國度的唯一方法。一個人也可以侵略它。「耶穌解釋〔說〕他就是那捆住壯士然後搶奪其財物——在這裏就是其俘虜——的人。這是要表明耶穌是撒但的仇敵，而不是盟友。」（Witherngton, pp. 157, 158）；而且祂傳道的目的，就是要捆綁撒但並毀滅他的勢力。這種捆綁從曠野裏受試探就開始了（1：12、13），並在耶穌教導和醫治的工作中一直持續下去。這種捆綁只有到撒但被完全束縛後才能完成。

耶穌回答耶路撒冷文士的第二部分，是其關於不得饒恕之罪的話語。大多數人在這句話中忽略的是其積極的一面。其實，祂清楚地教導說：「世人一切的罪和褻瀆的話，都可得赦免」（可

3：28）。賴爾寫道：「我們應當注意，**我們的主在這些經文中，對罪的饒恕做出了何等榮耀的宣告。祂說『世人一切的罪……都可得赦免。』**

許多人都將這些話語當成了耳邊風，他們看不出其中特別的美。但對那活在自己的罪惡之中，並深感對救恩需要之人來說，這些話語卻是那麼的甜美和寶貴。『一切的罪都可得赦免。』年輕和年老時的罪；頭、手、舌頭和想像力所犯的罪；違反上帝一切誡命的罪；像掃羅一樣逼迫人的人所犯的罪；像瑪拿西一樣拜偶像之人的罪；像釘祂十字架的猶太人一樣，基督之公開仇敵的罪；像彼得一樣退步遠離基督之人的罪；一切一切的罪都可得赦免。基督的寶血能將一切的罪都洗除淨盡，基督的義能遮掩一切的罪。這裏所說明的道理是福音的冠冕和榮耀。它向人提出的頭等大事，就是白白的赦免、完全的饒恕、徹底的寬恕，不需要任何錢財、任何代價。如果我們以前從未接受過這道理，現在就讓我們毫不猶豫地抓住這道理吧！」（Ryle, p. 55）

但在耶穌所提出完全的赦免中卻有一個例外，那就是對於那「褻瀆聖靈」的人（第29節）。

**你可能想：什麼是褻瀆聖靈呢？**要想理解耶穌的意思，我們就必須去查閱此章節的上下文。耶路撒冷的文士不僅聲稱耶穌的能力來自魔鬼，而且「他們**不斷地**說：『祂是被污鬼附著的』」（第30節）。

我們在這裏看到兩種靈的對比——撒但的靈和聖靈。這聖靈曾在耶穌受洗的時候降在祂身上，並催逼祂與那惡者進行了最早的交鋒（可1：10、12）。

是什麼靈在耶穌的聖工背後支持祂，這並不是一個小問題。聲稱祂靠撒但的能力行事這種主張若是真的，不僅會將祂的神蹟解釋掉，而且使祂的教訓也歸於無效，其中包括祂對赦罪的應許。

我們需要問：「但為什麼那罪是不得饒恕的呢？」關鍵在於聖靈工作的性質，聖靈的部分工作就是使人知罪（約16：8）。回應那神聖的引導，他們才會認他們的罪，然後才會被赦免和潔淨（約一1：9）。

但要是他們不認罪呢？甚至，要是他們拒絕知罪呢？要是他們將罪咎感歸咎於魔鬼的能力呢？這樣的人就不會覺得有認罪的必要，他們也不會承認罪的罪惡性。他們會像保羅所說的那樣，像那些良心如同被熱鐵烙慣了的人一樣（提前4：2）。這樣的人最終將變得如此麻木，以至於他們甚至無法聽見聖靈的聲音或感覺聖靈的感動。若不接受聖靈對罪的譴責，他們就不會認罪。而若不悔改認罪，就不會有對罪的赦免。

**不得赦免的罪**

「我們幾乎可以肯定地說，那些擔心自己犯了不得赦免之罪的人，正是那些沒有犯此罪的人。他們害怕擔心的事實，本身就是可以為他們辯護的最有力證據。……犯了不得赦免的罪的人普遍之特徵，很有可能就是良心的徹底剛硬，即被烙慣了的心，沒有任何的感覺，對屬靈問題的徹底麻木。」（Ryle, pp. 58, 59）

耶穌告訴我們，這樣行事為人的結果是永恆的（可3：28）。上帝不能也不願使天國充滿那些反叛者，他們將延續現今在地上導致如此多痛苦的不幸與死亡。聖經的中心思想就是要說明，上帝最終將了結罪的問題。那些能安然得救的人，將是那些通過聖靈對罪的譴責，而開始從內心深處恨惡罪及其後果的人。

敏感的人會說：「但我怎麼知道我還沒有犯那不得赦免的罪呢？」答案非常簡單。一個人對此問題的關注，本身就是最肯定的標誌，說明他們還沒有犯那終極的罪。沃爾特・韋塞爾正確地寫道：那不得赦免的罪「不是一個孤立的行為，而是心靈的一種固定的狀態。」（Wessel, p. 645）對於那些擔心他們與上帝之關係的人，他們焦慮的心情本身就說明，他們還在接受聖靈的感動。

# 14 屬於上帝之家庭的資格

可3：31－35

31耶穌的母親和弟兄來，站在外邊，打發人去叫他。32有一群人在
耶穌周圍坐著，他們就告訴他說：「看哪，你母親和你弟兄在找
你。」33耶穌回答說：「誰是我的母親和我的弟兄？」34就四面觀
看那些圍著他坐的人，說：「看哪，我的母親，我的弟兄。35凡遵
行上帝旨意的人，就是我的弟兄姐妹和母親了。」

---

除了對於馬利亞和約瑟（有少量的了解）以外，我們在新約聖經中找不到太多有關耶穌家庭的資料。馬太提到祂弟兄的名字為雅各、約瑟、西門和猶大，還不記名地提到了祂的姐妹（太13：55、56）。這些同胞有可能是約瑟和其前妻所生的，也有可能是他和馬利亞在生下耶穌之後生的，或者是這兩種情況的結合。大多數人推測，約瑟在耶穌開始傳道之前就死了，因為除了耶穌降生的故事和祂十二歲時在聖殿裏的經歷以外，新約聖經再也沒有提過約瑟。

約翰告訴我們：耶穌的「弟兄不信他」，而且祂也不能將祂的計畫直接告訴他們（約7：5、3、10）。另一方面，馬太和路加對於耶穌降生和童年的記載，清楚表明馬利亞理解並且相信她兒子將要擔負的使命。

馬可福音3：31－35記載，耶穌重新定義其家庭的事情，從

第21節開始，其中記載了祂的弟兄和母親出來要監護祂，怕祂是精神失常了。這樣，這兩個有關家人的章節，將耶路撒冷文士相信祂身上有鬼的反對（第22－27節）夾在中間。這個三明治章節的共同點，在於這兩群人都反對耶穌，並且相信祂受到了一種邪惡勢力的控制。我們無法確定馬利亞是否也持有那種態度，還是她只是被耶穌的那些確信祂有問題的弟兄所迫。另一方面，馬利亞可能變得灰心了，畢竟，事情並不像她所可能想像的那樣發展。耶穌不僅沒有像所應許的彌賽亞那樣行事為人，反而就她所能知的，只是使祂的人生被搞得一團糟，並且正要和政治及宗教當權者拼命。她也可能開始懷疑，我們所確知的一件事就是，馬利亞和耶穌的手足一同來了，為要監護家族中的這顆流浪之星。

在探討馬可福音3：30－35的教訓之前，我們應注意一點，那就是至少耶穌的一部分兄弟最終相信了祂，這可能是在祂死亡復活之後發生的。耶穌復活之後，祂曾在將自身顯給十一個門徒看之前向雅各顯現（林前15：7）。被特別形容為耶穌兄弟的雅各，後來成了一位領袖，而且可能成了耶路撒冷教會的頭（加1：19；2：9、12；徒12：17；15：13；21：18）。他也寫了那以他名字命名的經卷，而耶穌的兄弟猶大則寫下了那帶有他名字的書信（雅1：1；猶1：1）。

但在馬可福音第3章中，這兩個兄弟離他們最終成為使徒還有很長的一段路呢。此時，他們相信耶穌若不是瘋了，至少也已處於癲狂的邊緣了。

正是由於他們想要控制耶穌，才導致祂在馬可福音3：32－35重新定義「家庭」。這段話所蘊含的一個基本思想，就是有些關係比血緣關係還要親。正是這樣的關係，才使收稅的馬太和奮銳黨的西門兩個人結合在一起。在過去，他們兩個人乃是死對頭。但現在，他們卻屬於耶穌社交圈內的弟兄了。他們對於信心、獻身、目標和經驗的共同點，使他們與其他門徒緊密地結合成了一個大家庭，這個家庭對於耶穌而言，要比祂親生的家庭更加無限地親蜜。

耶穌在第32至35節的教訓中，流露出兩個基本的思想。第一就是那些跟隨上帝的人最終將發現，自己與那些按照這世界之君的原則生活的人發生衝突。

這正是耶穌所遇到的境況。耶穌因為渴望全心成就上帝的原則，不僅與宗教和世俗的當權者發生了衝突，而且也與其親骨肉發生了衝突。從我們對祂本性的了解可以知道，祂並不比我們更喜歡這種遭遇。祂最根本的教訓就是以愛和需要彼此關懷為中心。祂甚至以這些條件來定義祂的門徒，祂宣稱：「你們若有彼此相愛的心，眾人因此就認出你們是我的門徒了。」（約13：35）

耶穌的教訓對於馬可福音的第一批讀者而言，一定具有極大的意義。因為他們的基督教信仰，也遭遇了被家人厭棄、逼迫、甚至慘死。但「取代破碎的家庭（和其他）關係、放逐和逼迫的」，是他們現在所獲得的一種「與上帝的兒子」本身，以及那些在主內的弟兄姐妹「親密無間的關係」（Grant, p. 694）。

家人的棄絕與加入上帝的家庭，在二十一世紀的教會中依然上演著。哈爾福特・路科克寫道：「一次又一次，在大多數人生命中，家庭關係自然的佔有性，不僅與個人成熟和獨立發展的可能性發生矛盾，也與個人對世人的服務相矛盾。家人的愛常常傾向於建立監禁的牆，在家中的兒童和青年的眼前蒙上眼罩。……成千上萬曾去海外佈道（或以其他一些方式獻身於基督）的人，都不得不像耶穌一樣面對衝突。」（Luccock, pp. 694, 695）

在最佳的情況下，「家人真實的情感，應是對於在更大範圍內服務的一種激勵和支援，而不是一種替代。一個家庭應是一個港灣，使船隻可以離港駛入大海，而不是一塊磐石，將船栓住並且讓它朽爛」（引文出處同上，p. 695）。這樣一個給予支持鼓勵的家庭，當然只能在所有成員都分享共同信仰和價值中產生。這些共同性的缺乏，正是耶穌面對其親骨肉所有的問題。祂的處境和祂關於一個更重要的家庭教訓，歷代以來曾鼓勵了所有面對類似處境的信徒。

從馬可福音3：32－35中得出的第二個基本思想，就是在耶穌裏建造上帝之大家庭的基礎——即遵行上帝的旨意：「凡遵行上帝旨意的人，就是我的弟兄姐妹和母親了。」（第35節）

亞歷山大‧馬克拉倫指出：「遵行上帝的旨意是（耶穌）自身為人最內在的祕訣。祂唯一和一貫在乎的，就是樂意遵行上帝的旨意。因此當祂在他人身上發現這種樂意的心願時，祂便認出祂與他們之間的一種聯合。」（MacLaren, I to VIII, p. 130）

馬克拉倫繼續注釋說：「我們必須認真地注意，我們的主」關於成就上帝旨意的「這些偉大話語，不是想要說明人們成為（耶穌）親人的手段，而是說明他們作為這樣的人所有的表徵。……換句話說，祂不是在說建立這種關係的方法，而是說這種關係真實存在時所有的特徵。」因此，基督在馬可福音3：35的教訓，「與我們成為基督之弟兄的唯一方法——因信靠祂這一偉大教訓，絲毫沒有相矛盾或衝突。」（引文出處同上，p. 130, 131）

聖經一直清楚地教導我們，一旦一個人藉著基督而與上帝建立了得救的關係，順從（遵行上帝的旨意）就佔有核心的地位。耶穌就是用這個真理來結束祂在山邊寶訓的教訓（「凡稱呼我『主啊，主啊』的人，不能都進天國；惟獨遵行我天父旨意的人，才能進去」〔太7：21〕）。這也為保羅在《羅馬書》中所使用的1：5及16：2經文，提供了一個關鍵思想。他在其中強調，此書的主要目的之一，就是「使他們順從真道」（RSV中譯）。也就是說，那些真的在基督裏有得救信心的人，都將是順從的。當然，基督斷言，正是這種順從，標誌著信徒是否是祂的弟兄姐妹，並因此成為上帝的家庭成員。

# 15 對比喻的思考

可4：1－12

1耶穌又在海邊教訓人。有許多人到他那裏聚集，他只得上船坐
下。船在海裏，眾人都站在岸上。2耶穌就用比喻教訓他們許多道
理。在教訓之中，對他們說：3「你們聽啊，有一個農人出去撒
種。4撒的時候，有些種子落在路旁，小鳥來吃盡了。5其他種子落
在土淺石頭地上，土既不深，發苗最快，6日頭出來一曬，因為沒
有根，就枯乾了；7還有些種子落在荊棘裏，荊棘長起來，把他擠
住了，就不結穀子。8最後還有些種子落在好土裏，就長起來結穀
子，有三十倍的，有六十倍的，有一百倍的。」9又說：「有耳可
聽的，就應當聽。」
10無人的時候，跟隨耶穌的人和十二個門徒開始問他這些比喻的意
思。11耶穌告訴他們說：「上帝國的祕密只叫你們知道；若是對外
人講，凡事就用比喻，12叫他們看見了也不曉得，聽見了也不明
白。恐怕他們回轉過來，就得赦免。」

---

耶穌的傳道生涯到達了一個重大的轉捩點。祂先前的教訓大都發生在會堂裏，這是很容易理解的，因為那裏是猶太人期望聽到上帝的道被解開的地方。但人們對耶穌教訓的反對，使得耶穌不得不慎重地避免那些對祂而言已成為對抗之地的場所。除此以外，耶穌已變得如此受人歡迎，以至於沒有會堂能容得下那麼多

的人。因此我們在馬可福音第4章中發現，耶穌又回到湖邊教訓眾人。

祂不僅有了一個教訓眾人的新地方，而且也有了一個新方法：「耶穌就用比喻教訓他們許多道理」（4：2）。這並不是說祂以前從未用過比喻，但當反對勢力增加時，祂便開始更多地使用這些比喻了。

在一部著重描寫耶穌的行動而不是教訓的書中，馬可福音第4章是該福音書中最長的一段教訓，這當然是馬可福音中記載比喻最多的一章。正如我們可以想像的，馬可所記載的比喻要比馬太和路加少得多。

耶穌並不是第一位使用比喻的猶太教師，但正如施諾德格拉斯所寫的：「沒有任何證據顯示，在耶穌之前曾有任何人像祂那樣一貫地、富有創意地、有效地使用過比喻。」（in Green, p. 594）

我們可以最好地將比喻定義為：「一個帶有屬天含義的屬世故事」（Barclay, Matthew, vol. 2, p. 62）。它以一些人們在世上所熟悉的事物作為例證，幫助人理解屬天或屬靈的現實。

正如上文所提到的，馬可福音第4章的上下文，為我們提供了耶穌開始更多地使用比喻的主要原因之一。宗教領袖已經拒斥了祂，但這種拒絕並不意味著祂有任何想要停止講道的意圖，這只是標誌著祂需要更為謹慎。畢竟，正如馬可福音3：6所提到的，法利賽人和世俗的希律黨人已經在「策劃」如何才能除掉祂。因此，祂才理所當然的以這樣一種方式來教訓人，以便使祂不至於不必要地與祂的仇敵對立起來，或給他們提供確鑿的把柄來攻擊祂，把祂說成是個破壞分子。祂還想感化宗教領袖的心，但如何去做卻變得愈來愈難了。運用比喻是祂對此難題的部分解答。由於這些比喻使用的是象徵性的語言，所以它們可以用一種

「安全的」方式來傳達信息。

比喻

對耶穌而言是一種「安全的」說話方式

是吸引人注意力的有趣題材

使真理變得更加確實可信

使聽眾可以在他們從事每日的工作時重溫這些教訓

可以幫助個人去親自發現真理

除了安全以外，比喻也能吸引聽眾的注意力。人人都喜歡聽故事，古時的猶太人也不例外。耶穌通過祂對比喻的使用，充分利用了一個重大的心理因素，祂被證明是世界歷史上最偉大的講故事者之一。祂從其聽眾所熟悉的事物開始講起的比喻，幫助了他們專心聽講。每一位講道人都知道一個故事對於保持會眾注意力的重要作用。如果在教堂裏是如此的話，那麼在露天的環境中講道就更是如此了，因為在戶外人們想來就來，想走就走。

比喻的另一個功用，就是使真理變得更加確實可信。耶穌不是用抽象的語言說話，而是用人們日常生活中所熟悉的事物說話，例如撒種（可4：3－9）、燈的擺放（4：21、22）、莊稼的成長（4：26－29）等。比喻將耶穌的聽眾從他們所熟悉的世界，帶到了超越他們日常事務的屬靈現實當中，但祂所談論的正是他們的世界。他們能夠看出祂的故事不僅具有一種日常的含義，而且還有一種超越他們屬世經驗的含義。

比喻的另一個價值，就是其持續不斷的教育功能。由於耶穌的比喻運用了聽眾日常生活中的具體事物，所以每當他們看到這些東西時，他們就會想起祂的教訓來。懷愛倫曾精闢地寫道：「此後當他們看見那曾為祂所引用作為教材的實物時，他們便要回憶起這位神聖的教師所講的話來。救主教訓的意義對凡向聖靈敞開心門的人，必愈來愈顯明。奧祕的事漸趨明朗，那難以領悟的事也就顯明了。」（懷愛倫《天路》，5頁）

比喻的最後一個好處，就是它們驅使人們去親自發現真理。當耶穌的聽眾對比喻的話題產生興趣，並使他們揣摩故事中的真理時，對耶穌所說之話語的默想，便會使他們去自行領悟其中的真理。反之，正如威廉·巴克萊所說的：「比喻**使真理向那些懶於思考或因偏見而盲目的人隱藏了起來。**」（Barclay, Matthew, vol. 2, p. 62）這就是耶穌在馬可福音4：10－12中，看起來很難懂的話語所要得出的雙重要點。

在查考這幾節經文之前，我們需要先簡要地看一下撒種的比喻，這將是本書第16章的主題。我們現在所要提的，只是它為比喻的功效提供了一個卓越的實例。例如，它訴諸於一種耶穌的聽眾所熟悉的經驗。事實上，人們可以想像得到，當他們的視線轉離耶穌時，他們會看到周圍山腳下勞作的撒種者。由於這些情景都是他們日常生活的一部分，耶穌的教訓經常會重現在他們行走時的腦海中。另外，由於他們時常遇到祂所使用過的比喻，他們發現自己不自覺地思考各種比喻的含義，以及撒種與他們自身生活的聯繫。

這個思想將我們帶到了第10至12節中令人難懂的話語。在這幾節經文中，耶穌似乎聲稱，祂用比喻教訓人是為了隱藏真理，而不是為了使其所有的聽眾都明白。當祂告訴門徒說：「上帝國的祕密只叫你們知道；若是對外人講，凡事就用比喻，叫他們看見了也不曉得，聽見了也不明白。恐怕他們回轉過來，就得赦免」，祂到底是什麼意思呢？

耶穌用比喻說話是為了將思想說清楚呢？還是為了將真理變

得含混不清，使人們無法理解祂的意思呢？除此以外，祂是否真的想使祂的一些聽眾，處於一種不得赦免或失喪的狀態中呢？

**一個令人費解的話語**

許多人認為馬可福音4：10－12是聖經中最令人費解的章節之一，因為這暗示著一、耶穌用比喻來阻礙溝通，而且二、耶穌想讓一些人保持在不得赦免的狀態中。

（以賽6：9、10為依據的）第10至12節的話，曾使歷代以來許多人感到困惑，因為這句話似乎與耶穌使用比喻的原因本身相矛盾。哈威・布蘭斯康姆正確地指出：如果耶穌不想讓外人理解某些教訓，「最簡單的方法就應是在公眾講話中，不涉及那些具體的話題。」（Branscomb, p. 78）

但耶穌確實講了那些話題，而且祂確實說了第10至12節令人費解的話。為什麼呢？解決這一難題的方法之一，就是記住耶穌是在同時和同一聽眾中至少四類人群說話：

1. 十二個門徒，
2. 一大群相信但又有些波動的跟隨者，
3. 包括許多好奇但不一定相信的「群眾」，
4. 祂的仇敵，如從耶路撒冷來的法利賽人和文士。

撒種的比喻將第10至12節夾在中間，這並非出於偶然，而是專門圍繞這一難解的章節而展開的。我們應指出，撒種的比喻，是關於人們如何聆聽和回應這道。施諾德格拉斯提到：「在馬可福音4：10－12中，這位佈道家表現出耶穌的傳道生涯中經常發生的事情。……耶穌教導眾人，但祂的教訓呼召人作出回應。當人們回應時，額外的教訓就被給予。」（in Green, p. 597）。這正是門徒的經驗，他們在第13至20節中得到了額外的指教，這也是對那即將被提出的——「有的還要給他；沒有的，連他所有的也要奪去」（第25節）之論點的舉例說明。

鍾斯總結說：「用比喻來教訓人的這種方法成了一種審判。它將稗子從麥子中篩出來，將那些通常以屬靈的事為念的人，從那些以屬世的事為念的人當中分出來。……對於後者，他們雖然聽到了這個故事，卻完全沒有察覺其屬天的含義；他們聽是聽見了，卻沒有明白；看是看見了，卻不曉得。對他們而言，這乃是愚拙，因為這些事情是被人從屬靈的意義上參透的。」（Jones, vol. 1, p. 112）或像馬太・亨利所形容的：「一個比喻就是一個硬殼，為勤勞的人保存好果子，卻不讓那懶惰的人得到。」

# 16 對門徒身分的思考

可4：13－20

[13]又對他們說：「這比喻你們都不明白嗎？那你們還能明白什麼比
喻呢？[14]撒種之人所撒的，就是道。[15]那撒在田埂上的，就是人聽
了道，撒但立刻來，把撒在他心裏的道奪了去；[16]那撒在石頭地上
的，就是人聽了道，立刻歡喜領受，[17]但他心裏沒有根，不過是暫
時的，及至為道遭了患難，或是受了逼迫，立刻就跌倒了；[18]還有
那撒在荊棘裏的，就是人聽了道，[19]後來有世上的憂慮、錢財的迷
惑和對其他事物的欲望，進來把道擠住了，就不能結實；[20]那撒在
好地上的，就是人聽道，又歡迎，並且結果子——三十倍、六十
倍、一百倍。」

---

馬可福音到這個地方為止，人們對耶穌的接納與否各有不同。有些人接受了祂的信息並成為跟隨者，有些人聽了道之後無動於衷，還有些人不僅拒絕祂的教訓而且咄咄逼人。所有的福音書作者在耶穌死後數十年之後進行寫作時，都遇到了一個相同的難題：為什麼祂自己的百姓竟會拒絕彌賽亞？這種拒絕似乎與猶太教末世論的期盼相矛盾。為什麼有些人對耶穌作出了回應，而大多數人卻拒斥祂？

馬可的回答就是講述耶穌對四種土壤的比喻。這個比喻本身有一種自傳的聲調。畢竟，耶穌親身經歷了文士和法利賽人如石

頭土地般的心，祂也遇到了群眾膚淺而不穩定的熱情。因此從某種意義上說，耶穌是在描述祂自己撒種（講道）的結果。但從另一意義上說，祂也是在描述凡跟隨祂而教訓和傳講上帝信息之人的結果。他們所傳的可能是一個非常美好的信息，但大多數的土壤類型（聽眾）卻會拒絕這信息。他們就是這樣對待耶穌的，他們歷代以來也一貫如此行。

在研究此比喻之前，值得一提的是整個比喻的主線是土壤，而不是撒種。也就是說，這裏所講的是不同類型的人，以及他們如何回應福音的信息，而不是那信息的傳揚。

整個比喻中有兩個不變的因素。第一，撒種似乎對於所有類型的土壤都一樣。它們都得到了同樣的待遇：相同的道。其次，這四類土壤都聽到了那信息，它們的不同之處不在於聽見而在於回應。這四類土壤所共有的一點，就是它們都是**潛在的**門徒，都有可能成為基督信息的跟隨者。而潛力是否會發展成為現實，則不在於聽道而在於作出回應。

大衛・麥克肯納將路旁的聽眾稱為：「不發育的人」（見McKenna, pp. 94-97）。巴勒斯坦的田地通常是由一條條被田埂分開的狹長土地組成的。任何種植過菜園的人都知道，這樣的田埂很快就會成為堅硬的土地，連雜草都很難在其中生長。

需要有效利用時間的農夫，不得不連田埂上也撒下種子，但這並沒有任何益處。種子無法穿透堅硬的泥土，並且很快成為小鳥的食物。

此比喻暗示著有些聽眾的心思意念之路，也同樣「因畢生習慣的時常踐踏」而變得堅硬了（引文出處同上，p. 94）。他們已形成了一種無法穿透的感性與理性上的防護殼，使福音的信息很難進入他們的心靈。正如耶穌所指出的，撒但正時刻準備著要奪去那信息，不給這信息留下任何生根發芽的機會。

麥克肯納將石頭土地般的聽眾稱為「發育膚淺」的人。土地像石頭一般的原因，不是因為地裏充滿了石頭，而是因為它是由覆蓋在一大片岩石層上的浮土構成的。這樣的聽眾有點兒希望，他們確實有些好土，但並不太多。這樣的泥土已開始有很好的表現，由於它是肥沃的，所以可以很好地支援向上和向外的生長。但問題是它沒有足夠的可能性來進行向下和向內的生長，因為植物的下面是岩石。

耶穌說，有些聽眾是淺土式的人。他們有潛力，但不讓上帝的道深入他們的感性和理性，上帝的道並沒有成為控制他們生命的力量。因此當困難來臨時，他們便漸漸凋謝了，就像那些紮根不牢的植物在炙熱的陽光下一樣。馬可在羅馬的讀者，無疑在尼祿逼迫基督徒最激烈的時候，見到了許多這樣的枯萎。而這樣的人並不僅限於一世紀。哪位基督徒沒有見證過一個前途無量的新信徒，滿懷熱情地接受基督，結果卻隨著激情的結束而凋零了呢？

麥克肯納將荊棘式的基督徒描述為「發育不良」的人。和許多人一樣，我也喜歡種菜，但我不喜歡雜草。雜草無孔不入而且生長迅速。它們也很難從地裏被根除。面對雜草較容易的方法可以是忽略它們，或沿著地面將它們剪除。後一種做法有一大缺欠。短期內我們看似已解決了問題，但草根很快就長出新的草尖來。生命的定律乃是雜草永遠都比蔬菜長得快。雜草靠著自己就能生長起來，但自從伊甸園的時代開始，蔬菜只能靠著「汗流滿面」（創3：19）才能生長。最簡單的事實就是，那些沒有一套有效的雜草控制計畫的人，是無法獲得一個健康的菜園的。

耶穌將這種情況，與那些讓「世上的憂慮、錢財的迷惑和對其他事物的欲望，進來把道擠住」（可4：19）的人作比較。哈爾福特・路科克將這樣的人稱為過著「窒息生活」的人。他接著又講述了一個學童的故事。這個學童「在閱讀一系列主要死因時，發現一種他所不認識的、致命的新病。當人們問他這是什麼病的時候，他拼寫出了『雜症』這個詞。這就是那可怕的疾病！數百萬人都死於『雜症』。當屬靈的生命被壓在一大堆的雜事之下時，他就會生病。」（Luccock, pp. 697, 698）

人們從不缺少使他們脫離屬靈憂慮的「事物」，而二十一世紀對此也絕對是愛莫能助。那些生活在發達社會中的人似乎著迷於事物，而那些生活在不發達社會中的人一旦有機會能獲得物質，便將這些東西當作他們的頭等大事。耶穌說，那可悲的事實是，愛事物的心擠住了人們的宗教經驗。最確實的事實就是：「一個人不能事奉兩個主。不是惡這個愛那個，就是重這個輕那個。你們不能又事奉上帝，又事奉瑪門。」（太6：24）

只有在講完了這兩類相當令人沮喪的、處在具有潛力之狀態中的潛在基督徒之後，我們才看到麥克肯納稱之為「發育完全」之人的好消息。這是個好消息，那些不斷撒播聖道的人將看到結果。這些結果可能並不像撒種之人所希望的那樣一致或豐盛，但它們必會出現。失敗不應使基督徒變得灰心喪志。正如菲姆・皮爾金斯所指出的：「這個比喻為人們提供了鼓舞。……福音之道並非軟弱得無法完成其工作。損失從一開始就是此過程的一部分。這道雖然遭遇了猛烈的反對，但卻仍會給予極大的豐收。」（Perkins, p. 574）耶穌告訴我們：當這道在易受感應之人的心中生根時，它就會結果子——三十倍、六十倍、甚至一百倍（可4：20）。我們在此發現了一些有關真門徒的教訓，他們不僅聽道，而且他們會對道作出回應。他們不僅會對道作出回應，而且他們會結果子。按照耶穌的說法，這世上就沒有結不出果子的真門徒。

但基督徒的工作並不輕鬆，永遠都會有人拒絕聖工，而積極的結果往往並不是一下子就能被人看見。要記得，發芽和早期發育是在地下發生的，而且通常是撒種之人所無法看到的。

耶穌將真門徒描述為一個這樣的人？

- 聽道
- 對道做出回應
- 因道而結果子

當我的人生似乎不能對這世界產生任何影響時，一段出現在一本名叫《教育論》的小冊子中的話一直鼓勵著我。作者在談到復活大日時寫道：「那時，一生經歷的種種疑難之事都必明瞭。在我們看來全是紛亂和絕望的，是被破壞的心願與受阻撓的計畫，到那時就必看出實在是偉大，卓越與勝利的旨意，是神聖的協調。」

「凡抱不自私之精神而工作的人，必目睹自己工作的效果；……我們在今世雖可看到一些這樣的成果；但世上最高尚的行為，其效果能在今世向當事人顯明出來的，何其小啊！那為不知感激與無力報答之人所作無私不倦的操勞，又是何其繁多！有許多父母和教師到了彌留之際，覺得畢生的事業全是徒然的；殊不知他們自己的忠心，已開啟了流不盡的福源；他們惟有憑著信心看見自己所訓練的一般兒童，成為造福人群與感化眾生的人，而所留的影響必再擴大至千倍之多。……人們所撒的種子，在死後有他人從而獲得豐盛的收成。他們栽種樹木，別人得享用果實。他們知道自己已在此世發動了向善的動力，就必心滿意足

了。到了來生，這一切的行為及其反應都必彰顯出來。」（懷愛倫《教育論》，269、270頁）

耶穌對祂每一位門徒所說的話，就是「要不斷地撒種。」

# 17 耳朵的必要性

可4：21－25

21耶穌又對他們說：「人拿蠟燭來，豈是為了使它可以被放在容器
底下、或使它可以被放在床底下，而不是被放在燈檯上呢？22因為
沒有什麼事是被掩藏的，只是為了使它可以被顯出來；也沒有什
麼事是隱瞞的，只是為了使它可以被露出來。23有耳可聽的，就應
當聽。」24又說：「你們要注意聽講。你們用什麼量器量給人，也
必用什麼量器量給你們，甚至要多給你們。25因為有的，還要多給
他；沒有的，連他所有的也要奪去。」

---

馬可福音4：21－25最迷人的事情之一，就是此章節含有四個在馬太福音和路加福音中也出現的名言。這些話語在馬可福音中在同一處出現，而在其他兩本對觀福音中卻都分散各處。如馬可福音4：21出現在馬太福音5：15和路加福音11：33，第22節在馬太福音10：26和路加福音12：2中被重述，第24節出現在馬太福音7：2和路加福音6：38，第25節出現在馬太福音13：12；25：29和路加福音19：26。

這種安排上的差別是一種不可否認的事實，但其中的含義是什麼呢？有人辯論說：這「標誌著馬可是從一個先前收集而來的耶穌格言錄中，將這些素材放在其著作的這一部分」（Edwards, p. 139），馬可並相應地加以安排。其他人認為耶穌四處周遊，一定

在不同的場合中不止一次說了許多相同的話語。

雖然我們可能無法確定，我們在對觀福音中所發現的素材差異安排的全部原因，但我們卻知道在馬可福音4：21－25中，我們擁有一系列構成一個獨立單元的格言，並且這個單元是建立在第1至20節撒種的比喻之上，這兩部分都強調了聽的重要性。除此以外，第21至25節講述的，是第20節所強調結果子是門徒的責任。因此我們可以說，第21至25節是對第1至20節的比喻性講道的一種應用。從另一個角度而言，耶穌可能是想用第21至25節中的話語，來糾正人們因祂在第11和12節中所說，有關祂為什麼用比喻教訓人的話語所可能有的誤解。

從第1至20節的背景來看第21節，我們可以發現兩件事。一、第20節（其中提到有些人結果子直到一百倍）和第21節（其中吩咐那些聽見上帝之道的人要發光並使別人可以看到）之間存在著一種直接的聯繫。

第二種聯繫是比較微妙的。十二個門徒可能正自鳴得意，認為他們是享有特權的人，認為他們是耶穌專門花時間來解釋天國祕密的對象（第11、33、13－20節）。鑒於他們具有自鳴得意的可能性，第21節讓他們發光的吩咐，對十二個門徒和所有基督徒具有一定的教訓，那就是權利也隨之帶來義務。

這義務就是要與他人分享上帝的真理，以便使他們可以聽到。「上帝賦予我們的每一恩賜，都是為了使用而賦予我們；不是為了我們自身的享用或富足，而是為了服務。上帝從不為了一個人自身的緣故而祝福他；上帝祝福他是為了使他可以成為一種祝福。祂從不為了一個人自身的緣故而救他；祂救他是為了使他可以成為一個拯救者。祂從不為了一個人自身的緣故而使他富足；祂使他富足是為了使他可以相應地變成使他人富足的源頭。」（Jones, vol. 1, p. 137）

上帝一切的恩賜都是如此。例如屬靈的恩賜，在以弗所書第4章中，保羅在列舉了各種恩賜之後，便說明它們的目的乃是：「為要裝備聖徒，從事聖工，建立基督的身體。」（弗4：11、12，RSV中譯）

這也同樣適用於上帝的道（可4：1—20的一個核心主題）。上帝的道是祂所賜予的一種恩賜，為要幫助男女找到他們去天國的道路。詩篇的作者說：「你的話是我腳前的燈，是我路上的光。」（詩119：105）因此，那些希望增產三十倍、六十倍或一百倍的人，是不會隱藏他們的光。

教會中有許多人都是藏光的專家。有一個故事講述兩個人在一輛巴士上，他們正在閱讀他倆都很熟悉的一個人的訃文。「其中一人大聲說：『看哪，史密斯曾是第一教會的教友。誰知道會有這麼一回事！』」哈爾福特・路科克在評論這件事時指出：「我們太知道這種事了。」這裏所有的「是一個善於保存（被隱瞞的事實真相），不讓人知道他與耶穌基督的教會有任何關係的人」（Luccock, p. 702），他的燈是在斗底下而不是在燈檯上。

大多數的基督徒都面臨史密斯的試探。不讓人知道我們的信仰、我們是基督徒，這實在是太容易了。當這種試探降臨時，我們就需要重新發現我們的耳朵，重新聽耶穌在馬可福音第4章中的教訓。

「因為沒有什麼事是被掩藏的，只是為了使它可以被顯出來；也沒有什麼事是隱瞞的，只是為了使它可以被露出來。」（可4：22）。「因為」是本節的關鍵字，將第21節中一個人擎光的方式（如掩藏起來或放在燈檯上）與第22節中的審判景象結合在一起。聖經十分清楚地告訴我們，即或有人把自己化裝成一種土而不是另一種土，一切隱藏的事最終都將被顯露出來。阿爾弗雷德・普拉莫在評論第22節時提到：「偽善不僅是罪惡，而且也是無用的，因為有朝一日將有一場毫不留情的曝光出現。」（Plummer, p. 129）耶穌後來在馬可福音中說：「凡在這淫亂罪惡的世代，把我和我的道當作可恥的，人子在他父的榮耀裏，同聖天使降臨的時候，也要把那人當作可恥的。」（可8：38）

我們如何聽十分重要。我們如何對待上帝給我們的光，對祂而言具有重大意義。我們可以在大多數的時候矇騙大多數人，但沒有人能欺騙上帝。最終將有一個驗土的時候、一個驗光的時候；那時，就連我們精心隱瞞的事情也都會被公諸於世。耶穌用祂在馬可福音第4章中經常重複的話語得出結論，「有耳可聽的，就應當聽」（第23節）。

傾聽也是第24節的主題，耶穌在這節經文中警告祂的跟隨者：「要注意聽講」。正如有些人所發現的，傾聽並不像其乍看起來那麼簡單。第1至20節中石頭土地式和荊棘地式的聽眾也都聽了。但他們聽見了什麼呢？他們只是用耳朵聽了，卻沒有用心去聽。所以他們未能真正理解，而且他們也忽視了對道的接受。從聖經的意義上說，聽不僅僅是用人的耳朵接收聲波，而是一種與心靈有關的事情，是一種屬靈的經驗。

第24節剩餘的部分和整個第25節，也必須在聽的背景中來理解。正如林斯基所指出的，「祂吩咐他們好好注意他們所聽見的，讓他們以足量的精力和熱情來學習吧，耶穌會以更足量的寶貴真理來回報他們。在他們所有的事物之上，更多的東西會被給予。但那些不在乎的人，那些不需要也不渴望耶穌的人，自然會發現同樣的量器也會被拿來量度他們。而且最慷慨的是在吝嗇方面，耶穌甚至會比他們更勝一籌。而且如此下去，……其結果將是喪失這些聽眾最初所有的那一點點。」（Lenski, St. Mark' s Gospel, p. 183）

根據耶穌在馬可福音第4章中的說法，沒有什麼比我們如何聽更重要的了。這四種土壤都聽見了那道，但只有一種是屬靈地聽取了那道，只有一種作出了回應並讓其光閃耀，好使它可以有許多倍的增長。

正如用心聽道的門徒得到了更多的指教（當上帝量給他們時，他們就得到了更多〔第24、25節〕），那些沒有用心聽道並最終作出回應的路旁聽眾、石頭地聽眾和荊棘地聽眾，他們失去了他們所有的（第25節）。他們看見了卻沒有領悟，他們聽見了卻沒有明白。

根據耶穌的觀點，沒有什麼比一個人屬靈耳朵的狀況更重要了。

# 18 成長的必要性

可4：26－34

26又說：「上帝的國，如同人把種撒在地上，27黑夜睡覺，白日起
來，這種就發芽漸長，那人卻不曉得如何這樣。28地生五穀出於自
然：先發苗，後長穗，再後穗上結成飽滿的子粒。29穀既熟了，就
用鐮刀去割，因為收成的時候到了。」
30又說：「上帝的國，我們可用什麼比較呢？可用什麼比喻表明
呢？31好像一粒芥菜種，種在地裏的時候，雖比地上的百種都小，
32但當那被撒下的種子長起來的時候，它就比各樣的菜都大，又長
出大枝來，甚至天上的飛鳥可以宿在它的蔭下。」
33耶穌用許多這樣的比喻，照他們所能聽的，對他們講道。34若不
用比喻，就不對他們講。但私下裏，他卻把一切的道都解釋給門徒
聽。

---

我們應將種子長大的比喻（可4：26－29）視為撒種的比喻（第1－20節），特別是其中談到結果子的好土的最後一節，是撒種比喻的一種延伸。總體說來，撒種的比喻是相當令人沮喪的，因為其中主要是在講那撒福音種子之人的失敗，其中只有四分之一的聽眾真正接受了道。

古往今來，對於凡可能因他們對那些「聽覺」有問題的人所作的大量無用的工作，而感到灰心失意的門徒而言，種子長大的

比喻在某種意義上，為他們提供了一種修正。種子長大的比喻最終所要說明的，就是事情正在發生著，雖然表面上看起來並非如此。

這個比喻，專門寫給那些對他們身邊的教會所看到的一切而感到不耐煩的人，就是那些希望所有自稱是基督徒的人，都應該「好自為之」並且現在就能做得面面俱到的人。

這個比喻的主要教訓，並不是說人的努力是不重要的。畢竟，農夫必須撒種並最終收割莊稼，而且他們可能還需要在此期間進行一些耕耘。耶穌並不是要詆毀人的努力。

但另一方面，祂絕對是在教訓說，人的作為都是有限的。耶穌告訴我們，農夫栽種完莊稼之後會睡覺，但他睡覺並不意味著任何事情都沒發生。種子在地下正悄悄地生根發芽，許多事情在發生，而農夫卻與此無分。事實上他沒有什麼可以做，發芽並不是他所能導致的事情。他只能做他分內的事，把其餘的都交給大自然的上帝。

耶穌告訴我們，上帝的國就像這樣。基督徒可以在家人、朋友、甚或素不相識的陌生人心中種下福音的種子，但他們卻無法使福音在一個人的生命中發芽。這是聖靈的工作。沒有人能改變另一個人的心，或給一個人一種新生的體驗。人們唯一能做的，就是撒種和耕耘，只有上帝才能施行約翰福音3：3－7中所描述的新生的體驗。耶穌解釋我們無法理解此過程時說：「風隨著意思吹，你聽見風的響聲，卻不曉得從哪裡來，往哪裡去。凡從聖靈生的，也是如此」（第8節）。和那農夫一樣，我們也只能做我們的分內之事，然後休息，我們並不理解聖靈的工作，就像耶穌時代的農夫，不能正確地理解或控制莊稼的發芽一樣，人類所能完成的就這麼多。

大約三十五年前，我作為一個年輕牧師來到了德克薩斯州，我決心每年都要組織一次大型的佈道會。我的第一次「改革運動」一點兒也不吸引人，這次佈道會發生在一個只有十二個教友而沒有牧師的小教會中。十二在當時並不是我所喜歡的數字，特別是因為他們當中有十一個是女的，而且十二人中，有十個都是七十歲以上的人。

我絲毫也不反對女性。畢竟，我的母親也是女人。同樣的，我也絲毫不反對「老」人。但作為一個二十六歲的佈道士，我渴望在我的會眾中見到一些年輕人，特別是一個年輕的男性。

幸運的是，現成的就有一個，他是從小在我的教會中長大的。我到州立大學當地分校的宿舍探訪他，深信如果我使用我的說服力（甚至可能施加一點罪惡感），他肯定會參加我的一些佈道活動。

我懷著這種積極的心態見到了他，與他一起禱告、為他禱告、懇求他、使出了我的渾身解數，結果卻一無所穫。他一次也沒參加我的佈道會，我對那年輕人的工作徹底失敗了。

那並不是我唯一的失敗。由於我自己並未完全理解福音的信息，幾年後我辭去了聖職，並且決心最終離開教會和基督教，回到我人生的頭十九年所經歷過的「快活享樂主義」。

當時我最不想做的就是作一個基督徒。後來有一天，我正巧要在教會大學鎮上的一個雜貨店買點東西，一個年輕人在我正要進去時走出來。他停下來並問我是否叫喬治・賴特，當我給予肯定的回答時，他問我是否還記得他。在這種情況下，通常我會試圖假裝記得他，但我當時太沮喪了，以至於我直接回答說我不記得。於是他告訴我，幾年前我曾到他的宿舍去探訪他，而且那次經歷成了他人生的轉捩點。他說他現在正在為成為一名牧師而學習。然而，我沒有告訴他我正在做什麼。

> 一粒不斷成長的種子的祈禱
> 「感謝主，你藉著你自己的大能而不是我們的能力建立了你的國度。求你幫助我們配合你那至高無上的工作，並且全心地相信你會在我們的時代，就像在耶穌的時代一樣，大獲豐收。」
> （France, Mark, Doubleday, p. 59）

那個經歷完全出於我的意料之外，因為那時我「知道」我失敗了，而這正是種子長大的比喻應驗的地方。我曾種下了種子，但和那好農夫不同的是，我沒有意識到上帝藉著祂的聖靈，正在做我所不能做的事情。天國的信息正在這年輕人的心中生長，但沒有人能看到這一切。幸運的是，這相同的工作也在我自己的人生中發生了，幾年後我成了一名基督徒——在我作了十四年教友之後。

但聖靈在新生體驗中的工作，並不是種子長大的比喻中唯一的教訓。第二個教訓就是，成長是逐漸的而不是即時的——「先發苗，後長穗，再後穗上結成飽滿的子粒。」（第28節）懷愛倫在解釋這一點時寫道：「種子的萌芽代表屬靈生命的開始。植物的發育生長也是基督徒長進的美妙象徵。在自然界如何，在德行上也必如何；既有生命，必有生長。植物不長則死。它的生長是沒有聲息，不易覺察，卻又繼續不斷的。基督徒人生的發展也是如此。在發育的每一階段中，我們的人生也許是完全的；然而上帝對我們的旨意若得以成全，則我們仍將繼續不斷地長進。成聖乃是終身的工作。」（《天路》，44頁）

馬可福音第4章中第三個園藝性的比喻，就是芥菜種子的比喻（第30－32節）。事實上，芥菜種子並不是最小的，即使是在巴勒斯坦也是如此。但耶穌不是向我們提供科學事實，祂的「要點乃是它是一種眾所周知的、能長成一個大灌木叢的小種子。雖然它通常只有1.2公尺高，但在加利利海周邊地區，卻能長到3公尺高，有時甚至能達到4.5公尺。」（Keener, p. 146）聖經的讀者需要讀經來理解它所要說明的觀念，而不是把聖經當作某種關於科學和歷史瑣事的百科全書。後一種讀經方法充滿了陷阱，因為這並不是上帝賜予我們聖經的原因。

如果種子長大的比喻，可以最恰當地被理解為上帝的國在人心中發展，那麼芥菜種子的比喻，就可以被視為基督教運動的進步。

這樣看來，這是一個極其積極的比喻，可能是一個早期門徒需要聽取的比喻。畢竟，他們那位來自拿撒勒的卑微木匠，比起猶太人所夢想戰無不勝的彌賽亞大君要相差甚遠。尼尼漢姆強調此比喻的教訓時寫道：「耶穌從表面上看似不起眼的傳道工作，可能看起來並不像能引入上帝之國的事情，但這比喻說，芥菜種子的榜樣，應使我們不至以開始的規模大小來判斷結果的重要性。」（Nineham, p. 144）

基督教歷史為芥菜種子的比喻提供了最有說服力的注釋。由耶穌興起的這個不起眼的小運動，已經擴散到了地極，而且已確實變得「比各樣的菜都大」（可4：32）。

# 19 掌管自然的權柄

可4：35－41

[35]當那天晚上，耶穌對門徒說：「我們到那邊去吧！」[36]門徒離開
眾人，耶穌仍在船上，他們就把他一同帶去，也有別的船和他同
行。[37]一場龍捲風式的暴風帶著強勁的大風忽然興起，波浪打入船
內，甚至船要滿了水。[38]耶穌在船尾上，在一個軟墊上睡覺。門徒
叫醒了他，說：「老師，難道你不在乎我們就要喪命了嗎？」[39]耶
穌醒了，斥責風，向湖說：「住了吧！靜了吧！」風就止住，大
大的平靜了。[40]耶穌對他們說：「你們為什麼害怕？你們沒有信心
嗎？」[41]他們就非常害怕，彼此說：「這到底是誰，連風和海都聽
從了他？」

---

馬可福音第4章的前34節記載了一些關於上帝之國的比喻。而從第35節開始，馬可福音的寫作方向發生了急劇的變化。從馬可福音4：35至5：43的四個故事，都強調了耶穌是一位行神蹟的人，一位具有掌管自然（4：35－41）、超自然（5：1－20）、疾病（5：21－34）和死亡（5：35－43）權柄的人。這些記載比馬可福音中的大多數同類記載都更長、更詳細。但正如詹姆斯・愛德華所指出的，最重要的是「祂大能的作為引起了那些見證人的一種判斷。在搖曳的船上，門徒必須在相信和恐懼之間作出選擇（4：35－41）；那些見證了格拉森被鬼附著者得醫治的人，必須在接受和

拒絕耶穌之間作出選擇（5：1－20）；睚魯和患血漏的婦人，都必須在相信與絕望之間作出選擇（5：21－34）。」（Edwards, p. 147）在這四個故事之後，馬可記載了一幅在拿撒勒的景象，在這幅景象中，所有的參與者都必須在信與不信之間作出選擇（6：1－6）。

貫穿於這些有關權柄的神蹟之中潛在的問題是：「這到底是誰？」（4：41）福音書的記載，並沒有僅僅停留在最初對耶穌權柄表示驚奇的簡單話語中（見1：22、27），而是隨著故事的情節，逐漸推向其在馬可福音8：29的第一個高潮，在那裏彼得承認耶穌是基督，而耶穌的身分就成為一個核心的主題。

第一個故事講述的，是在加利利海上使風暴平息（4：35－41）。沒有多少被記載的神蹟像這個神蹟般，給門徒留下如此深刻的印象。他們當中至少有四個門徒，都曾是在水上工作過的漁夫，他們知道這種風暴的力量。

加利利海因其風暴而著稱，此海位在低於海平面將近二百一十公尺的地方，四圍環山，大小山崗的東麓特別陡峭。在加利利海東北僅五十公里的地方，有兩千八百公尺高的黑門山。來自黑門山的冷空氣，與來自盆地和加利利海的暖空氣交會處，會隨著風在無數的峽谷中穿梭而不時產生惡劣的氣候現象。當條件適當時，一場風暴甚至會在看似晴朗的日子裏忽然刮起。正是龍捲風式的大風和這種風暴所掀起的大浪，在馬可福音4：35－41中困住了耶穌和門徒。

這件事告訴我們許多有關耶穌和門徒的事情。它所顯明的頭一件事，就是耶穌真的是人，祂和我們一樣。我們看到祂的第一幕情景，就是祂「在一個軟墊上睡覺」（第38節）。祂經歷了漫長而艱難的一天，馬可強調他們正是「當那天」（第35節）渡過湖去的一天。在馬可福音的記述中，給予強調的「那天」正是祂傾情講述天國比喻的一天（4：1－34）。祂是在露天教訓眾人的，而且人群極其廣大（第1節）。在烈日下這樣教訓眾人，即使在今天也依然是相當艱苦的工作，而在麥克風問世之前就更是如此了。

這般辛苦經歷的結果之一，就是使得耶穌感到筋疲力盡。在勞碌了一天之後，祂看出只有一種方法才能脫離這熱切的群眾，那就是穿過這湖。儘管如此，仍有一個小船隊跟隨著祂和門徒的那艘船（第35－36節）。當門徒划船時，耶穌很快就進入了夢鄉。

疲憊不堪的耶穌確實和我們一樣，祂是在肉身中「與我們同在」的上帝（太1：23），祂能體諒我們的軟弱（來4：15；2：17）。

這段經歷描述耶穌的第二件事，就是祂會看似不顧門徒的需要。渡過這湖通常只要不到一個半小時就夠了，但這並非一個平常的日子。被強勁的風暴所困，他們的船不僅被風浪衝擊，而且正在被水充滿。

門徒奮力地使船不沉下去，但卻無能為力。當他們拚命地自救時，耶穌卻酣睡著，似乎對他們的處境和恐懼毫無知覺。他們終於把祂叫醒了，並以一種責備的口吻對祂說：「老師，我們就要喪命，難道這和你沒關係嗎？」（可4：38）你不在乎嗎？

這並非新約聖經中唯一一處耶穌看似不管其跟隨者的經歷。想一想拉撒路的死。拉撒路的姐姐們在他死前告訴了祂，她們的兄弟患有重病。馬利亞和馬大當然期望耶穌會把一切事都放下，立刻跑去救他，因為拉撒路是耶穌特別喜愛的一個人。但事情並不是那樣發展，耶穌不但沒有來幫助祂的朋友，反而「在所居之地多住了兩天」（約11：6，RSV中譯）。在此期間，祂的朋友拉撒路死了。馬利亞和馬大會怎麼想呢？難道耶穌連管都不管嗎？

但加利利海上風暴的故事，指出了關於耶穌的第三個要點——祂大有能力，甚至有權柄掌管自然。祂一醒過來就「斥責風，向湖說：『住了吧！靜了吧！』風就止住，大大的平靜了」（可4：39）。這種能力的彰顯，使疲憊而恐懼的門徒感到震驚，他們開始彼此問著說，耶穌到底是誰呢，因為「連風和海都聽從了他」（第41節）。

他們所提出的不是一個無聊的問題。在舊約聖經中，只有耶和華（上帝）才有能力使自然風暴平息（詩65：7；89：9；104：6、7；賽51：9、10）。最精彩的是詩篇107：23－32，我們在其中讀到和門徒一樣在苦難中向上帝呼喊並得拯救的人。只有耶和華才能「使狂風止息」（詩107：29）。

因此，馬可福音4：35－41不僅將耶穌描繪成一個會疲勞而且似乎不關心人的人，也描寫祂滿有能力——這能力指明祂就是耶和華，舊約聖經中的上帝。門徒在慢慢地認明耶穌的真實身分。

這裏所有的好消息，就是救了門徒脫離暴風的耶穌依然大有能力。從長遠的角度來說，基督徒沒有什麼可懼怕的，因為他們是在服事一位帶有權柄的主。正如馬可福音的神蹟故事及其整個福音書所說明的，那權柄甚至有掌管死亡的能力（5：35－43；16：1－8）。這信息對於馬可在羅馬的讀者而言特別重要，正如拉爾夫·馬丁所指出的，因為「他們面對著魔鬼瘋狂的逼迫」，而且「教會的小船」正在「風暴中搖曳著，幾乎要被吞沒了。」（Martin, Where the Action Is, pp. 34, 35）或者像羅伯特·圭理克所說：「這個故事通過最後的提問（4：41b）使馬可的讀者確信，雖然風暴看似要淹沒他們，但在耶穌裏他們有一位上帝，祂是一位曾經而且依舊在其身上作工的主，一位『連風和海都聽從祂』的主。」（Guelich, p. 271）

今天在我們面對人生試煉的時候，這個教訓依然顯得十分重要。那好消息就是，我們不是在獨自遭遇這一切，我們有大能的耶穌在我們身旁。

另一個需要我們牢記在心的教訓是，「耶穌不僅斥責暴風；祂也斥責他的門徒。祂溫柔、慈愛，但又實在地指責他們沒有信心的恐懼，『為什麼膽怯？你們還沒有信心嗎？』在『還沒有』這幾個字中，蘊含著一個令人深思的信息。門徒們其實已經見過和聽過，他們本應信靠他們的老師，並且相信他們和祂在一起是安全的。我們豈不是更有相信的理由嗎？我們現在不僅知道那加利利人的神蹟，而且知道復活的主繼續不斷的奇妙作為。」（Erdman, p. 86）我們作為基督徒的信心，應是我們在面對人生艱難時給我們帶來盼望和確據的基石。

在結束對馬可福音4：35－41的討論之前，我們需要提到的最後一點是，耶穌只是看似不關心其跟隨者的需求，對於拉撒路的經歷就是如此。在那個故事中，耽延反而榮耀了上帝，給耶穌展示祂甚至有掌管死亡之權柄的機會（約11：1－44）。在加利利海上風暴的經歷也是如此。耶穌表面上的不理睬，有助於門徒看出他們缺乏信心的程度，以及他們對祂的絕對需要。當這些教訓被顯明出來時，那看似漠不關心的耶穌，便成了那大有能力和權柄來拯救他們的耶穌。耶穌品格的這些方面，是我們每個人所特別需要理解和牢記的，因為在我們的人生中，我們也遇到上帝似乎不關心和沉默的時候。對我們每個人而言，在這種情況下，加利利海上的神蹟依然很有意義。

# 20 掌管超自然的權柄

可5：1－20

1他們來到湖的對岸格拉森人的地方。2耶穌一下船，就有一個被污
鬼附著的人從墳塋裏出來迎著他。3那人常住在墳塋裏，沒有人能
捆住他，就是用鐵鏈也不能。4因為人屢次用枷鎖和鐵鏈捆鎖他，
鐵鏈竟被他掙斷了，枷鎖也被他弄碎了。5他晝夜常在墳塋裏和山
中喊叫，又用石頭砍自己。6他遠遠的看見耶穌，就跑過去拜他，
7大聲呼叫說：「至高上帝的兒子耶穌，我們彼此有什麼相干？向
上帝起誓，你不要叫我受苦！」8因耶穌吩咐他說：「污鬼阿，從
這人身上出來吧！」9耶穌問他說：「你名叫什麼？」回答說：
「我名叫群，因為我們多的緣故。」10就再三的求耶穌，不要叫他
們離開那地方。11在附近山坡上，有一大群豬吃食。12鬼就央求耶
穌說：「求你打發我們往豬群裏附著豬去。」13耶穌准了他們，污
鬼就出來，進入豬裏去，於是那群豬闖下山崖，投在湖裏，約有
二千頭豬在湖裏淹死了。

14放豬的就逃跑了，去告訴城裏和鄉下的人。眾人來看所發生的
事。15他們來到耶穌那裏，看見那被鬼附著的人，就是從前被群鬼
所附的，坐著，穿上衣服，心裏明白過來，他們就害怕。16看見這
事的，便將發生在鬼附之人身上和那群豬身上的事，都告訴了眾
人。17眾人就央求耶穌離開他們的境界。18耶穌上船的時候，那從
前被鬼附著的人懇求和耶穌同在。19耶穌不許，卻對他說：「到你

的家人和你的百姓那裏去，將主為你所作的一切事，以及他憐憫了你，都告訴他們。」[20]那人就走了，在低加波利傳揚耶穌為他作的一切事，眾人都希奇。

---

馬可福音5：1－20，我們在一部以簡練著稱的福音書中，找到了一個特別長的故事。坎貝爾・摩根寫道：「馬可花費了如此大的篇幅來記載這一特殊的故事，比同樣記載了這一神蹟的馬太和路加還要……詳盡地講述這個故事，這說明故事中蘊含著一個特殊的重要意義。」（Morgan, p. 110）馬太用了七節、路加用了十四節來記述這故事，而馬可卻用了二十節。馬可用了三百三十個字來講這個故事，而比他長得多的馬太福音卻只用了一百三十五個字。

鑒於這些統計資料，這故事對於這位聖經作者顯然具有一種特殊的意義。作者的部分用意，是使用這個故事有力地展示耶穌的權柄。但不僅如此，這個故事還描寫鬼提出了馬可福音至此為止對耶穌最驚人的基督論頭銜：「至高上帝的兒子耶穌」（可5：7）。然而更為重要的是，在馬可福音的上下文中，這些事都發生在外邦人的地方。耶穌不僅到了猶太人的領地以外去傳揚祂的信息，而且這個神蹟也表明，祂甚至在猶太人的區域以外，也有能力管轄那些邪惡的勢力。讀者正逐漸認識到，祂的信息具有一種普世性的含義，而不只是給猶太人的。耶穌強調了這個主題，祂吩咐那被治好的人，要「到你的家人和你的百姓那裏去，將主為你所作的一切事，以及他憐憫了你，都告訴他們」（第19節）。弗朗斯指出：「猶太人的彌賽亞事工終將延伸到猶太人的圈子以外，這個認知在接近馬可福音第一幕的結尾（7：24後）時，變得愈來愈突出。」（France, Mark, NIGTC, p. 226）

這個神蹟的具體地點現今已不詳，但可以肯定的是，它發生在加利利海東南岸被稱為低加波利的地方（見本書第11頁的地圖）。「低加波利」是由兩個希臘片語組成，意思就是十座城，這些城為了相互保護而聯合在一起。這是一個外邦人的地區，一大群豬的存在說明了這一事實，因為在猶太人的區域內是找不到豬的。

亞歷山大・馬克拉倫說：「魔鬼附身者的可怕景象，若不是來自於生活的真實寫照，就是最離奇的藝術想像之一。最偉大的創作天才也想像不出比這更可怕、生動、透徹和真實的景象。」（MacLaren, I to VIII, p. 177）馬可對他的描述已經夠壞的了，但馬太又補充說他是對他人的一種恐怖威脅（太8：28），而路加告訴我們說他不穿衣裳（路8：27）。

因此這景象就是一個完全失控的裸體瘋子，向著有些驚恐的門徒和耶穌撲去。這一件相當複雜的事件，是耶穌已經在曠野的試探中，確立了祂對於撒但及其黨羽之無上地位的背景下發生的（可1：12、13）。馬可福音第5章中附著那人的勢力，承認了這無上的地位，因為他俯伏敬拜耶穌，並準確地認出祂就是上帝的兒子（第6、7節）。但一場鬥爭還是發生了，污鬼在聽到耶穌的第一次要求時不願意離去（第8節），這導致了一段對話，最後鬼請求被趕進附近的一群豬中，耶穌答應了這請求，然後這群豬就闖下山崖掉進湖裡淹死了（第9－13節）。馬可緊接著就描寫那被鬼附著的人「坐著，穿上衣服，心裏明白過來。」（第15節）



這個改變是這個故事中的一個重要部分，但這還不是最非凡的層面。威廉・巴克萊寫道：「那野蠻、赤裸的瘋子，已變成了一個清醒而理智的人。這時卻出現了一個令人驚訝的怪事，一件沒有人會臆想得到的事。人們可能以為」當地的人「會非常高興地接受所發生的一切；但他們卻對此事心懷恐懼。人們可能以為，他們會求耶穌留下來更多地施行其神奇的能力；但他們卻求祂儘快離開他們的地方。」（Barclay, Mark, p. 120）

為什麼呢？因為雖然一個人得到了醫治，但這卻導致他們豬的滅亡。這損失對他們來說太大了。雷・斯泰德曼指出：「耶穌擊中了他們身體的要害：經濟來源。還記得嗎，豬在猶太人的儀文律法中是不潔淨的；摩西律法禁止人吃豬肉，但豬卻是當地經濟的重要組成部分。人們養豬可能是為了賣給佔領此地的羅馬人。不論是哪種情況，當耶穌把鬼趕進豬群時，一大筆財富都淹沒在海裏了。這就是為什麼這些人，不但沒有因一個人得到醫治並恢復神志而感到高興，反而求耶穌趕快離開。」（Stedman, Servant Who Rules, p. 162）

馬可福音5：1－20中的四件奇事

1. 那人得到了醫治
2. 其鄰舍的唯一願望就是將耶穌趕走
3. 耶穌不讓那被治好的人跟著祂走
4. 耶穌從未叫那被治好的人保持沉默，而是叫他去講述祂為他所作的一切。

這個故事中的另一大奇事就是，當那被治好的人請求跟隨耶穌一同旅行時，耶穌卻拒絕了他（可5：18、19）。這可能是四福音中所記載的，唯一一件耶穌將一個人打發走的事情，而且他必定是一個何等窮乏的人啊。這是一個極其渴望與他的醫治者同在的新歸信者，而耶穌卻把他打發走了。

耶穌為什麼讓他走呢？可能是因為這個得醫治的人是個外邦人，而且除了耶穌以外，還沒有人預備好接受外邦人加入祂的佈道團隊。但還有一個更重要的原因，耶穌有一個使命給他，這將我們帶入這個故事中的下一個令人震驚的大事。在馬可福音中，耶穌雖然不斷地叫人們不要將祂為他們所做的事告訴別人，但祂現在卻命令這人去做完全相反的事情。文森特・泰勒寫道：「叫人講述其故事的命令，與1：25、44；3：12；5：43；7：36等經文中保持沉默的吩咐，形成了鮮明的對比，但此地區在加利利以外的事實，卻可以充分解釋這一點。」（Taylor, p. 285）在猶太人的勢力範圍以外，耶穌不再面對人們會因為任何對彌賽亞君王身分先入為主的成見，而陷入政治危機的危險。在這個背景下，一個曾經被完全改變之人的大能信息，可以被安全地傳講。弗朗斯認為：事實上，那些從前認識他的人，根本不可能「忽視那因他與耶穌相會而導致的極大變化。」（France, Mark, NIGTC, p. 232）這樣，低加波利的人對耶穌的棄絕，並未使他們擺脫祂。相反的，他們在那曾被一群污鬼附著的、而現在卻被醫治的人身上，得到了祂的信息。

在結束對耶穌掌管超自然之權柄故事的討論之前，我們應注意最後一件事。在第19節中，馬可向其讀者提供了耶穌真實身分的另一個暗示。他記載祂說：「到你的家人和你的百姓那裏去，將主為你所作的一切事，……都告訴他們」。根據馬可的記載，那人出去講述「耶穌為他作的一切事」（第20節）。他如此將耶穌與主等同了起來。詹姆斯・愛德華注釋說：「在馬可福音中，那得醫治的被鬼附著的人，成了被耶穌派出去的第一個佈道家。引人注目的是，他是一個被派往外邦人當中的外邦人。」（Edwards, p. 160）

# 21 掌管疾病的權柄

可5：21－34

21 耶穌坐船又渡到那邊去，就有一大群人到他那裏聚集，他就在海
邊。22 有一個名叫睚魯的會堂領袖來，一看見耶穌，就伏在他腳
前，23 再三地求他說：「我女兒快要死了，求你去按手在她身上，
使她得醫治，可以活著。」24 耶穌就和他同去。
有一大群人跟隨擁擠耶穌。25 有一個女人，患了十二年的血漏，26
在好些醫生手裏受了許多的苦，又花盡了她所有的，一點也沒用，
病勢反倒更重了。27 那女人聽說有關耶穌的事，就雜在眾人中間，
從後頭上來，摸耶穌的衣裳，28 因她對自己說：「我哪怕只能摸到
他的衣裳，也必得醫治。」29 於是她血漏的源頭立刻乾了，她便知
道身上的病好了。30 就在那一瞬間，耶穌心裏知道有能力從自己身
上出去。他在眾人中間轉過來說：「誰摸我的衣裳？」31 門徒對他
說：「你看眾人擁擠你，還說『誰摸我』嗎？」32 耶穌周圍觀看，
要見是誰作的這事。33 那女人知道在自己身上所發生的事，就恐懼
戰兢，來俯伏在耶穌跟前，將實情全告訴他。34 耶穌對她說：「女
兒，你的信醫治了你，平平安安地回去吧！你的病得醫治了。」

---

馬可福音5：21－34中，我們發現馬可的另一個關鍵主題：當信心把握住耶穌時所有的醫治之能。要想充分了解這些故事的意義，我們需要認識到希臘文的醫治一詞（sōzō）也表示拯救之

意。那些得蒙醫治的人也與作為主的耶穌建立了救贖的關係。這種得蒙醫治的信心，將睚魯的故事與患血漏女人的故事聯繫在一起。在這些神蹟故事中，這兩個故事是不可分割的。事實上，馬可將這婦人的故事（第25－34節）插在睚魯故事的兩部分中間（第21－24；35－43節），以此來強調信心的功效。這種信心及其因把握住耶穌而產生的醫治作用，將這兩個故事聯繫在一起。

這兩個故事本身有很大的差別。睚魯是一個在社會中具有一定地位的人，作為管會堂的，他可以說是其長老事工組的主席，並且負責會堂的宗教崇祀。

但約珥・馬爾庫斯認為：「在這個故事中，比睚魯作為猶太領袖的身分更重要的，是他作為父親的身分」（Marcus, p. 365）。他是一個年齡達到十二歲之女孩的家長，十二歲在猶太文化中是一個女孩變成女人的年齡。

馬可不僅將睚魯描述為一位父親，而且將他描述為一個仁慈和關愛的父親，一位願意撇開其偏見、甚至可能因他公開來找耶穌而失去其原有的領袖身分的父親。要記得，這故事很可能發生在迦百農，耶穌在這裏已經遇到過來自耶路撒冷的文士和其他猶太領袖的阻撓。群眾肯定已經聽說了那在低加波利被污鬼附著之野人得醫治的經歷（5：1－20），他們可能看到耶穌從湖的對岸回來而感到十分興奮，但宗教領袖們一定有著不同的想法，他們可能以為祂會待在外邦人的疆界內。

睚魯正是在這種背景下公開到耶穌那裏去的。為什麼呢？因為他身處絕境，因為他的寶貝女兒病得快要死了。因為根據他對耶穌的聽聞，睚魯相信祂能夠醫治他的孩子。這個人是一位真父親，比起他女兒的生命，他的偏見和身分就一文不值了。

睚魯不僅撇開了他的偏見，他也放棄了他的尊嚴和自尊心。

馬可告訴我們：他「就伏在（耶穌）腳前，再三地求他」，求祂去按手在她身上並且醫治她（第22、23節）。

睚魯是一位相信耶穌的會堂領袖，這一事實對於馬可在羅馬的第一批讀者來說，一定具有特殊的意義。這些生活在耶穌釘十字架幾十年後的世界的讀者，在這些年中見證了猶太教與基督教之間愈來愈大的鴻溝。他們自己與猶太人的接觸，可能並非總是令人感到愉快的。這樣一位猶太社會中的要人，居然能有信心來到耶穌面前，這一事實會在他們自己艱難的處境中，給他們帶來特別的鼓勵。

與睚魯相比，這婦人是一個毫無社會地位的人。事實上，她在過去的十二年中，曾是一個被社會遺棄的人。她顯然患有血漏症，就是月經總是流個不停。按照利未律法：「女人若在經期以外患多日的血漏，或是經期過長，有了漏症，她就因這漏症不潔淨，與她在經期不潔淨一樣。她在患漏症的日子所躺的床、所坐的物都要看為不潔淨，與她月經的時候一樣」（利15：25－27）。因此患血漏的女人和大痲瘋病人的社會地位基本相同，兩者都是不可觸摸的人，而且都是被社會遺棄的人，被排除在與他人正常交往的範圍之外。

馬可描述這個患者在她來找耶穌之前，曾經用盡一切辦法。聖經作者不僅告訴我們，她耗盡了她所有的錢財在醫生身上卻毫無療效，而且她可能還嘗試過後來被記載在《塔木德經》（譯按：Talmud，猶太教文獻之一）中的治療方法。有些方法包括補藥和收斂劑，有些則純屬迷信，如將一個鴕鳥蛋的灰放在一塊麻布片裏帶著，或者帶著一粒在白母驢的糞便中發現的大麥粒（見Barclay, Mark, p. 128）。我們不難想像，這個女人在絕望中曾經嘗試過一切可能的療法。畢竟，十二年是一段相當漫長的時光。

這時，她聽說了耶穌，但關鍵的問題是如何接近祂呢？她的狀況並不是那種你可以在大庭廣眾之中隨便宣揚的狀況。那是一種令人感到羞恥，而且更是涉及個人隱私的疾病。

於是她決定要慎重地處理這事，她要悄悄地從耶穌背後上去，摸祂衣裳的邊緣。遵照民數記15：38－41的規定，虔誠的猶太人在耶穌的時代都穿一件外袍，在外袍的四角上各有一個穗子，藉此表示他們屬於那曾把他們從埃及地領出來的上帝。那女人所摸的顯然就是這些穗子中的一個。

當她這樣做的時候，就像放電一樣，醫治之能在耶穌和女人之間啟動了。她知道她已得到了醫治，而耶穌也意識到了這一點。就在那一刻，耶穌作了一件似乎不像祂做事方式的事情，從某種角度說，甚至是一件殘酷的事情。

祂做了那女人最怕發生的事，祂停頓了一下，然後問是誰摸了祂。這正是那女人最不想遇到的事情，她不想使自己和她的問題，甚或她的醫治變成一種公眾的景觀，這正是為什麼她從一開始就如此偷偷摸摸的原因。而現在，她所信任的耶穌，卻正在將整個事情公告於眾。

我們需要問，為什麼這麼「殘忍」？實際上，這並不是殘忍的表現，而是為這女人提供了一個賦予其第二重和更重要之福分的機會。大衛・史密斯指出：「她若被允許就這麼逃之夭夭，她就會失去人生中最大的福分。她雖然會得到身體的醫治，卻將失去靈命的醫治。她雖然會證實耶穌的大能，卻對祂的愛顯得一無所知。請看祂在這女人恐懼戰兢地俯伏在祂跟前時，對她所說的話：『女兒』，祂在此之前從未用過如此親切的名稱來稱呼任何女人，『你的信救了你，平平安安地回去吧！』（第34節）。我雖不了解人性的各方面，但我知道這一點：那就是這個女人會因她無法隱藏而終生感謝上帝。能聽到基督口中親切的話語說：『你的信救了你』，就算是在眾人面前出醜也是值得的。」（引自Jones, vol. 1, p. 214）她會永遠因她遇見了那不僅能醫治其肉體的疾病，而且能救她脫離屬靈疾病的主而感到歡喜快樂。

那使這女人與眾人區分出來的一件事，就是她的信心。他們都在推擠碰撞耶穌、擁擠祂，就像那些略帶懷疑的門徒所指出的（第31節）。但當那一個人摸祂時，醫治的能量湧流了出去。區別就在於她有信心。

唐納德・英吉利寫道：「正當猶太領袖陰謀陷害祂，祂的一些家人懷疑祂，祂的門徒對所發生的事情一知半解而感到困惑時，當管會堂的正要發現信靠耶穌能意味著什麼的時候，這個無名的女人卻已割斷了一切的障礙，被需求所迫，藉著兩個步驟便找到了信心的祕訣——信靠耶穌並將一切都告訴祂。祂指責門徒所還沒有正確擁有的（4：40），祂現在稱讚這女人擁有了（5：34）。耶穌神蹟之舉的逐漸增強還在繼續。這也是另一個鼓勵耶穌和馬可的讀者之信心的回應。」（English, p. 115）

但這還不是一種成熟的信心。這是一種我們可以稱之為微弱觸摸衣襟式的信心，一種還沒有強壯得足以公開將她帶到耶穌面前的信心。這也是一種帶有迷信色彩的信心，因為她相信耶穌的衣裳帶有某種魔術般的能力。

但祂尊崇了那種信心。而且不僅如此，祂還使之變得更加豐盛和深刻，那就是當祂說：「女兒，你的信醫治了你，平平安安地回去吧！你的病得醫治了」（第34節）的時候。她的故事教導我們，耶穌在我們現有的地步上與我們相遇。我們的信心或許軟弱、殘缺，祂照其現狀而加以承認，並在祂裏面使那信心能夠成長，以至於使那讓人得醫治的信心轉變成讓人得救的信心。

# 22 掌管死亡的權柄

可5：35－43

35還說話的時候，他們從會堂領袖的家裏來，說：「你的女兒死
了，何必還麻煩先生呢？」36耶穌聽見所說的話，就對會堂領袖
說：「不要怕，只要信！」37於是帶著彼得、雅各和雅各的兄弟約
翰同去，不許別人跟隨他。38他們來到會堂領袖的家裏，耶穌看見
那裏一片騷亂，並有哭泣和大聲的哀號，39進到裏面，就對他們
說：「為什麼騷亂哭泣呢？孩子沒有死，是睡著了。」40他們就嘲
笑耶穌。耶穌把他們都攆出去，就帶著孩子的父母和跟隨他的人，
進入了孩子所在的地方，41就拉著孩子的手，對她說：「大利大古
米！」（翻出來就是說：「閨女，我吩咐你起來！」）42那閨女立時起來行
走，因她已經十二歲了。他們頓時大大地驚奇。43耶穌切切的囑咐
他們，不要叫人知道這事，又吩咐給她東西吃。

---

睚魯以前可能見過耶穌。在路加福音7：1－10中，我們讀到管理迦百農羅馬軍團的百夫長，他的僕人得醫治。他的僕人「害病快要死了」（第2節），百夫長並沒有親自去見耶穌，而是打發猶太人的長老去求祂醫治僕人。猶太人見到耶穌後，向祂證明百夫長是一位值得幫助的人，因他甚至為他們建了一座會堂。這位百夫長顯出了非凡的信心，見證其僕人的醫治。

睚魯作為那同一座城中一所會堂的領袖，很可能曾是那個代

表團的成員之一。若不是的話，他一定也聽說過一個垂死的人得醫治的消息。

而且睚魯沒有忘記這一切。正如我們在本書第21章中所提到的，不久，他發現自己親生的女兒也處於同樣的狀態。睚魯推想：耶穌為百夫長的僕人所做的，祂也能為他的女兒做。於是他滿懷希望，而不僅僅是一絲信心來到耶穌面前，將謹慎、驕傲和尊嚴全都拋諸腦後，求耶穌幫助他解決他的困難（可5：22、23）。

當耶穌答應和他同去時，他一定相當激動。他的心中湧出希望，他知道這是他最後的機會，他也意識到時間乃是關鍵因素，他的女兒就在死亡線上，沒有什麼時候比現在更令人著急的了。

但耶穌不但沒有著急，反而耽延了時間。祂不僅停下來服事那患血漏的婦人（第25－34節），還和她做了簡短的對話。對睚魯而言，那短短的幾分鐘一定就像幾小時一樣漫長。他不耐煩地等著耶穌去解決他人生中的危機。

但這場耽延卻是致命的，信使很快便來說太晚了，女孩已經死了（第35節）。

睚魯的希望一定也破滅了。他知道耶穌能醫治病人，甚至是快要死的病人，耶穌在迦百農和周邊地區做過許多類似的事情。但疾病和死亡卻是兩碼事，死亡是無藥可救的。

不僅他的女兒死了，就連他的希望也死了。耶穌為什麼給耽誤了呢？本來是有機會的，但現在已經無濟於事了。

正在這關鍵時刻，耶穌說出了一句簡短而重要的話語：「不要怕，只要信」（第36節）。話雖簡單，其中的教訓卻是令人難以領會的。畢竟，耶穌的「不要怕」是在睚魯最大的擔憂已經發生了**之後**才說。那女孩已經死了，而耶穌的「只要信」，是在看似不再有相信或盼望的理由時才說。

但管會堂的錯就錯在這裏。睚魯所認為的耽延，在耶穌看來卻是一次機會，給睚魯賜下比他起初所求的還要大的福分。這不僅是一種給他的福分，也是給馬可寫作這次事件的福分，以及給在羅馬受苦的基督教社群的福分；這是一種一直會鼓勵上帝的百姓直到末時的福分。對於睚魯來說就是如此。

「只要信」說起來容易，做起來就難啊——特別是當我們身處危機之中的時候。我們很容易放棄，轉身離開耶穌。

「不要怕，只要信。」詹姆斯・愛德華寫道：「這是對睚魯，也是對每一位與耶穌相會之人的挑戰：是只在情況允許的條件下相信呢？還是相信那能使萬事成為可能的上帝呢？所需要的只有一件事，那就是相信。這個希臘詞語之現在式所強調的是具有持續相信的意思，表示要持守住信心而不是向絕望妥協。就他女兒的情況而言，睚魯的未來已經封閉了；但對耶穌來說，卻是敞開的。**信心不是睚魯所擁有的東西，而是擁有睚魯的東西**，帶他從絕望進入希望。耶穌對睚魯所說帶有權柄的話語，乃是不要怕而要信。」（Edwards, p. 166）這也是祂對我所說的帶有權柄的話語，即或當一切事情都看似不可能的時候。

賴爾註解說：「在所有的基督徒特質之中，沒有哪個比信心更經常地被新約聖經所提到，也沒有哪個比信心更被推崇的。沒有什麼特質能給基督帶來如此大的榮耀。盼望會帶來對將來之美事的殷切期盼；愛會帶來溫暖和甘心樂意的心；**信心會帶來一隻空手，接受一切，並且什麼回報也不能給予**。沒有什麼特質會對基督徒自己的心靈顯得如此重要。我們因著信而開始；我們因著信而生活；我們因著信而站立。我們憑著信心而不是憑著眼見行事為人；我們因著信而得勝；我們因著信而有平安；我們因著信而進入安息。」（Ryle, p. 102，粗體字格式由本書作者後加）

基督的權柄是信心的一種依據

1 掌管自然的權柄（4：35－41）

2 掌管超自然的權柄（5：1－20）

3 掌管疾病的權柄（5：21－34）

4 甚至掌管死亡的權柄（5：35－43）

聖經的信息乃是上帝能做祂在耶穌裏所應許的一切事情。

「只要信。」而睚魯就這樣做了，跟著耶穌和祂的核心門徒（彼得、雅各和約翰）來到了睚魯的家。他們在那裏與「死亡專家」——被雇來的專業送葬者一一相對峙。他們嗤笑耶穌所說「孩子不是死了，是睡著了」（第39節）的話。送葬者「非常清楚那女孩已經死了，而且死人是不可能復生的。」（Marcus, p. 371）

但耶穌實行了「不予理睬的藝術」，帶著祂的三個門徒和女孩的父母進了屋子。在那裏，祂做了那不可能的事情。祂拉著她的手叫她起來（可5：41），從而證明了祂有掌管死亡的權力。

這是新約聖經中最重要的教訓之一，這將成為馬可福音的高潮。耶穌將親自獲得勝過死亡的勝利，並從墳墓中復活（16：1－8）。不僅如此，這也成了保羅的一個核心主題。他曾寫道：「論到睡了的人，我們不願意弟兄們不知道，恐怕你們憂傷，像那些沒有指望的人一樣。我們若信耶穌死而復活了，那已經在耶穌裏睡了的人，上帝也必將他與耶穌一同帶來。我們現在照主的話告訴你們一件事：我們這活著還存留到主降臨的人，斷不能在那已經睡了的人之先，因為主必親自從天降臨，有呼叫的聲音和天使長的聲音，又有上帝的號吹響，那在基督裏死了的人必先復活。以後我們這活著還存留的人必和他們一同被提到雲裏，在空中與主相遇。這樣，我們就要和主永遠同在。所以，你們當用這些話彼此勸慰」（帖前4：13－18）。

「主啊，教導我們在人的一切可能都被耗盡時，信心意味著什麼。願我們不加入那眾人的嗤笑，而是在信心中進入那小屋，即或我們根本不知道你要做些什麼。」（France, Mark, Doubleday, p. 71）

這是何等安慰人心的話語啊！特別是當我們將這些話語，與那些一旦死亡臨到他們或他們的親人就「沒有指望的人」相對比時（4：13）。醫治會堂領袖的女兒，是耶穌在馬可福音中首次展示，說明基督徒實在沒有什麼好懼怕的，就是死亡也不用懼怕，而且基督徒有一切的理由去相信祂（可5：36）。為什麼呢？因為祂為睚魯的女兒所做的，祂最終也將為祂的每一位跟隨者而做。耶穌在馬可福音第5章裡證明了祂後來在約翰福音第11章說出來的真理：「復活在我，生命也在我。信我的人，雖然死了，也必復活。凡活著信我的人，必永遠不死。」（第25、26節）

使睚魯的女兒復活的事，對於馬可的羅馬聽眾而言至關重要。他們已經見到了他們的一些親人和教友在尼祿的競技場中殉道了。而且誰知道呢，也許他們自己就可能是下一個殉道者。對於這樣的一群人，耶穌具有掌管死亡之權力的信息，便是頭等重要的真理。這對於生活在二十一世紀的基督徒而言，依然是一個給人穩定及安全感的真理。當形勢變得嚴峻的時候，我們依然必須在信心與懼怕之間作出選擇。事實上，即或形勢不是那麼嚴峻時，我們也需要作出那種選擇。「不要怕，只要信」不只是對睚魯說的話，這是給每個基督徒的座右銘。

拉爾夫・馬丁對馬可福音5：35－43的信息，作了一個很好的總結。他寫道：「人們曾經嗤笑耶穌（5：40），但現在，由於耶穌和祂的勝利，基督徒可以嗤笑死亡（林前15：54－57）。」（Martin, Where the Action Is, p. 45）

# 23 拒絕與佈道

可6：1－13

[1] 耶穌離開那裏，來到自己的家鄉，門徒也跟從他。[2] 安息日到了，
他開始在會堂裏教訓人。許多聽眾就甚希奇，說：「這人從哪裏學
的這些事呢？所賜給他的是什麼智慧，以至於他的手能行神蹟呢？
[3] 這人不是木匠嗎？不是馬利亞的兒子和雅各、約西、猶大、西門
的兄弟嗎？他的姐妹們不也在我們這裏嗎？」他們就厭棄他。[4] 耶
穌對他們說：「大凡先知，除了本地、親屬、本家之外，沒有不被
人尊敬的。」[5] 耶穌就在那裏不得行什麼異能，不過按手在幾個病
人身上，治好他們。[6] 他也詫異他們不信。就往周圍鄉村巡迴教訓
人。[7] 耶穌叫了十二個門徒來，開始差遣他們兩個兩個地出去，也
賜給他們權柄，制伏污鬼，[8] 並且囑咐他們：「在路上，除了拐杖
以外，什麼都不要帶，不要帶食物和口袋，腰袋裏也不要帶錢，
[9] 只要穿鞋，也不要穿兩件掛子。」[10] 又對他們說：「每當你們進
人的家時，你們就住在那裏，直到離開那地方。[11] 不論何處若不歡
迎你們，或不聽你們，你們離開那裏的時候，就把腳上的塵土跺下
去，對他們作見證。」[12] 門徒就出去，傳道叫人悔改，[13]又趕出許
多的鬼，用油抹了許多病人，治好他們。

---

耶穌的家鄉顯然是指拿撒勒，這裏是一個非常普通的地方。拿撒勒座落在多石的山邊，人口最多不過五百人（見Bromiley, vol. 3, pp.

500, 501）。這個鄉村沒有任何著名的事蹟被記載，因此拿但業諷刺說：「拿撒勒還能出什麼好的嗎？」（約1：46，RSV中譯）很可能沒出過多少好的，就連當地的居民似乎對此也沒有太多的期望。

他們當然不想看到耶穌成為一個例外。畢竟，他們認識祂。有些人甚至小時候和祂一起玩過。他們是看著祂長大的，他們甚至認識祂的母親和兄弟姐妹。在馬可福音6：3的家族歷史中，一件非常重要的事情就是，這裏沒有提到約瑟，這和猶太人的習俗是相違背的。祂本應被稱為約瑟的兒子，而不是馬利亞的兒子。這些話語可能反映了兩種真實情況中的一種。首先，這可能是本地人對耶穌的出身的一種誹謗，暗示著馬利亞在結婚前就懷孕了。或者，這可能是馬可對童女生子的一種有意暗指。

不論哪種情況，耶穌在村民的眼中沒有任何值得希奇的地方。他們認識祂和祂的家人。祂作為他們當中的一員，在當地生活了三十年。拿撒勒作為一個實例，充分說明了親不尊，熟生蔑的道理。

**耶穌在祂的人性中和他們一樣，但祂又有一些不同之處**。不論他們願不願意，他們都不得不承認這一點。他們若能否認這一點，他們早就這樣做了。儘管他們對祂滿懷偏見，但他們還是不得不承認祂和他們並不一樣。當他們試圖揭示這種差別時，他們的問題便出現了。正如他們所表達的，祂的區別主要包括兩大方面。

第一、「這人從哪裏學得這些事呢？」（可6：2）關於耶穌教訓人的故事，無疑已傳到了拿撒勒。他們曾聽說祂不僅教訓人，而且祂這樣做的時候還是帶著權柄的。祂雖然沒有和那些住在耶路撒冷的文士學習過，但祂卻成功地反駁了他們的挑戰。祂的知識把拿撒勒的居民嚇得目瞪口呆。

第二、「所賜給他的是什麼智慧，以至於他的手能行神蹟呢？」（第2節）古代的先知，如以利亞，曾行過神蹟，但那些都是例外而且相當罕見。相反的，耶穌的傳道工作卻提供了源源不斷的大能神蹟。祂曾治好了大痲瘋病人，趕出污鬼，「凡摸著他的人就都好了」（可6：56）。人們不斷地感到「驚奇，歸榮耀與上帝，說：『我們從來沒有見過這樣的事！』」（2：12）

問題就在這裏。耶穌怎麼能有摩西和以利亞都無法媲美的能力呢？這顯然不是先天的原因，只要看看祂的兄弟們就知道了，他們沒有任何特殊之處。這當然也不能歸因於環境——至少不是拿撒勒的環境。由於他們無法推斷出祂為什麼與眾不同，他們就只能感情用事了，於是「他們就厭棄他」（6：3）。

拿撒勒人面對了一個所有遇見耶穌的人都必須親自回答的問題。祂到底是祂所自稱的那位，還是祂受了魔鬼的驅使呢？對待拿撒勒人耶穌是沒有中間立場的，認識耶穌就意味著要被迫作出一種回應。我們可以厭棄祂或相信祂，除此以外別無選擇。

現在，我們就不難看出為什麼拿撒勒人會有那樣的感受了。讓我們把這情景轉移到我們的時代吧。想像一下，一位來自我們鎮上著名的人，但他是「沒有受過教育」的勞動者，這人突然宣稱自己是一個新王國的創建者，我們當中有些人肯定會搖頭。但如果我們能超越我們的偏見來看問題的話，我們最終將不得不評價他的宣稱，並作出一個決定。當時，在拿撒勒就是這樣。他們的選擇就是懷疑或者相信。

聖經告訴我們，由於他們的決定，「耶穌就在那裏不得行什麼異能」（第5節）。耶穌的神蹟需要兩個前提條件。第一是能力。這一點，耶穌似乎擁有充足的供應。第二是信心，正如剛剛在血漏婦人和睚魯女兒的神蹟中所得到的教訓（5：21－43），拿撒勒的居民所特別短缺的正是信心，「他也詫異他們不信」（6：6）。

但是請注意「不過」一詞。由於他們的不信，祂就在那裏不能行什麼神蹟，「**不過**按手在幾個病人身上，治好他們」（第5節）。人們很容易看一個會眾或一群人不過是一群懷疑者。但正如在拿撒勒一樣，其中總有一些不顧大多數人的偏見，而真正相信的隱藏者。在以利亞的日子也是如此，雖然他以為他是唯一的一位，但在以色列中仍有七千餘人依然忠於上帝。其中許多人肯定是他工作的結果。在拿撒勒也是如此。耶穌不能行什麼神蹟，不過醫治了幾個人。即使當眾人都反對我們，我們依然可以選擇相信，而不是懷疑和厭棄。這選擇是一個個人的選擇，而不是靠集體的多數表決所決定的。我也有能力和權柄，就是選擇的能力和權柄。

儘管如此，耶穌還是「詫異他們不信」（第6節）。聖經告訴我們有兩件事總是使祂感到驚奇：不信和信。祂真的為羅馬百夫長的信心而感到希奇：「耶穌聽見就希奇，對跟從的人說：『我實在告訴你們，這麼大的信心，就是在以色列中，我也沒有遇見過。』」（太8：10）正如鍾斯所指出的，「這是一種在一個出乎意料的角落發現的、大能的信心。」類似的，「祂也對拿撒勒的**不信**感到希奇，」因為「這是在明知的情況下而不信，這是在承認其偉大的情況下而不信。」（Jones, vol. 1, p. 249）

儘管耶穌被祂的家鄉和祂的大多數家人所拒絕，祂依然沒有放棄。「我們沒有讀到其工作的減少。祂沒有像那暴躁的先知，跑到曠野去求死。這幫助我們意識到我們的主是何等的出類拔萃。我們都會對大先知以利亞的灰心表示同情，但這種灰心若發生在耶穌身上，卻會徹底破壞我們對祂所有的觀念。」（Chadwick, p. 167）

祂沒有向失望妥協，反而改變了其工作的園地，在各鄉村中巡迴教訓人（可6：6）。祂這樣做是遵照了祂後來給祂門徒的忠告：「有人在這城裏逼迫你們，就逃到那城裏去」（太10：23）。但不僅如此，祂還進而將祂對十二個門徒的教育推向了第二階段。當祂最初呼召他們的時候，祂如此行是為了使他們可以「和自己同在，也……差他們去傳道」（可3：14）。

到目前為止，祂已向他們介紹了其課程的第一部分。他們曾和祂同在，並聽祂教訓、醫治和安慰人。另外，他們也曾見到祂如何處理被辱罵和拒絕，但他們作為旁觀者只能學到這麼多。他們現在需要實踐經驗，他們需要試一試他們自己在講道和醫治方面的技能（6：7－13）。當他們回到耶穌那裏時，他們的成功與失敗，將為耶穌進一步預備這十二個人去擔負祂教會的領導職務，提供更精細教導的依據（見本書第25章對馬可福音6：30的注釋）。在此過程中，祂在慢慢地將門徒轉變成為使徒，從跟從者轉變成為那些奉差遣出去做上帝之工的人。

當然，耶穌知道他們將面臨反對和拒絕，但這是當人們不得不在信心與懷疑之間作出選擇的時候，所必會發生的事情。我想我們當中沒有任何人會比門徒們更喜歡遭到拒絕。但作為耶穌的一個真正的跟從者，就意味著要承擔風險。我們的問題就是：我們大多數人都喜歡一輩子作門徒，而永遠不必冒著使我們自身和尊嚴受到威脅的風險而成為使徒。我們更喜歡繭中的安逸，而不是更曠闊之世界的不確定性。但了解人性和祂門徒之需要的耶穌，卻將他們從他們的安樂窩中推了出去，使他們可以繼續成長。

耶穌就是這樣開始基督教的佈道工作的，祂差祂的門徒出去做祂所不能做的事情。祂既無法親自接觸每個人，就差遣他們作為祂自己的伸延。耶穌今日依然在派遣那些願意跟從祂的人，祂的每個跟從者再次擁有作選擇的權利和義務。我們可能會覺得作門徒更舒服一些，但耶穌卻想將我們轉變成為使徒。只要我們願意，祂就會裝備我們，授予我們權柄，並引導我們。

# 24 施洗約翰的真實意義

可6：14－29

14希律王聽見，因耶穌的名聲變得出名了。有人說：「施洗的約翰
從死裏復活了，這就是為什麼在他裏面有神蹟之能運行。」15但別
人說：「他是以利亞。」又有人說：「他是先知，正像古時的先知
中的一位。」

16希律聽見卻說：「我所斬的約翰復活了。」17原來希律因娶了他
兄弟腓力的妻子希羅底的緣故，差人去拿住約翰，鎖在監裏。18因
為約翰曾對希律說：「你娶你兄弟的妻子是不合理的。」19於是希
羅底懷恨，想要殺他，只是不能，20因為希律敬畏約翰，知道他是
個公義、聖潔的人，所以保護他。當他聽他講論時，就大大地不
安，但他卻樂意聽他。21有一天，恰巧是希律的生日，希律擺設筵
席，請了大臣和軍長，並加利利作首領的。22希羅底的女兒進來跳
舞，使希律和同席的人都歡喜。王就對女子說：「你隨意向我求什
麼，我必給你。」23又對她起誓說：「隨你向我求什麼，就是我國
的一半，我也必給你。」24她就出去對她母親說：「我可以求什麼
呢？」她母親說：「施洗約翰的頭。」25她隨即急忙進去見王，求
他說：「我願王立時把施洗約翰的頭放在盤子裏給我。」26王就甚
憂愁，但因他所起的誓，又因同席的人，就不想推辭，27隨即差一
個護衛兵，吩咐拿約翰的頭來。護衛兵就去，在監裏斬了約翰，
28把頭放在盤子裏，拿來給女子，女子就給她母親。29約翰的門徒

**聽見了，就來把他的屍首領去，葬在墳墓裏。**

---

這不是一個好聽的故事。

怎麼居然還被記錄在聖經之中呢？至少可能是為了兩個原因：一個是為了對施洗約翰和門徒做一個比較，另一個是為了記載約翰和耶穌的生死。

關於門徒，馬可用「希律王聽見了」（第14節）的話引出了這段經文。聽見了什麼？我們若以馬可福音6：7－13作為這段經文的上文，就會知道希律王所聽見的，就是門徒的傳道和服務。十二個門徒的傳道工作，以及他們因此而在民間產生的興奮，因而引起了加利利統治者希律安提帕對這場耶穌運動的關注。

有趣的是，馬可把希律與約翰的這個故事，編排在耶穌打發十二個門徒（6：7－13）和他們回來向祂彙報工作（6：30）之間（插）。這種編排看起來似乎有些古怪。我們很難認同摩爾娜・胡克的觀點，她認為這種安排，是為了製造「在門徒完成任務之前的一段間奏」而採用的一種寫作手法（Hooker, p. 158）。詹姆斯・愛德華的建議更為貼切，他認為這「證明了在一個貪婪、頹廢、講求權力與金錢的世界中跟隨耶穌的後果。馬可將施洗約翰殘暴而感人的殉道事蹟，以插敘手法記載在十二個門徒的差遣（6：7－13）和他們的歸回（6：30）之間，就是為了使讀者對於作門徒的代價留下深刻的印象。」（Edwards, p. 183）耶穌在馬可福音8：34中再次強調了這種解釋，祂在其中告訴門徒說：「若有人要跟從我，就當捨己，背起他的十字架，來跟從我。」

耶穌和十二個門徒的傳道和醫治，對加利利的老百姓來說一定是個好消息，但這卻驚動了希律。對他而言，他們製造了一個頭等大的危機：一顆帶有罪惡感的良心，被擾亂到了使人成為偏執狂的地步。具體地說，希律害怕耶穌可能就是從死裏復活的約翰（6：16）。

這時，馬可追述了希律和約翰之間的關係，以及約翰犧牲的經歷。問題看似是因為情欲而引起的，實情是希律迷戀希羅底。關鍵的問題是她恰巧和他的兄弟腓力結婚了（第17節）。沒關係！希律可以無視他兄弟的意願，而將他的妻子據為己有。

但這卻導致了更多難題的產生。她與希律的結合違反了摩西的律法，其中明確禁止人在其兄弟還活著的時候，娶其兄弟的妻子為妻（利18：16；20：21；另見Josephus, Antiquities, 18.5.4）。約翰迎頭面對了這一事件，譴責希律和他新妻子的婚姻為不合法（可6：18）。

施洗約翰的反應雖然只是為希律製造了一些麻煩，但這卻惱怒了希羅底，以至於使她想要殺死他（第19節）。正是在這時，希律好的一面顯露了出來，他保護約翰不受其惡毒妻子的傷害。為什麼呢？因為希律知道約翰是個「公義、聖潔的人」，雖然約翰的信息使他感到極其「不安」，但他卻依然「樂意聽他」（第20節）。

這裏的好消息就是，希律在其人生的這一階段並非完全不可救藥，他樂於接受良善的事情。我們可能會把希律安提帕想成一個無藥可救的惡人，但聖經卻不是這樣形容他。他還願意接受約翰的呼籲，他的心還沒有剛硬到施洗約翰無法觸及的地步。

但希律確實有一個嚴重的問題，他是個思想矛盾的人。正如威廉・巴克萊所指出的，安提帕「是一個古怪的混合物。他在同一時刻，既害怕約翰又尊敬他。他在同一時刻，既怕約翰的講話方式又樂意聽他。」（Barclay, Mark, p. 154）當然，如果我們好好想一想，其實我們和希律沒有多大差別。我們同時既受試探和罪惡的吸引，又排斥試探與罪惡。希律是個和我們一樣的凡人。而我們也像希律一樣，在我們自己的心中有著潛在的可能性。

希律的思想既尊重良善，又貪戀罪惡，這兩極分化最終在其品格裡提供了將導致他自己和約翰毀滅的裂縫。希律唯一一件在任何情況下都不願意放棄的事情，顯然就是他與希羅底的淫亂關係。他所珍愛的這罪，使他甘願完全放棄一切的良知。

希羅底很快就發現了她嚴密掌控其丈夫的機會。在他的生日宴會上，她讓她的女兒撒羅米在他的貴賓面前當眾跳舞。「她如此做的事實本身，就是一件令人難以置信的事情。當時，個人舞蹈在那種社會中是令人厭惡和放肆的默劇。一個具有皇室血統的公主，竟會如此暴露和貶低自己的身分，這實在是令人難以置信的，因為這種舞蹈是專業妓女的藝術。她確實如此跳舞的事實本身，就是對撒羅米的品格以及允許和鼓勵她如此行之母親的品格的一種刻薄評價。」（引文出處同上，p. 153）

這也略微說明了希律較為醜惡的一面。他很「歡喜」（第22節），以至於他當眾答應要賜給這女子所想要的一切。撒羅米徵求了她母親的意見之後，便要求處死約翰。

對希律的正面描述是，這個請求使他感到心煩（第26節）。此刻他面臨著一個分界線，他既可以站起來譴責這種罪惡的行徑，也可以加以屈從。

他屈服了，因而就顯露出他的根本問題——游移不定的意志。鍾斯提到：「從某種意義上說，希律並不是一個故意要作惡的人，但他卻是一個軟弱的人。因著他的軟弱，他允許自己被捲入這可怕的罪惡之中。他就是新約中相當於舊約亞哈王式的人物，他們倆都是軟弱而又好色的人。單憑自己，他們倆都不會將自己的手浸在血中，但他們倆都有一個意志專橫的王后。這兩個軟弱的男人被他們王后的這種更堅強的意志所驅使，都做出了巨大而可怕的罪惡。」(Jones, vol. 2, p. 31) 希律象徵著那些對善惡都同時喜愛，但其決定卻過於受「娛樂」的影響，並且害怕其同伴會不高興的人。

希律作出了如此失敗的選擇，從此聖經便描述他道德急劇敗壞。「你們可以親自在路加福音第23章中讀到他的命運。其中寫道：『希律和他的兵丁就藐視耶穌，戲弄他。』請比較這兩個事實，希律敬畏約翰——希律藐視耶穌並戲弄他。在這個比較中，你會看到罪的災難性後果。馬可福音第6章充滿了有關罪的最豐富教訓。罪是如何滋生的——這一切的悲劇都是從希律對希羅底不聖潔的情慾開始。罪如何在良心作祟，正如希律在恐懼中的呼喊所證明的：個人責任的嚴肅事實——『**我**所斬的約翰』；以及罪的悲慘結局：『罪的工價乃是死』。這不是空洞的恐嚇，也不是神學性的恐懼感。這是無情的定律，請看這定律的結果。他敬畏約翰，但幾個月後他就變得對純潔和聖潔如此麻木，以至於他竟能戲弄基督。」(引文出處同上，p. 35)

這最後的思想引導我們注意到，馬可福音6：14－29中施洗約翰與耶穌之間的對比。相當有趣的是，我們在第二部福音書中，只發現兩段經文是不以耶穌為中心的。而且這兩段都與約翰有關。第一處(1：2－8)描述他是耶穌在信息和服務上的先驅，而第二處(6：14－29)描述施洗約翰是祂犧牲的先驅。耶穌也將被一位承認其良善(見15：9、10、12、14、15)，但卻向公眾壓力投降(見15：10、14、15)的統治者處死。

但法蘭西斯·摩洛尼認為：「約翰和耶穌之間存在著一種區別……馬可對施洗約翰之死的記載，是以他的屍體被他的門徒取去放在墳墓裏而結束的(第29節)。根據第14至16節的記載，有關施洗約翰復活的傳言在民間流傳著，但這只是傳言而已。閱讀這個故事的基督教群體，被告知施洗約翰被埋葬了（第29節），但他們卻相信耶穌曾被殺、埋葬、並從死裏復活了（見16：1－8）。還有一個區別就是，施洗約翰被他忠實的門徒安葬了，但耶穌卻被他的門徒所棄絕（見14：50），被一位本應是他仇敵的議會成員亞利馬太的約瑟所安葬（見15：43－46）。」（Maloney, p. 127）

但仇敵總是會有的，這使我們不得不最後再看一眼施洗約翰的「真正意義」。懷愛倫寫道：「耶穌沒有出來拯救他的僕人，因知道約翰經得起這種考驗。……只是為了後世，為一切將要經過監獄而遭死亡的千萬聖徒的益處，約翰必須喝殉道的苦杯。將來，當基督的門徒在淒涼的牢獄中受苦，或在刀劍、刑架、火刑等刑具之下喪命時，他們雖然看來似乎已為上帝和世人所棄絕，但想起施洗約翰的忠心，如何為基督所親口稱許，而他們也遭遇這同樣的經歷，他們心中將能得到何等的安慰啊！」（懷愛倫《歷代願望》上冊，215頁）

# 25 使五千人吃飽與基督的危機

可6：30－56

30使徒聚集到耶穌那裏，將一切所作的事、所傳的道全告訴他。
31他就說：「你們來獨自到曠野地方去歇一歇。」這是因為來往的
人多，他們連吃飯也沒有工夫。32他們就坐船，暗暗地往曠野地方
去。33許多人認識他們，看見他們去，就從各城步行，一同跑到那
裏，比他們先趕到了。34耶穌下了船，見有一群人，就憐憫他們，
因為他們如同羊沒有牧人一般，於是開口教訓他們許多道理。35天
已經晚了，門徒進前來，說：「這是野地，天已經晚了，36請叫眾
人散開，他們好往四面鄉村裏去，自己買什麼吃的。」37耶穌回答
說：「你們給他們吃吧！」門徒說：「我們可以去買二十兩銀子的
餅，給他們吃嗎？」38耶穌說：「你們有多少餅，可以去看看。」
他們知道了，就說：「五個餅，兩條魚。」39耶穌吩咐他們，叫眾
人一組一組的坐在青草地上。40眾人就一組一組的坐下，有一百一
組的，有五十一組的。41耶穌拿著這五個餅，兩條魚，望天祝福，
擘開餅，遞給門徒，擺在眾人面前，也把那兩條魚分給眾人。42他
們都吃，並且吃飽了。43門徒就把碎餅、碎魚收拾起來，裝滿了
十二個籃子。44吃餅的男子，共有五千。

45耶穌隨即催門徒上船，先渡到伯賽大那邊去，等他叫眾人散開。
46他既辭別了他們，就往山上去禱告。47到了晚上，船在湖中，耶
穌獨自在岸上，48看見門徒因風不順，搖櫓甚苦，夜裏約有四更

天，就在湖面上走，往他們那裏去，意思要走過他們去。[49]但門徒
看見他在湖面上走，以為是幻影，就喊叫起來，[50]他們都看見了
他，且甚懼怕。耶穌連忙對他們說：「勇敢點，是我，不要怕！」
[51]於是到他們那裏上了船，風就住了，他們心裏十分驚奇。[52]這是
因為他們不明白那分餅的事，心裏煩擾。
[53]既渡過去，來到革尼撒勒地方，就拋了錨。[54]一下船，眾人立刻
認出耶穌來，[55]就跑遍那一帶地方，聽見他在何處，便將有病的人
用褥子抬到那裏。[56]凡耶穌所到的地方，或村中、或城裏、或鄉
間，他們都將病人放在街市上，求耶穌只容他們摸他的衣裳穗子，
凡摸著的人就都好了。

---

馬可福音6：30是整本馬可福音中唯一一處稱呼十二使徒的經文，原因是這是他們唯一一次被差派（直譯為差使）的時候。在福音書的其他地方，他們不是信使或傳道者，而是學生或門徒。

但他們有了被差遣的第一次嘗試（見6：7－13），現在已經回來了。正如馬可福音餘下章節所將顯示的（見6：52），他們還有很多東西需要學習。他們需要更多作門徒的經驗，才能成為合格的使徒。

耶穌意識到此時正是其教育的一個新階段。所以在他們傳道回來並「將一切所作的事、所傳的道全告訴他」之後，祂便解釋說他們需要獨自到曠野地方去（6：30、31）。弗朗斯指出，此時正是「再度『學習』的好時機。他們剛經歷了一段艱辛而令人疲憊的傳道時期，現在正是充電的好時機。」（France, Mark, Doubleday, p. 80）耶穌曾打發他們出去服務，現在是與祂交流的時候。結合服務和交流對健康的基督教聖工十分重要。

但祂需要與門徒單獨在一起的時間卻落了空。人們從四面八

方趕到湖的對岸，以至於當耶穌到達時，那裏已經有一大群人聚集在一起了。一天的光陰一點一點地過去了，那群人成了使五千人吃飽的場合，或者我們可以更好地描述為使兩萬人吃飽的場合，因為馬可只計算了成年男子的數目（可6：44）。

**均衡的聖工**

「不以服務為終結的交流是不健康的，但沒有交流的服務也是無結果的，長久下去也將是不可能的。」（Jones, vol. 2, p. 48）

這個神蹟本身一定給門徒留下了一個深刻的印象，因為這是唯一一個在所有四部福音書中都有記載的神蹟。但正如A.B.布魯斯所指出的，這個神蹟似乎連發生的充足理由都沒有。這絕對不是眾人所提出的任何請求的結果。這是馬可福音8：1－10所記載使四千人吃飽與這裏使五千人吃飽的區別所在。作者將使四千人吃飽的神蹟，描述為一種有需要的舉動。他們已經外出三天沒有食物，也沒有吃的了。但這五千人只離開家幾個小時，還能在附近鄉村裏去買吃的東西（見A. B. Bruce, "Kata Mapkon," p. 393）。

這個神蹟故事之所以重要，其原因出現在馬可福音6：52以及約翰福音第6章對此神蹟更全面的記載，耶穌在其中因為門徒還不理解那分餅的事而譴責了他們。

這個神蹟本身當然很令人驚歎，凡曾經為上千人（或幾十人）預備過食物的人都能證明這一點。食物本身非常簡單，只有一道大麥餅加沙丁魚大小的鹹魚，這是最窮的人所吃的食物。耶穌解決了他們的溫飽問題，但可能並沒有讓他們解饞。

對於眾人而言，重要的不是食物的種類，而是祂供應了食物——祂能做得到。在這事件中，這位曾經不久前使睚魯的女兒復活的耶穌，像以利亞和以利沙一樣——他們也曾「使死人復活，並神奇地使饑餓的人吃飽」（Guelich, p. 344。另見王上17：10－24；王下4：32－37、42－44）。但耶穌行神蹟的範圍卻遠遠超過了那兩位希伯來先知所行的，某種獨特的事情在使五千人吃飽的神蹟中發生了。

揭示這種獨特性的線索之一出現在第45節，馬可在其中告訴我們，耶穌「催門徒上船」，並且離開那裏到湖對岸去。耶穌不得不**催**或**迫使**門徒上船，讓他們自己啟航的原因並沒有在馬可福音中被說明。但當我們參考約翰的記載時，我們就明白了。約翰解釋說，當眾人看到耶穌使五千人吃飽的神蹟時，他們便開始說：「這真是那要到世間來的先知。」於是他們便試圖「強逼他作王」（約6：14、15）。

眾人因為耶穌大能的神蹟異能，便認為祂是「那要來的先知」。約瑟夫告訴我們，幾乎一世紀的每一次由冒充的解放者所興起的政治起義，都伴隨有某位先知的主題和神蹟的施行（見Brown, p. 249）。依據彌賽亞式應許，上帝將會興起一位像摩西的先知（申18：18、15），猶太人亦因耶穌使五千人吃飽而相信他們正在經歷預言的應驗。

他們所建立的聯繫就是：偉大的拯救者摩西，曾使他們的「祖宗在曠野吃過嗎哪」（約6：31）。他們在耶穌裏找到了一位看似第二位摩西的人，第二位拯救者——另一位像摩西一樣能提供天糧的先知，這就是人們強逼耶穌作王背後所隱藏的動力所在。

連門徒也被這種可能性所迷惑了。馬可告訴我們說，耶穌不得不**催**他們上船離開祂，而祂則獨自叫眾人散開（6：45、46）。門徒們一定清楚地感受到了祂有彌賽亞潛能。他們一定以為**現在就是讓耶穌作出卓越成就的時候了**，現在就是彌賽亞運動興起的時候了。帶著這種思想，我們就更容易看出耶穌為什麼不得不在祂能讓眾人散開之前，先把門徒打發走。

門徒的興奮，以及他們可能對耶穌不願人們將自己推舉為彌賽亞的「退縮表現」的了解，無疑地使一些門徒認為，他們的工作就是要迫使耶穌置身於彌賽亞國度的大業，這大業是他們所希望將要創立的榮耀。畢竟，直到耶穌復活時，他們還認為祂的國度是一個會推翻羅馬壓迫者的政治王國。

如果我們未能看出耶穌在這裏受到不用釘十字架而獲得國度的試探的話，我們就錯失了這個故事的一個重大要點。祂正在面對祂最大的試探，我們在這裏找到祂再次受到像第一個曠野的試探（太4：3、4），但其誘惑力要強大得多。祂已經證明了祂確實有能力將「石頭」變成餅，而且這也給眾人留下了極其深刻的印象，以至於他們想要就地建立祂的國度。就連耶穌的「支持者」（十二個門徒）也在這場運動的幕後。當時的處境是頭等大的試探：「它建議著，用餅來建立國度。將消除饑餓作為你計畫中的第一步。隨時複製餅和魚」，人們就會愛戴你（Denny, Jesus, p. 210）。

這裏所表現的是那不用十字架，不必走那被棄絕之僕人的道路而去建立其國度的古老誘惑。我們從祂趕散眾人之後立即「往山上去禱告」（可6：46；另見約6：15）的事實中，可以看出這一事件的嚴重性。耶穌需要重新獻身去實現上帝的旨意，並特別為祂的門徒禱告，因為他們還在盼望著一位與上帝的旨意不符的彌賽亞。遵行上帝的旨意來完成祂的使命，這必須在耶穌的人生中保持核心的地位。而遵行上帝的旨意往往就是一種禱告的需要。

與此同時，門徒們有著他們自己的掙扎。他們不但非常生耶穌的氣，而且還正為他們在湖上的生命而拼搏。那裏的湖面雖然只有四、五英里寬，但這時已過了凌晨三點鐘了（四更天是從凌晨三點到六點），而且他們由於強大的風暴只走了一部分路程。為了耶穌最初迫使他們離開那裏，他們可能至少抱怨過一次。而祂在哪兒呢？祂難道一點也不在乎嗎？

但耶穌知道他們的掙扎，他們的絕境成了祂的機會，祂再次從風暴中救了他們，他們再次感到「十分驚奇」（可6：51）。為什麼呢？因為「他們不明白那分餅的事，心裏還是愚頑」（第52節）。他們急需從分餅的神蹟中明白的教訓有三：

1. 耶穌確實是那應許之主，祂甚至能施行比以利亞、以利沙和摩西所行的更驚人的神蹟。
2. 但祂的彌賽亞身分卻與猶太人和門徒所期望的完全不同。
3. 而且同樣重要的是，那曾提供餅的主，也能在一切情況中照顧他們，不論祂在不在他們眼前，他們都在祂的保護之下。這最後的教訓是極其重要的，因為祂不久就將完全離開他們。

明白分餅的教訓對於門徒來說是一件非常困難的事，但這卻是一個將佔用馬可福音剩餘內容之大部分篇幅的教訓。與此同時，作者在馬可福音6：53－56中作了他對耶穌之神蹟的第三個總結報告（另見1：35－39；3：7－12），提醒其讀者，耶穌的傳道工作遠遠大於他書中的幾個故事。

# 26 上帝的律法與人的規條

可7：1－13

[1]有法利賽人和幾個從耶路撒冷來的文士，到耶穌那裏聚集。[2]他
們曾看見他的門徒中有人用不潔淨的手，就是沒有洗的手吃飯。
（[3]原來法利賽人和猶太人都拘守古人的遺傳，若不仔細洗手就不
吃飯；[4]從市上買來的東西若不親自洗，就不吃；他們還拘守好些
別的規矩，就如洗杯、瓶、罐。）[5]法利賽人和文士問他說：「你
的門徒為什麼不照古人的遺傳行事，而用不潔淨的手吃飯呢？」
[6]耶穌說：「以賽亞指著你們假冒為善之人所說的預言是不錯的。
如經上說：『這百姓用嘴唇尊敬我，心卻遠離我。[7]他們將人的吩
咐，當作道理教導人，所以拜我也是枉然。』[8]你們是離棄上帝的
誡命，拘守人的遺傳。」
[9]又說：「你們真是善於取消上帝的誡命，好使你們可以守自己的
遺傳啊。[10]摩西說：『當孝敬父母。』又說：『咒罵父母的，必治
死他。』[11]你們倒說：『人若對父母說：你從我這裏所能得到的一
切都是各耳板』（意思就是獻給上帝的禮物），[12]然後你們就不允許他再
為父母做任何事了。[13]你們因此藉著你們所承受的遺傳廢了上帝的
道。你們還作許多類似的事。」

---

從馬可福音3：6說他們密謀推翻耶穌起，法利賽人在馬可福音中一直沒有成為主角。但第7章開始，他們成為了主角，我們

在此更清楚地看出了那些使他們與耶穌隔絕的區別。

他們的分歧與是否忠於上帝無關，兩派人都將上帝置於他們人生的核心地位。他們之間的衝突也與是否忠於上帝的律法無關，兩派人都完全認同上帝律法的重要性。他們的區別主要在於對上帝律法之性質的理解。

要想理解當時的處境，我們必須先領會法利賽派猶太教對律法的理解。在早期猶太歷史中，「律法」一詞代表了兩件事。首先，而且是最重要的，它代表了十條誡命。其次，它象徵了摩西的五卷書或《摩西五經》。

但在西元前三、四世紀，一個由被稱為文士的律法專家組成的階級興起了。文士們開始定義他們所認為正確的上帝律法的含義。久而久之，文字妥拉與口傳妥拉之間的區別逐漸產生，這種區別也就是「在權威性的聖經（舊約聖經）和一種口頭流傳的解釋、補充、有時甚至更正文字妥拉的權威性傳統」之間的區別（Bromiley, vol. 4, p. 884）。到了耶穌時代，非文字的遺傳被人稱為「古時的遺傳」（可7：3），它已演化為成千上萬條被精心界定的，用來規範人生中所可能遇到的一切行為的規條。大約在主後兩百年後，拉比們以一種被稱為《米示拿》的形式，將口頭遺傳寫了下來。

口傳律法的問題構成了耶穌與法利賽人之間許多衝突的基礎。「正是他們對口傳遺傳的極力擁護，以及耶穌對於恢復文字律法之本意同等而極力的擁護，導致他們之間產生了如此強烈的分歧。」（Edwards, p. 209）我們在馬太福音第5章特別能夠看出這種矛盾來，耶穌在那裏反覆使用祂那「你們聽見有吩咐古人的話說……只是我告訴你們」（見第21、27、33、38、43節）的慣用語，來揭示律法更深刻的本意，並且揭穿口頭遺傳只注重外表，而沒有把握住律法對人類生活的屬靈含義的事實真相。

這相同的衝突在馬可福音第7章中展開了。在前13節中，他們的爭論涉及了口頭遺傳的兩方面——潔淨與不潔淨以及許願。這兩方面在《米示拿》中有著相當多的短文來加以論述（分別在潔淨和許願篇中），其中詳細描述了與這些習慣有關的禮儀。他們的第一個分歧是關於洗手的事。法利賽人向耶穌抱怨，說祂的門徒在吃飯時沒有遵守正確的規矩（第2節）。然後，馬可在第3和4節中，簡要地向其外邦讀者描述了猶太人對於洗手的態度。這種洗手和清潔衛生沒有任何關係，這樣做的目的只是為了禮儀性地清除儀文上的污穢。對於一個虔誠的猶太人而言，就連摸一個外邦人、摸被外邦人摸過的食物、或一個被外邦人拿過的鍋，都會使自己被玷污。因此，一個嚴格的猶太人一從市集上回來，就會認真地履行潔淨之禮，以此來去除自己的污穢。

馬可福音第7章中所指的洗手，反映了虔誠猶太人的習慣。他們會在吃每頓飯之前，甚至在同一頓飯的每道菜之間，以一種特定的方式洗手。水必須是禮儀上被潔淨過的水，必須被放在一種特定的水罐裏。洗手本身也有講究，「雙手伸出時必須十指**朝上**；水要倒在十指上，而且至少要流到手腕；用水量最少要四分之一羅革，相當於裝滿一個半雞蛋殼的水。當兩隻手都還濕的時候，每隻手都必須用另一隻手的拳頭來洗乾淨。」而這時「雙手都沾滿了水，但這水現在卻是不潔淨的了，因為它沾了不潔淨的手。所以，第二遍，雙手必須十指朝下地伸出，水必須以這樣一種方式被倒出來，那就是先從手腕開始，讓水順著指尖流下去。這一切都做完了，手才算是潔淨。」（Barclay, Mark, p. 167）

正是因為門徒沒有履行這種禮儀性的洗手，才讓法利賽人向耶穌指控他們提供了機會（可7：5）。耶穌用了一段引自（希臘文）七十士譯本以賽亞書經文（29：13）回答他們，其中提到上帝古代的一些百姓用他們的嘴唇，但沒有用他們的心來敬拜祂，他們是在「將人的誡命和道理教導人」（七十士譯本）。祂的結論就是：當法利賽人敬拜的時候，他們實際上是在將人的誡命而不是上帝的誡命教導人（可7：8），他們的敬拜是徒然的（第7節），他們是假冒為善的人（第6節）。

「假冒為善」的希臘原文（hypokritēs）是一個有趣的詞語，在希臘文中，它的意思就是一個戲劇演員。一個hypokritēs就是一個過著像在舞臺上演戲一樣生活的人。因此在表演的背後，沒有現實、沒有真誠，他們只善於外在的表現，卻忽視了問題的內在本質。耶穌藉著稱呼法利賽人為假冒為善的人，讓他們知道他們的信仰只有外在的表現，他們沒有領會文字妥拉的精髓。

祂在馬可福音7：9－13中進一步解釋了這個思想。祂顯示了他們的口頭遺傳所設立的外在規條，實際上如何與上帝在十條誡命中所表達的律法相矛盾。耶穌用第五條誡命作為祂的例證，此誡命規定人要孝敬父母，但祂向法利賽人指出，他們的遺傳有一個關於各耳板的規定。各耳板一詞就是禮物的意思。如果一件東西是給上帝的各耳板，那麼這就是獻給祂的，這東西曾被放在祭壇上，是上帝的財產。因此這東西就不能為任何其他目的而被使用，即或是「為了贍養年老的父母」。口頭遺傳還有一條規定，一個各耳板的給予者，可以為個人的用途而保留此禮物（見Bromiley, vol. 1, p. 772）。

這樣，曾向上帝許過各耳板之願的人，既可以保留所獻的金錢，又可以不必用他們已經獻給上帝的金錢來幫助他們的父母，而仍能被認為是孝敬父母的人，畢竟，沒有什麼事情比向上帝所許的願更重要的了。但正如耶穌所指出的，他們所許的這個願，實質上只是在父母需要幫助的時候卻不供養他們的一種自私的藉口。因此祂斷言說，他們的遺傳廢棄了上帝律法的本意。

耶穌在其整個傳道工作當中，都一直反對外在的信仰。祂反抗一切將禮儀和人的規矩置於對人性的關愛之上的事情。對祂而言，律法的實質不是外在的表現，而是盡心、盡意地愛上帝和他人（太22：36－40），是要伸手幫助他人而不是律法的教條規定。祂藉著摸一個大痲瘋患者（可1：41），和在安息日施行醫治（3：1－6），在祂自己的生活中說明了這一點。

耶穌所講的這些教訓並不是什麼新鮮事物，這些教訓構成了舊約神學的精髓（見申6：5；利19：18）。上帝藉著阿摩司說：「我厭惡你們的節期，也不喜悅你們的嚴肅會。你們雖然向我獻燔祭……我卻不悅納，……惟願公平如大水滾滾」（摩5：21、22、24）。上帝藉著何西阿說：「我喜愛堅定不移的愛，不喜愛祭祀。」（何6：6，RSV中譯）耶和華藉著彌迦所說的話乃是：「世人哪，耶和華已指示你何為善，他向你所要的是什麼呢？只要你行公義，好憐憫，存謙卑的心，與你的上帝同行。」（彌6：8）

上帝雖然曾經親自吩咐以色列人要獻燔祭，並且遵守一些嚴肅的節期，但祂清楚地說明，若沒有一種發自內心的信仰，這些外在的表現都是毫無價值的。歷代以來所謂虔誠教徒的咒詛，就在於他們只有一種外在的信仰。

法利賽人不僅具有外在的信仰，而且他們還將通往真信仰的道路給堵住了。「『任何事』這個詞」，在「『你們就不允許他再為父母做任何事了』」這句話語「的語序上帶有強調的語氣，它強調了『你們承接遺傳，廢了上帝的道』的完全性。」（Gundry, p. 353）對於耶穌而言，法利賽人的教訓不僅偏離了真信仰，而且它們實際上廢棄了真信仰。

如果耶穌今天還活在世上的話，對於那些因著對正確飲食，甚至對安息日（這些本身都是好事）的外在關注，而毫無愛心地對待他人，或者不願伸手幫助他人的人，祂可能會說同樣的話語。

# 27 罪惡的心

可7：14－23

[14]耶穌又叫眾人來，對他們說：「你們都要聽我的話，也要明
白。[15]從外面進去的，不能污穢人；惟有從裏面出來的，乃能污
穢人。」[17]耶穌離開眾人，進了屋子，門徒就問他這比喻的意
思。[18]耶穌對他們說：「你們也不明白嗎？豈不曉得凡從外面進
入的，不能污穢人，[19]因為不是入他的心，乃是入他的肚腹，又
落到茅廁裏。」（他如此宣布所有的食物都是潔淨的。）[20]又說：「從人
裏面出來的，那才能污穢人，[21]因為從裏面，就是從人心裏發出
惡念、淫亂、偷盜、兇殺、[22]姦淫、貪婪、淫蕩、詭詐、好色、
嫉妒、褻瀆神明、驕傲、愚妄。[23]這一切的惡都是從裏面出來，
且能污穢人。[注1]

---

這真是一段革命性的聖經章節。但要想明白這段話的意思，我們就需要回到第5節，其中提到：「法利賽人和文士問他說：『你的門徒為什麼不照古人的遺傳行事，而用不潔淨的手吃飯呢？』」

耶穌已經在第6－13節中用兩點予以回答：

1. 他們是假冒為善的人，因為他們只有外在的順從，卻沒有和上帝建立發自內心的關係。
2. 因著他們的遺傳，他們實際上與上帝的律法相矛盾，因

此他們誤解了上帝所要求的真順從。

祂的回答是十分重要的，因為這向法利賽人和文士顯明了，他們既沒有在他們的生活中，也沒有在理論上接受上帝的真理。

但耶穌在第6－13節中的回答，並沒有觸及法利賽問題的根本。因此在第14－23節中，祂繼續提出祂對第5節第二部分的回答。畢竟，對污穢與潔淨的任何真正理解，都必須認識到那污穢的源頭。耶穌宣告說：真正屬靈的污穢不是從外面來的，而是由某種從人裏面發出的東西造成的。因此，真正的屬靈污穢，不會因人不正確地洗手甚或因他們所吃的東西而造成。這種思想對於法利賽人來說，乃是一種突發而驚人的事物，他們非常善於信仰的外在方面。有一次，耶穌說他們像粉飾的墳墓，裏面卻裝滿了死人的骨頭（太23：27）。當耶穌宣告說真信仰的實質是與內心有關的一種事情時，祂擊中了許多「教會榜樣」的核心問題，不論這些人是當年的法利賽人，還是二十一世紀一個地方教會的教友。教會裏從來也不缺少假冒為善的人——這種人在外在儀式上做得很好，但卻缺乏了一種使一個人成為真基督徒的內在品質，耶穌在馬可福音第7章裡就描述了這種內在品質。

在這裏，我們需要非常清楚地明白，在回答法利賽人第5節所提之問題時，耶穌到底是在說什麼。祂的信息就是，任何在人外面的東西都不能真正地**在屬靈的意義上**玷污他們。第19節，祂用食物打比方來說明祂的意思。祂說食物不會使一個人不潔，因為「不是入他的心，乃是入他的肚腹」，然後從那裏進入廁所，馬可在此做了我們在其整本福音書中所能找到，對耶穌話語僅有的幾處解釋之一。在反省耶穌關於食物的話語上，他加上了「他如此宣布所有的食物都是潔淨的」這句話。

我們需要問：馬可的這句解釋性話語到底是什麼意思？根據

法利賽人提出第5節的問題的背景來看，威廉・雷恩的觀點似乎是正確的。他寫道：耶穌的話語「並沒有廢除摩西關於潔淨之禮的律法，或抹殺了潔淨與不潔淨之間的區別，並宣布這些都歸於無效了。它實際上抨擊了那種認為有罪的人可以在上帝面前，通過謹慎地遵守祭儀性的潔淨而獲得真正的潔淨。其實這種祭儀對於內心污穢的潔淨是毫無能力的。」（Lane, p. 254）此外，「耶穌並不想否認潔淨之律在摩西法典中佔有的重要地位（利11：1－47；申14：1－20），或貶低那些寧死而不願違反上帝有關不潔淨食物之律法者的尊嚴（馬加比一書1：62後半節）。反之，他是在說明，在上帝面前潔淨與污穢的根本所在是人心。」（引文出處同上，p. 255）C.F.D.穆勒提出了大體相同的觀點。他寫道：「**他宣布所有的食物都是潔淨的**（第19節），意思是說任何食品本身都不能污穢人。其實真正能污穢人的，是一種污穢的想像力，因為（第21節）正是**從人心裏**才會**發出惡念**。」（Moule, p. 56）

這些解釋與亞倫・科爾的解釋大相徑庭。他認為我們可以將第19b節釋義為「祂藉著這話，就廢除了儀文上潔淨與不潔淨食物之間的一切區別」（Cole, p. 186），這樣的解釋脫離了第5節的上下文背景。第5節提供了耶穌正在回答的問題，耶穌不是否認這種區別，而是否認**任何**在人心以外的事物可以成為屬靈不潔淨的源頭。

但祂的回答並沒有著重於消極的一面，祂乃是繼續講述了積極的真理，而這正是祂所想說的關鍵問題。在第21節中，祂宣告真正的屬靈污穢來自「裏面，就是從人心裏」，心或思想是一切「惡念」的源頭，然後耶穌繼續在第21和22節中羅列了十二種惡念所結的果子。在這個明細中，一件值得注意的趣事就是：前六種果子都是複數，表示惡行；而後六種果子都是單數，表示邪惡的態度。但這十二個名詞都包括在惡念之中，它們的源頭就是一顆敗壞了的心。

詹姆斯・愛德華指出，馬可福音7：1－23「是馬可福音中最長的衝突對白。這段話的長度就是其重要性的一個暗示。馬可極力想要闡明妥拉的根本目的，也就是倫理道德的基礎，是一種與內在的潔淨、動機和意圖有關，而不是與人對禮儀和習俗的外在遵守有關的問題。因此這場爭論，不能被解釋為一種支持基督教反律法主義的論據，而應被解釋為對妥拉〔律法〕真實含義的重獲。『不潔淨』不能再被認為是事物的一種屬性，而是對內在態度的一種描述，或人心的一種狀態。一個行為的好壞不完全在於其活動，而主要在於其意圖。」（Edwards, p. 214）

耶穌在馬可福音第7章中關於人類罪惡之所在的教訓，呈現在整本聖經之中。例如創世記第3章中的夏娃，她是在拿禁果吃了之後，還是在拿和吃之前犯罪的呢？

讓我們來想一想。上帝曾告訴她不可吃它（創2：17），祂的吩咐是很清楚的。從創世記第3章我們也清楚知道，她做了上帝所禁止的事情。但請注意，在她犯下罪行之前，有些事情在她的思想和心裏發生了。首先，她拒絕了上帝和祂對她所說過的話；其次，她將自己和自己的權柄置於其生命的核心地位。只有到了那時，她才伸手摘了那果子（3：1－6）。

因此，她的反叛是從心裏開始的，她在心裏背叛了上帝，其內在的「內心問題」最終導致了一個罪行的產生。但在那之前，她已經在她的心裏和思想上得罪了上帝。

這種有關罪的神學，適用於基督時代（和我們的時代）所流行的法利賽主義，這也構成了新約救恩信息的核心內容。耶穌和使徒們從來沒有教導過，通往天國的道路就是要人們潔淨他們的行為，以便使他們可以變得愈來愈好。即或他們確實能夠靠這種方法變得稍微「好一些」，這也只會導致他們因自己為上帝所成就的一切，而產生屬靈的驕傲。這正是路加福音18：9－14以為自己比別人強的那個法利賽人的問題。

「改進」不是聖經對罪惡問題的回答，相反，釘十字架、復活以及一顆新心和新思想才是真正的回答（羅6：1－4；林後5：17；約3：7；弗3：16、17）。從那顆新心和新思想中將會發出一種在願意以外、以實踐的方式與上帝同行的願望。

太多人的悲劇，都是在於他們還沒有經過內在的更新就去做外在的事情。對於所有這樣的人來說，禮儀、飲食和「規範的行為」就成了信仰的核心。採取這種方法的結果，就是那些能比魔鬼還刻薄的苛刻教友，這當然並不是什麼新鮮事。正是這同樣的法利賽精神，把耶穌送上了十字架。對罪惡問題的唯一解決方法，乃是一種內心的方法。

卡里爾·海尼斯把握住了耶穌在馬可福音7：14－23的信息本質。他寫道：基督教「不是對舊生命的任何修正，不是對它的任何限制，對它的任何發展，不是對它的任何進步，對它的任何修養、淨化或教化。它根本就不是建立在舊生命之上的。它不是從其中生長出來的。它完全是另一種生命——一種全新的生命。」（Haynes, p. 10）這種新生命的源頭乃是一顆新心。耶穌說：「我說，『你們必須重生』，你不要以為希奇」（約3：7）。帶著新心的新生，是屬靈潔淨的基本起點。

註1：第16節在最早的希臘文古卷中是沒有的，此節讀作：「有耳可聽的，就應當聽！」

# 28
# 向外邦人傳福音

可7：24－8：10

24耶穌從那裏起身，往推羅的境內去，進了一家，不願意人知道，
卻隱藏不住。25當下，有一個婦人，她的女兒被污鬼附著，聽見耶
穌的事，就立即來俯伏在他腳前。26這婦人是希臘人，屬敘利腓尼
基族。她求耶穌趕出那鬼，離開她的女兒。27耶穌對她說：「讓兒
女們先吃飽，不好拿兒女的餅丟給狗吃。」28婦人回答說：「主
阿，就連狗在桌子底下也吃孩子們的碎渣兒。」29耶穌對她說：
「因這句話，去吧！鬼已經離開你的女兒了。」30她就回家去，見
小孩子躺在床上，鬼已經出去了。

31耶穌又離開推羅的境界，經過西頓，就來到低加波利境內的加利
利海。32有人帶著一個聾啞人來見耶穌，求他按手在他身上。33耶
穌私下領他離開眾人，用指頭探他的耳朵，吐唾沫，摸他的舌頭，
34望天歎息，對他說：「以法大！」（意思就是開了吧）35他的耳朵就
立刻開了，舌結也解了，說話也清楚了。36耶穌囑咐他們不要告
訴人，但他愈發囑咐，他們愈發傳揚開了。37眾人分外希奇，說：
「他所作的事都好，他甚至叫聾子聽見，叫啞吧說話。」

1那時，又有一大群人沒有任何吃的。耶穌叫門徒來，說：2「我
憐憫這眾人，因為他們同我在這裏已經三天，沒有任何吃的。3我
若打發他們餓著回家，有些遠道而來的人就必在路上昏倒了。」4
門徒回答說：「誰能在這偏遠的地方得到足夠的食物，好叫這些

人吃飽呢？」[5]耶穌問他們說：「你們有多少餅？」他們說：「七個。」[6]他吩咐眾人坐在地上，就拿著這七個餅祝謝了，擘開，遞給門徒，好叫他們分給眾人，門徒分給了眾人。[7]他們還有幾條小魚，耶穌祝了福，就吩咐也供眾人吃。[8]眾人都吃，並且吃飽了。有許多籃子的零碎剩了下來。[9]人數約有四千。耶穌打發他們走了，[10]隨即同門徒上船，來到大瑪努他境內。

---

三段經文的共同點，就是它們都著重描寫了耶穌對外邦人的傳道工作，這使得馬可福音7：24－8：10構成了一個獨立的單元。至少有兩個很好的理由，說明這三個故事為什麼要放在馬可福音這個地方。第一，耶穌和門徒不僅需要在使五千人吃飽之前，就想得到休息和單獨在一起的時間（可6：30－32），而且耶穌要在猶太人的地方工作，情形已變得愈來愈難。除此之外，文士和法利賽人已因祂拒絕他們的口頭遺傳，而給祂打上了低俗罪人的烙印（7：1－23），連希律也開始視祂為一種威脅（6：14－29）。他們或許能在猶太人的地方以外，找到耶穌試圖單獨教導其門徒所需的安寧和時間。第二個原因，就是耶穌想要開始向祂的門徒顯示，祂的使命不僅僅是針對猶太人而已。

但耶穌無法逃避人群的簇擁。祂的名氣已經跨越了國界，甚至在拜異教的推羅，祂也「隱藏不住」（7：24）。馬可和馬太都特別描述了這位有一個女兒被污鬼附著、相當積極的婦人。馬可將她描述為一個敘利腓尼基人，一種「充分說明她是個異教徒」的「描述」（Mann, p. 320）。

她的故事是一個令人費解的故事，因為耶穌似乎缺乏對她的關愛，但更主要是因為，祂對她的語氣聽起來很粗暴。關於第一點，出於祂的人性，耶穌可能真的不想施行醫治的神蹟。畢竟施行這樣的神蹟，將招來祂想從加利利逃出來所要躲避同樣的關注。因此醫治那女兒，將破壞祂和門徒這次特殊旅行的目的。但正如我們所將看到的，耶穌永遠也無法忽視人的需求。這就是好消息——不僅是對於那敘利腓尼基婦人，也是對我們每一個人的好消息。

關於耶穌表面上的粗暴，我們需要考慮到三點。第一，祂告訴她要「讓兒女先吃飽，不好拿兒女的餅丟給狗吃」（第27節）。她完全可以因那句話而受傷害，並且憤怒地走開。誰也不想讓別人稱自己是狗，並把自己視為二等公民。但她一定看出了某種耶穌的批判者們所未能看出來的東西。她機靈地回應說：「就連狗在桌子底下也吃孩子們的碎渣兒」（第28節）。結果耶穌因她的信心而獎勵了她（太15：28），並且醫治了她的女兒。

我們需要問：這個異教婦人到底在耶穌對她看似粗暴的態度中，看出了什麼給她帶來希望的東西呢？其一就是「先」字——兒女應「先」吃飽。她在這個字裡看到了一個鼓舞人心的世界，因為有先就必有「後」。這位敘利腓尼基婦人的機敏，使她沒有錯失其中的奧妙，在這個起跑線上她無疑要比門徒領先了。在門徒成長的現階段，他們還認識不到「後」的存在，但他們最終將明白這一點。先對猶太人，然後再對外邦人，這將是使徒佈道的次序（見羅1：16；徒1：8）。

無疑在耶穌對其請求的回答中，敘利腓尼基婦人注意到的第二點，就是祂對狗字的選用。希臘文中有兩個表示狗的詞語，第一個是指吃垃圾的野狗，這在古代是一種蔑視和羞辱的象徵，在猶太人眼裏，外邦人真的就是狗，但耶穌沒有用這個詞。祂選擇了一個表示寵物或供玩賞用之小狗的詞語，我們可以更準確地將其譯為「狗兒」。

這樣，耶穌對辭彙的選擇，使這個故事脫離了負面的影響。這婦人很快就認識到了這一點，於是她回答說：「就連狗在桌子底下也吃孩子們的碎渣兒」（第28節）。A.B.布魯斯提出，那些碎片「不只是偶然從桌子上掉下來的碎渣兒，而是孩子們偷偷地扔……給他們的愛狗的一小塊美食。」（A. B. Bruce, "Kata Mapkon," p. 391）

這婦人會在耶穌的回答中注意到的第三件事，就是祂的面目表情。面目表情和肢體語言總是伴隨著話語的。佛洛德・菲爾遜的肯定是正確的，他說耶穌的話語對那婦人的影響，「主要取決於講話人的語氣和面目表情。那婦人覺察到祂的話語並不是絕對的，她敏於向祂顯明，祂不必放棄祂對猶太同胞的集中佈道而仍能幫助她。」（Filson, p. 180）正如懷愛倫所說的：「她曉得耶穌表面上雖在拒絕，但內心的慈悲卻隱藏不住。」（《歷代願望》上冊，407頁）

總而言之，馬可將這位敘利腓尼基婦人描述為一位具有驚人信心的人。她雖然屬於外邦民族，卻有一種得到了獎賞的信心。威廉・巴克萊總結說：「她象徵性地代表著極其渴望抓住猶太人所拒絕和丟棄之天糧的外邦世界。」（Barclay, Mark, p. 183）

馬可福音7：31－37描述了第二部福音書中，關於耶穌向外邦人傳福音的第二部分。我們應在這段經文裡注意到四件事。首先，如果耶穌是從推羅經過西頓到低加波利去的話，這節經文就使祂朝著錯誤的方向旅行了（可7：31）。事實上，推羅位於迦百農西北六十五公里遠的地方，西頓在推羅北面四十公里遠的地方，在迦百農的西北方向約有一百公里遠，而低加波利在迦百農的東南方向（見本書第11頁的地圖）。有些評經家，如猶里烏斯・威爾豪森（Julius Wellhausen）曾斷言說，要麼是馬可不知道他的巴勒斯坦地理，要麼西頓是一個錯誤的翻譯（見Cranfield, p. 250）。但在馬可福音的上下文中進行閱讀，有助我們很自然地理解這種可能花費相當長時間的迂回路線了。阿爾弗雷德・普拉莫認為：「漫長巡遊的目的，就是為了獲得培訓十二個門徒所需的隱居時間」，這是耶穌已經「兩次未能實現」的目標（Plummer, p. 190；見可6：31－34；7：24）。這次教導中的一些教訓，有可能幫助了彼得，得出他不久將在該撒利亞腓立比，對耶穌身分做出的結論（可8：29）。

需要觀察到的第二點，是儘管對聾啞人的醫治是馬可所記載在低加波利發生的唯一一個神蹟，但這只是在馬太對耶穌這一階段傳道工作的描述中許多神蹟之一。根據馬太的記載，「有許多人到他那裏，帶著瘸子、有殘疾的、瞎子、啞吧和好些別的病人，都放在他腳前。他就治好了他們。甚至眾人都希奇，因為看見啞吧說話，殘疾的痊癒，瘸子行走，瞎子看見，他們就歸榮耀給以色列的上帝」（太15：30、31）。馬太用「他們就歸榮耀給以色列的上帝」的話語，強調了他們絕對是在外邦人的境內，因為如果眾人都是猶太人的話，就不必這麼說了。

第三個重要的事項，是耶穌此時在低加波利所受到的歡迎。這一次，我們看到有許多人跟隨著祂。但祂上一次到這裏的時候（第5章），當地的居民在經歷了野人得醫治以及豬的經濟損失之後，曾央求耶穌離開他們的境界（可5：17）。被治好的那個人想要跟隨耶穌，但祂卻告訴他要回家去，「將主為你所作的是何等大的事」都告訴他的鄰舍。那段經文最後說，「眾人就都」因他的見證而感到「希奇」（第19、20節）。我們所看到的眾人在耶穌回到低加波利時湧向祂的場面，有一部分原因肯定就是因為那被治好的人作見證的結果。

在馬可福音7：31－37耶穌醫治聾啞人的故事中所應認識到

的第四件事，是祂對他作為一個人的體貼。耶穌沒有冒著可能使這個敏感的人蒙羞的風險，卻把他單獨帶到一邊來施行這個神蹟（第33節）。祂了解我們每一個人，而且把我們當作一個個別的人溫柔慈愛地對待我們。

使四千人吃飽是馬可的外邦佈道部分最後一個故事。整個故事的大體結構和使五千人吃飽的故事基本一樣，只有一個主要的區別。在上一次的神蹟結束之後，耶穌曾迫使十二個門徒先離開，而祂留在那裏使眾人散開（6：45），在使四千人吃飽的故事中沒有發生類似的事情。以外邦聽眾為主的這四千人，顯然沒想藉著試圖立耶穌為王，而將「從天上賜糧」的神蹟轉變成為一場彌賽亞運動（參閱太14：22；約6：14、15）。

愛德華總結他對馬可福音7：24－8：10的注釋說：「耶穌到推羅、西頓和低加波利的旅行證明，雖然外邦人被猶太人排斥，但他們卻沒有被上帝排斥。猶太人對外邦人的惡言謾罵，並不代表上帝的謾罵。這裏有一個對上帝歷代百姓的教訓，那就是其仇敵既不被上帝所厭棄，也不缺乏耶穌的憐憫。」（Edwards, p. 232）

# 29 不同種類的瞎眼

可8：11－30

11法利賽人來和耶穌辯論，求他從天上顯個神蹟給他們看，想要試
探他。12耶穌心裏深深的歎息說：「這世代為什麼求神蹟呢？我實
在告訴你們：沒有神蹟給這世代看。」13他就離開他們，乘船到對
岸去了。
14他們忘了帶餅，在船上除了一個餅，沒有別的食物。15耶穌教導
他們說：「你們要小心！要防備法利賽人的酵和希律的酵。」16他
們彼此爭吵，因為沒有任何餅了。17耶穌知道了，就說：「你們為
什麼因為沒有餅就爭吵呢？你們還不省悟，還不明白嗎？你們有
一顆剛硬的心嗎？18你們有眼睛，看不見嗎？有耳朵，聽不見嗎？
也不記得嗎？19我擘開那五個餅分給五千人，你們收拾的零碎裝滿
了多少籃子呢？」他們說：「十二個。」20「又擘開那七個餅分給
四千人，你們收拾的零碎，裝滿了多少籃子呢？」他們說：「七
個。」21耶穌說：「你們還不明白嗎？」
22他們來到伯賽大，有人帶一個瞎子來，求耶穌摸他。23耶穌拉著
瞎子的手，領他到村外，就吐唾沫在他眼睛裏，按手在他身上，問
他說：「你看見什麼了？」24他抬頭一看說：「我看見了，我看見
人像樹木在行走。」25隨後又按手在他眼睛上，當他睜開眼睛時，
他就復原了，一切都看得清楚了。26耶穌打發他回家，說：「你不
可進這村子裏去。」

[27]耶穌和門徒往該撒利亞腓立比的村莊去。在路上問門徒說：「人說我是誰？」[28]他們說：「是施洗的約翰，也有人說是以利亞，還有人說是先知裏的一位。」[29]耶穌問他們說：「那你們呢？你們說我是誰？」彼得回答說：「你是基督。」[30]耶穌就禁誡他們，不要告訴人。

---

一個共同的主題將馬可福音8：11－30中的四段經文聯繫在一起，那就是瞎眼。第11－13節講述的是法利賽人的瞎眼，接下來第14－21節，講述的是門徒的瞎眼。至此為止，我們沒有發現任何有關醫治的話語。這一點在第22－26節發生了改變，其中提到一個肉身瞎眼的人恢復了他的視覺，但經歷了兩個階段。在他得醫治之後，第27－30節指出，門徒屬靈的瞎眼也得到了醫治。但像那個瞎子一樣，他們最初也只得到了部分的醫治，這一點可以清楚地從第31－33節看出來，耶穌在其中責備了彼得的瞎眼。醫治門徒瞎眼的第二階段，是在第34和35節中開始的，而且在馬可福音的剩餘部分，當耶穌為那將在耶路撒冷發生的事情而預備他們時，這個主題還會一直延續下去。

馬可福音8：11－35的邏輯

1. 法利賽人是瞎眼的（第11－13節）。
2. 門徒是瞎眼的（第14－21節）。
3. 一個「真正」瞎眼的人被治好了，但是分階段治好的（第22－ 26節）。
4. 門徒的瞎眼被醫治（第27－30節）。
5. 就像瞎子兩個階段式的醫治一樣，門徒只得到了部分的醫治（ 第31－33節）。
6. 耶穌此後的任務，就是要完全醫治他們的瞎眼（第34節到福音書的結尾）。

馬可福音8：11－13再次描寫耶穌與法利賽人的衝突。這次他們求一些神蹟異能，來證明祂就是那要來的一位。他們可能想讓祂像以利亞一樣，叫火從天上降下來（王下1：12），但耶穌一點也不會那樣做。祂上了一條船，把他們撇在後面。

祂為什麼不為他們行一個神蹟呢？原因之一就是，這正是撒但在曠野的試探中想讓祂做的（太4：3－6）。當他們要求神蹟時，法利賽人正在扮演魔鬼的角色。但更主要的是，祂在其傳道工作中一直在為他人施行神蹟。也就是說，祂的傳道工作包含了一連串的神蹟異能，但他們都瞎眼了，以至於看不出這些神蹟的真實面目。

第14－21節重拾瞎眼的主題，但這次是發生在門徒當中。這個故事的起因是因為有人除了帶一個小餅以外，大錯特錯地忘了為他們的行程帶任何食物。這令門徒感到極大的擔憂，耶穌察覺了這一切。於是當他們一心想著糧食的問題時，祂告訴他們要防備法利賽人和希律的酵，指的是他們對真能力的錯誤思想，會使門徒對其彌賽亞身分的真性質產生錯誤的想法。人們終究還是在尋找一位屬世的大能君王，而不是一位受苦的僕人。正如我們在使五千人吃飽的經歷中所能看出的，他們的教訓對門徒來說真是一種誘惑。這樣的思想像酵母一樣，可以很容易地繼續充斥他們的頭腦，就像酵母在麵糰中散發一樣。

但處在瞎眼狀態中的門徒完全誤解了耶穌的意思。他們唯一能想到的就是實際的餅或食物（第16節），他們的失敗顯明了他們悟性的遲鈍，因而招致了馬可福音8：17、18的嚴厲責備。拉里・胡爾塔多寫道：「這個責備是馬可福音到目前為止，對門徒的遲鈍最嚴厲的評價（參閱4：13、40；6：52），並且是借用舊約的語言來描述他們的。在那節舊約經文中，悖逆的以色列人因不順從上帝，也不願意聽他先知的話語而被譴責」（Hurtado, p. 126）。馬可福音8：18引述耶利米書5：21，上帝在這節經文中，以耶穌對待法利賽人的相同方法，譴責古時的以色列人，這告誡了門徒不要隨從他們祖宗的腳蹤，或者用第15節的話說，就是把他們的酵納入他們的思想當中。

耶穌在第19和20節裡，繼續讓他們回想祂使五千人和四千人吃飽的經歷，以此來證明，祂從來沒有在需要的時候有糧食短缺的問題。實際上，這重複兩次的提示宣告說：「你們還沒學到任何東西嗎？」在這段經文中，答案似乎是否定的。不論他們知不知道，門徒和法利賽人都一樣是瞎眼的。

馬可福音8：22－26將焦點從瞎眼轉向了對瞎眼的醫治。雖然只有馬可福音記載了這個神蹟，但它與耶穌所施行的所有其他神蹟的不同之處，卻在於它是分階段施行，而且這個神蹟在馬可福音這地方出現也並非偶然。這個神蹟被放在描寫門徒的瞎眼（第14－21節）及其部分的醫治（第27－35節）之間。

雖然這個瞎子分兩階段被醫治，起初適用於門徒，但這也突顯了一個更為普遍的真理，我們在剛成為基督徒的時候，沒有一個人能完全看得清楚。我們雖然對人生有一種全新的視角，但作為新信徒，我們還在局部地透過老鏡片來看事物。基督教信仰是一種成長的經驗，其中一部分包括學會更清楚地看待上帝。當我們這樣做的時候，我們也將對我們的自我，以及對我們的缺點和需要，有更清楚的認識。清晰的視覺來自對聖經的學習，以及在日常生活中實踐基督徒的人生。聖經不僅為我們提供了觀察問題的視角，也為我們提供了對我們經驗之性質的反饋，其他了解聖經的基督徒也會在此過程中幫助我們。

許多基督徒的真實悲劇之一，就是他們滿足於一種部分的醫治。由於各種原因他們的醫治被抑制住了，他們再也沒有允許耶穌來完成祂的工作。教會中許多教友對於祂能為他們做些什麼，只有一種模糊不清的認識。他們既看不出他們本身的問題，也看不出這個世界所存在的問題。沒有耶穌的第二次觸摸，他們還是看「人像樹木在行走」（第24節）。

但好消息是，只要我們願意讓祂在我們的生命中做工，祂就能夠而且也願意完成祂所開始的工作。

馬可福音8：27－30將醫治瞎眼的主題，引入了門徒的生活之中。這幾節經文，在許多方面而言我們遇到了，是耶穌人生中最重要的插曲。這段經文位於馬可福音的正中間，也確實是最重要的，它是馬可對耶穌記述前半部分的最高潮。

正如威廉・巴克萊所指出的，這段插曲發生在「耶穌人生的危急時刻。不論門徒會怎樣想，祂確知前面有一個無法逃避的十字架。時間已經不多了，反對派正在集合一切力量準備出擊。現在耶穌所面對的問題和疑問，就是祂到底有沒有任何效果？祂有沒有實現任何事情？或者換句話說，有沒有任何人發現了祂到底是誰呢？」（Barclay, Mark, pp. 196, 197）

找出事實真相的唯一方法，就是問那些與祂最親近的人，那些自己還不知道不久就將作為真使徒而接續祂的運動的人。此刻的問題是，他們是否學到了他們作為門徒所應知道的基本內容，因為若他們沒有得到耶穌在他們作為門徒時所要給他們的理解和認識，他們就不能成為使徒了。

所以耶穌問他們，別人說祂是誰。門徒立刻回答說，有人認為祂是施洗約翰，以利亞或先知中的一位（第28節）。但其實耶穌根本不在乎門徒對那個問題的回答，祂只是以此來讓他們思考，並談論一個現在對祂十分重要的問題，因為已經到了祂傳道工作的一個關鍵時刻。

於是祂提出了最根本的問題：「你們說我是誰？」（第29節）一切事情都有賴於他們的回答。耶穌滿懷欣慰地聽到了彼得的答案：「你是基督。」就在那一刻，耶穌知道了祂沒有失敗，門徒的眼睛終於睜開了。

但正如第31至35節所表明的，他們的視力還很不足。他們明白耶穌是基督，是彌賽亞，但他們不知道那意味著什麼。

因此耶穌對門徒說：「不要告訴人」（第30節）。這似乎是一個很奇怪的命令，但卻是非常必要的。正如拉爾夫・馬丁所指出的，彼得還「沒有理解耶穌真正的職責是什麼」（Martin, Mark, p. 129），他還懷著常勝君王的看法。這很正常，因為正如詹姆斯・布魯克斯所說的，「沒有任何證據說明基督教時代之前的猶太人，曾經想到過一位受苦的彌賽亞。」所以，雖然彼得的表白是正確的，但這卻「是不充分的。」（Brooks, p. 135）彼得和其他的門徒，就像第22至26節中那個部分得醫治的瞎子一樣，還需要耶穌第二次的觸摸。

# 第三編 第二幕
# 在去耶路撒冷的路上
# 理解和接受上帝
# 統治的代價與期望

（可8：31—10：52）

# 30 試探者再次出現

可8：31－33

31從此他開始教訓他們說：「人子必須受許多的苦，被長老、祭司
長和文士棄絕，並且被殺，過三天復活。」32耶穌明明的說這話，
彼得就把他拉到一邊，開始責備他。33耶穌轉過來看著門徒和彼得
說：「撒但，退我後邊去吧！因為你所想的不是上帝的事，乃是想
人的事。」

---

馬可福音8：31，我們遇到了馬可福音中的一大轉捩點。從這裏，耶穌就**開始**教訓他們說，祂「**必須**」：

1. 「受許多的苦」
2. 「被長老、祭司長和文士棄絕」
3. 「被殺」
4. 「過三天復活」（第31節）。

這並不是說祂以前一點也沒有暗示過這些事情，祂至少告訴過他們時候將到，新郎要從他們當中被帶走（可2：20），但這樣的話並不是「明說」。這些乃是被遮掩的話語，其含義只有到祂死而復活之後才能使門徒明白，但現在還不是時候。因此「他開始」這幾個字的意義，就是耶穌現在頭一次公開地教導他們，有關那將發生在祂身上的事。

我們需要問：耶穌為什麼選擇這一時刻來提出這樣一個重要

的教訓呢？彼得在第29節中說耶穌是基督的話語，與耶穌關於祂將要臨到的棄絕和受苦的坦白言論，兩者之間存在著直接的聯繫。彼得的那個表白，意味著他和其他門徒已經開始恢復他們的視力了。但耶穌知道，他們像那在第22至26節中被治好的瞎子一樣，還是看不清楚。承認耶穌是彌賽亞這是一回事，讓他們理解彌賽亞身分的性質，卻完全是另一回事。門徒將那想像為榮耀與得勝，但耶穌卻知道祂的結局將是死亡和棄絕。當祂看到宗教和政治勢力的陰謀時，祂意識到教導祂的門徒關於其使命的真實性質是至關重要的。

為什麼這麼迫切呢？首先，正如鍾斯所指出的，「如果基督允許祂的死臨到祂，卻不對其門徒提出警告的話，這將完全摧毀他們的信心。即使當祂這樣做了，他們也沒有完全做好心理準備。但祂在事情發生之前，就將一切都告訴了他們，以便當事情發生時他們可以相信。」（Jones, vol. 2, p. 169）

其次，現在告訴他們擺在祂前面的災難是安全的。如果祂一開始就這麼做，考慮到猶太人對一位君王式的彌賽亞的普遍信仰，門徒肯定立刻就把祂棄絕了。他們肯定會拒絕相信，因為對他們來說，耶穌根本連彌賽亞的身分都不知道。但事情現在已經發生了改變，他們**已經**得出結論，認為祂就是彌賽亞，彼得說得非常清楚。鑒於這種認可，而且只有鑒於此時，祂才可以安全地向他們重新定義其彌賽亞身分的性質，他們終於到了能夠承受直接宣布十字架的地步。

值得我們注意的是，耶穌斷言祂**必須**「被殺」。從祂的角度來看，十字架不是一種選擇，而是一種命令。祂來到世上不僅是為了度一種無罪的人生，而且是為了「捨命，作多人的贖價」（可10：45）。祂在最後晚餐上告訴祂的門徒：「這是我立約的血，為多人流出來的」（14：24）。基督的死不是救贖計畫中的一個可選擇的部分，這是核心。若沒有其代罪的犧牲，就不會有救贖計畫了。由於這種必要性，祂開始直截了當地教訓他們，但正如接下來的幾節經文和福音書剩餘部分所顯明的，這是一件艱巨的任務。

為什麼呢？因為門徒的一切傳統觀念都與此相悖。在他們的認識當中，彌賽亞將「從大衛的後裔中興起」，他「出於憐憫地拯救」上帝百姓的「餘數」，同時毀滅他們的仇敵（以斯拉四書12：32－34）。祂要來「打碎罪人如同瓦器一樣的傲慢；用鐵杖粉碎他們一切的形質；用他口中的道毀滅不法的列國。」（所羅門的詩篇17：23、24）。

基督時代的猶太人，一點也不知道一位受苦的彌賽亞。因此，馬可福音8：29－31中事態發展的順序，使得門徒完全措手不及。作為對彼得所說耶穌是彌賽亞或基督之宣告的回應，耶穌奇怪地教導他們說，祂必須受苦受死。沒有什麼邏輯比這更讓門徒的思想感到陌生了，從他們的角度來看，這兩種思想真是風馬牛不相及的事情。一個將以被人棄絕和死亡為結局受苦的彌賽亞，根本就是一種不可能的事情。以色列的歷史包含了三大奴役：埃及人的、巴比倫人的和羅馬人的。頭兩個曾有政治性的解決方法。一世紀的猶太人幾乎無法相信，一個沒有至少在政治上拯救整個民族的人，會是一個真正的彌賽亞。他們沒有做好心理準備，去接受一位來救他們脫離罪惡（太1：21），而不是脫離羅馬壓迫者的彌賽亞。

帶著這樣的思想，我們就不難看出彼得為什麼「把（耶穌）拉到一邊，開始責備他」了（可8：32）。耶穌顯然是糊塗了，沒有把問題看清楚，而且需要一切幫助，來使祂理解祂作為彌賽亞的使命。彼得在他試圖糾正耶穌的事情上是絕對真誠的。

但看不清真相的是彼得，他可能曾經正確地認定耶穌是彌賽亞，但他對其涵義卻一竅不通。所以耶穌才在第31節中開始教導他和其他門徒，因而才會有第33節粗暴的責備。在所有福音書中，我們找不到比這個當彼得只想幫助耶穌正確地看待問題時，耶穌給他那更嚴厲的責備了。為什麼要這麼強烈地責備呢？因為彼得表現了撒但先前在曠野的試探中所扮演的角色。他倆都曾建議說，耶穌不用死在十字架上就可以完成祂的使命，而耶穌對他倆都大聲地說：「撒但，退我後邊去吧！」（另見太4：8－10）。

如果我們以為耶穌把彼得想成了撒但，我們就完全誤解了。其實，祂是看到了撒但在通過祂的主要門徒來說話。彼得正在扮演試探者的角色，而這個試探是耶穌生平中的核心試探。事實上，祂心裏肯定比彼得還要厭惡那將要降臨到祂的死。耶穌曾在旅途中見過釘十字架的場面，而且和任何一個正常人一樣，祂也不想以被處死在十字架上的方式離開這世界，祂肯定覺得成為猶太人和門徒所期盼政治性的彌賽亞還要輕鬆得多。除此以外，耶穌也不想藉著成為全人類的罪，而在各各他的犧牲中承受世人所當受的審判（約12：31－33；林後5：21）。一想到與上帝隔絕而在十字架上承受世人的罪，祂就感到極其厭惡。

照著自己的意志逃避十字架的誘惑，是耶穌生平中**最大的試探**。在使五千人吃飽之後，當他們想立祂為王時，祂已遇過這個試探（見本書第25章對馬可福音6：30－44的討論）。在客西馬尼園中，祂還將再次面對這個試探。祂將在那裏不住地祈禱說：「這杯若不能離開我，必要我喝，就願你的意旨成全」（太26：42）。耶穌對彼得的強烈責備，暗示著十字架在其傳道工作中的重要地位。

耶穌不僅受到了試探，而且這個試探還是從一個朋友的口中發出的。人生的一大悲慘事實，就是撒但可以利用耶穌的跟隨者（甚至祂的牧者）去做他自己的工作。作為基督徒，我們不僅有出賣耶穌的可能，而且也有彼此出賣的可能。我們也可以將教友引向錯誤的方向，藉著建議他們避免一切的危險，而勸他們不去遵行上帝的旨意。我們必須比彼得更為警醒，免得我們也扮演撒但的角色。

想一想！

如果你是彼得的話，你會怎樣回應耶穌的主張？當祂轉向耶路撒冷的時候，你所想的是什麼？你願意和祂一起去嗎？

彼得的經歷還可以教導我們許多其他的教訓，一個就是我們作為基督徒是一個雜貨袋子，我可以一會兒擁有一種神聖的見解，一會兒又能成為魔鬼的一個工具。我們最多只是個會犯錯誤的活物，局部地被知識所控制，又部分地被無知所控制。我們都有一隻腳在天國裏，從我們已經接受耶穌的意義上說，我們已經得救了，但客觀事實乃是：祂在我們身上還有很多的救贖工作要做。

另一個教訓就是：我們需要謹慎，不要因人的愚昧或錯誤就丟棄他們。耶穌在接下來的數日和數週中，將在去耶路撒冷的路上顯示出幾乎無限的耐心，來作其做錯事之門徒的同工。舍爾曼・詹森曾指出，「只有不可思議的愚蠢才能使他們無法明白」（Johnson, p. 150），但他們在耶穌復活前卻正好做到了這一點。但耶穌並沒有拋棄他們，值得注意的是，馬可在8：31告訴我們，耶穌「**開始**教訓他們。」祂沒有放棄他們，祂沒有放棄我，我們也不應彼此放棄。

# 31

# 作門徒的真實意義

可8：34－9：1

[34]於是叫眾人和門徒來，對他們說：「若有人要跟從我，就當捨
己，背起他的十字架，來跟從我。[35]因為凡想要救自己生命的，必
喪掉生命；凡為我和福音喪掉生命的，必救了生命。[36]因為人就是
賺得全世界，賠上自己的生命，有什麼益處呢？[37]因為人還能拿什
麼換生命呢？[38]因為凡在這淫亂罪惡的世代，把我和我的道當作可
恥的，人子在他父的榮耀裏，同聖天使降臨的時候，也要把那人
當作可恥的。」[1]耶穌又對他們說：「我實在告訴你們，站在這裏
的，有人在沒嘗死味以前，必要看見上帝的國大有能力臨到。」

---

當耶穌「開始教訓他們說：『人子必須受……苦，……並且被殺』」（可8：31）時，祂真的只是剛開始祂的教導，因為對彌賽亞身分的新認識，意味著對門徒身分之含義的新見解。如果對彌賽亞身分的新解釋，令彼得和門徒感到不歡喜的話，那麼門徒身分的新觀念也將是同樣令人厭惡了。他們聽到耶穌說：「若有人要跟從我，就當捨己，背起他的十字架，來跟從我。」（第34節）

這節經文中含有兩個令人最難以面對的辭彙──「捨」和「十字架」。當我們想到捨己時，我們就以為是要在某一段時間內禁忌某些奢侈，與此同時可能又會祝賀我們在自制和慷慨方面做的是何等的好。

但這與耶穌所說的「捨」相差甚遠，這是一個尖刻而要求很高的辭彙。肯尼特・威斯特認為，這個詞在第34節中的意思，就是「忘我、無視自我和自我的利益。」（Wuest, vol. 1, p. 170）哈爾福特・路科克寫道：「**捨己**是一種」比克己「深刻得多的東西。這乃是使我們自己在上帝的國中不是成為一種目的，而是一種手段。這乃是制服喧鬧的自我，及其對優先的刺耳要求，對『我』、『我』、『我』的專注，對自作主張的關注，以及對安逸和威望的堅持。捨己不是為了捨而捨，如同一種道德競賽般，是為了基督的緣故，為了將自我置於祂的事業之中。」（Luccock, p. 770）

因此克己和捨己之間有著巨大的差異。克己是一種表面的小手術，而捨己則是與心臟有關的事，更具體地說，就是一種心靈的改變。

第34節中第二個難以令人接受的辭彙是「十字架」。對彼得和其餘的門徒（包括我們在內）的壞消息是，耶穌的十字架不是唯一的一個十字架。祂繼續說，祂的每一個跟隨者都將有他或她自己的十字架。

要想完全理解每個人都必須背起十字架這句話，我們就需要設身處地想一想那群最初的門徒。對於我們二十一世紀的人來說，十字架或釘十字架的概念沒有多大的意思，我們從來也沒有見過釘十字架的場面，對我們而言，「釘十字架」是一個已經失去其大部分情感內涵的辭彙。但對門徒來說卻不是這樣，當他們看到一群羅馬士兵護送一個背著或拖著十字架的人，從鎮上經過時，他們就知道這是一次不歸之旅。對於耶穌和門徒而言，十字架所象徵的沒有別的，就是死亡。對門徒來說，背起十字架意味著一種令人毛骨悚然的思想：「他們要像一隊被定了死罪，脖子

上帶著韁繩的囚犯一樣，往耶路撒冷去。」（Dodd, pp. 94, 95）

「十字架」和「捨」正是在這種認識中交織在一起的。和捨己的概念一樣，十字架已被基督教社群所淡化了。對有些人來說，背起十字架就是把它當作一個裝飾品戴在他們的脖子上而已。對其他人來說，這意味著忍受他們生活中的某些不適或不便而已，如一個嘮叨的伴侶或一種身體上的障礙。耶穌的腦子裏可沒有這種背十字架的漫畫，祂是把十字架當作一種死刑的工具而加以談論的。對於祂的大多數聽眾而言，這裏所指的不是肉體的死亡，而是要把自我釘在十字架上，捨棄我們生命的中心，和我們對我們的自我最根本的效忠。懷愛倫指出：「世上最大的戰爭，就是自我作戰。」（《喜樂的泉源》，33頁）詹姆斯・但尼強調：「罪雖然可能有一種自然的出生，但它卻不會經受一種自然的死亡。它總是必須在道德上被判決和處死。」（Denney, Doctrine of Reconciliation, p. 198）這種判決是人的意志在聖靈的感動下作出的舉動，耶穌和保羅不斷地稱之為釘十字架。

保羅在羅馬書第6章特別清楚地說明了這一點，他在書中把成為一個基督徒，比作將「舊我」釘十字架和對一種新生活方式的復活，這種新的生活方式有著一種新的中心——耶穌和祂的旨意（第1－11節）。耶穌在捨己的吩咐中所暗示的就是這種死亡。浸禮就象徵了屬靈死亡，對以上帝為中心之新生命的復活（見約3：5－7；羅6：1－4）。



「當基督召一個人時，祂吩咐他來死。」（Bonhoeffer, p. 99）

緊跟在捨己和背起十字架的吩咐之後，出現了四個「因為」。第一個，「因為凡想要救自己生命的，必喪掉生命；凡為我和福音喪掉生命的，必救了生命」（第35節）。這節經文對於馬可在羅馬的第一批讀者來說，具有特殊的含義。很多時候，他們如果在羅馬人對基督徒的各種逼迫中，否認基督並宣稱該撒是主的話，他們真的就能救自己的命。這樣做的誘惑力很大，特別是面對各種可怕的後果時。許多人就是這樣做的，但他們雖然可以救他們肉體的生命，他們卻失去了與永生之源頭的聯絡。

第二個「因為」出現在第36節中：「因為人就是賺得全世界，賠上自己的生命，有什麼益處呢？」這顯然和第三個「因為」聯繫在一起：「因為人還能拿什麼換生命呢？」（第37節）我們在此發現了兩個沒有回答的偉大問題。聖經沒有給予確定的答案，因為它們不只是針對那些一世紀的門徒的，它們是給你和我的問題。我們都發現自己需要面對耶穌擺在我們面前的選擇——世界還是生命。我們太容易為世界而犧牲生命了。威廉・巴克萊說，我們當中有些人願意拿榮譽和利益進行交換，我們太容易撒一點小謊了，只要我們認為沒有人會發現就行。有些人「為了受眾人的歡迎」而甘願放棄「原則」，但真正的問題不是人們會把我們想成什麼，而是上帝會怎樣看待我們。還有些人可能會「為了眼前而犧牲永恆」。我們太容易為眼前而活了，特別是當任性的自我還在我們生命的中心時。但如果人們總是以永恆來衡量他們的行為和事物的話，他們就會救自己脫離無休止的痛苦了。（見Barclay, Mark, pp. 211, 212）

這就是財主與拉撒路的比喻中，財主沒有做到的事情。他擁有比他一輩子所能享用的還要多的財富，但耶穌告訴我們：「財主也死了」（路16：22）。而當他死了的時候，他失去了一切。「生不帶來，死不帶去」的老話並不是句玩笑話，你真的帶不走，我們必須在永恆的價值和真理的背景中做一切的選擇。不論我們喜不喜歡，今生的核心真理之一，就是所有的事物和所有的人最終都將消逝。

第四個「因為」是：「因為凡在這淫亂罪惡的世代，把我和我的道當作可恥的，人子在他父的榮耀裏，同聖天使降臨的時候，也要把那人當作可恥的。」（可8：38）。我們在此找到了比喻中的財主所忽視的事實真相，那就是耶穌在末時的審判中對我們所作之選擇的最終接受。耶穌在馬可福音最喜歡用來稱呼自己的名號是「人子」，它來自於但以理書第7章，其中提到「人子」和「亙古常在者」施行審判，支持聖徒和反對那些曾反對上帝及其價值的人（第13、22、26節）。在那個復臨前的審判結束之後，「國度、權柄和天下諸國的大權，必賜給至高者的聖民。他們的國是永遠的。」（第27節，RSV中譯）

有關審判的好消息之一就是，上帝和耶穌不強迫任何人相信任何事情、接受任何事情或做任何事情，祂們尊重人類的個性以及每個人為他或她自己做選擇的權利。上帝在審判中尊重我們的決定，祂不強迫任何人為了永生而按照祂的原則和價值生活，如果我們抱著那些會消逝的東西不放，上帝尊重我們的選擇。對於那些接受永恆事物的人也是如此。但根據耶穌的說法，算帳的日子將要來到。

在預示了最終的審判之後，耶穌說出了一句令人費解的話，就是和祂站在一起的人當中，有人將不會經歷死亡，而「看見上帝的國大有能力臨到。」（可9：1）

人們曾對這節經文作出許多解釋，上下文直接的支持其中兩種解釋。一種解釋認為，這指的是馬可福音9：2－13的登山變像；另一種解釋認為，這指的是馬可福音8：38基督復臨的預言，但後一種解釋使人不得不認為馬可福音9：1是一個失敗的預言。因此，在這兩個根據上下文而得出的解釋中，登山變像作為對榮耀國度的一種預示，是最令人滿意的解釋。

雖然登山變像的解釋有助於我們理解這節經文，它卻不能揭示這個預言的全部含義。赫爾曼・李德波斯提出了一個相當有見識的建議，他認為預言「經常將未來的不同階段壓縮成一個整體」（Ridderbos, pp. 314, 315）。例如，我們已經看到耶穌傳揚天國的臨近（太4：17；參閱可1：15），但祂並沒有說恩典層面的國度將在榮耀層面的國度之前存在至少兩千年，表明天國的漸進性。同樣的，基督復活前的福音敘述，也沒有區分耶穌被抬舉之過程的各個階段。

直到耶穌復活以後，門徒才開始認識到祂的被抬舉將分階段完成。他們將在祂的復活和升天中，活著看見祂在榮耀中臨到的最初階段，但不會一直活著見證以後的階段，如基督復臨。這樣看來，將李德波斯的壓縮見解和以登山變像作為對榮耀國度的一種預嘗的觀點結合起來，似乎為馬可福音9：1的含義提供了最佳的解答。

但直到天國完全降臨之前，我們依然和耶穌的門徒一樣，需要留在我們的十字架上，並且保持我們的價值與那要來之君王的價值相協調。

# 32 天國的一瞥

可9：2－13

2過了六天，耶穌帶著彼得、雅各、約翰暗暗的上了高山，就在他
們面前變了形像：3衣服變得光耀潔白，地上漂布的，沒有一個能
漂得那樣白。4以利亞同摩西向他們顯現，並且和耶穌說話。5彼得
對耶穌說：「拉比，我們在這裏真好！可以搭三座棚：一座為你，
一座為摩西，一座為以利亞。」6彼得不知道說什麼才好，因為他
們甚是懼怕。7有一朵雲彩來遮蓋他們，也有聲音從雲彩裏出來
說：「這是我的愛子，你們要聽他。」8門徒忽然周圍一看，不再
見一人，只見耶穌同他們在那裏。
9下山的時候，耶穌命令他們說：「人子還沒有從死裏復活，誰也
不許將所看見的告訴人。」10門徒將這話題存記在心，彼此議論
「從死裏復活」是什麼意思。11他們就問耶穌說：「文士為什麼說
以利亞必須先來？」12耶穌說：「以利亞必須先來復興萬事。但經
上怎麼還指著人子說：他必須受許多的苦，被人棄絕呢？13然而我
告訴你們：以利亞已經來了，他們也任意待他，正如經上所指著他
的話。」

---

登山變像與前面所說彼得承認耶穌為基督（可8：29），以及耶穌對其死亡與復活令人絕望的預言，還有祂有關其門徒之十字架的話語（第31－34節）的經文是緊密相連的。馬可告訴我們，這個榮

耀的事件，本身是在該撒利亞腓立比的事件發生之後大約一週發生的（可9：2說是六天，而路9：28說是八天）。地點可能是在黑門山，這座山海拔兩千八百公尺，離該撒利亞腓立比約有二十公里。

這件事與四福音中所有其他的神蹟都不同，在所有其他神蹟中，耶穌是恩典的施予者，但在這個神蹟中，祂是榮耀的領受者。

馬可沒有告訴我們耶穌為什麼要上山，但路加卻告訴了我們。路加福音9：28主張祂帶著彼得、雅各和約翰「上山去禱告」。祂必定有許多需要禱告的事情，祂這時已經完全定意要去耶路撒冷，並且承受在那裏等待著祂的十字架。我們在祂客西馬尼園的掙扎中，可以看出這令祂感到多麼恐懼。祂還有一個為其不明真相的門徒禱告的重擔，因為不久祂就要讓他們去領導祂在地上的教會，他們現在是何等的軟弱啊！路加告訴我們，他們在登山變像的山上，做了他們後來在客西馬尼園所要做的事情——他們在耶穌禱告的時候睡著了（9：32），而這三位是祂最親近的三個門徒。他們的靈性水平若都如此低下，那麼其他九個門徒的狀況又能好到哪兒去呢？難怪耶穌感覺有禱告的必要。

登山變像是在他們正在睡覺的時候開始發生的。等門徒醒過來的時候，耶穌的相貌已經改變了，祂的衣服也已經披戴上了榮耀的光芒（路9：29；可9：3）。耀眼的光芒和以利亞與摩西的出現，一定令他們感到吃驚。羅伯特・甘德利寫道：「他們在這裏，不是作為耶穌的競爭對手——只有祂被說成是身穿燦爛白衣的人。……以利亞的顯現給予了這三個門徒一種末世的信號，」因為猶太人根據瑪拉基書4：5、6的預言堅信，「以利亞必要在耶和華的日子以先回來」（Gundry, p. 458），馬可福音9：11、12表明門徒也懷有類似的信仰。

為什麼摩西和以利亞會出現呢？A.W.F.布倫特認為，這是因為他們「代表著」希伯來聖經中預指耶穌的「律法和先知」（Blunt, p. 206）。另外懷愛倫認為，摩西「代表那些將來在義人復活時，從墳墓裏出來的人」；而沒嘗死味就變化升天的以利亞，則代表「那些在基督復臨時仍活在地上的人」，他們也將不嘗死味就變化升天。在那裏，「未來天國的榮耀，在山上現出了一個縮影。」（《歷代願望》上冊，432頁；參閱帖前4：13－18；林前15：51－53）。

登山變像的目的是為了鼓勵耶穌和門徒，他們正因為耶穌最近對彌賽亞身分和門徒身分的重新定義（可8：31－38），而處於一種「困惑無助的狀態之中」（Edwards, p. 262）。首要地，這個經歷為耶穌自己提供了力量。請注意，上帝並沒有將那苦杯從祂身上拿走，而是支援祂，使祂可以在靠近耶路撒冷的過程中有勇氣和把握。

對基督的鼓勵發生在三個層面上。首先是那曾經在天國環繞祂的榮耀光輝；其次是從天上到祂那裏來的特使以利亞和摩西的出現，這兩個人也都曾在世上作上帝的僕人而遭受過磨難和棄絕，路加告訴我們，他們與耶穌談論祂到耶路撒冷去所要完成的「離世的事」。（9：31，RSV中譯）

有趣的是，他們沒有談論耶穌的死，而是祂的離世。被譯為離世一詞的希臘原文是exodon，「出埃及」的英文單詞（exodus）就是從這個詞演繹過來的。因此，他們是在越過死亡和墳墓，甚至復活，瞻望祂的升天，所強調的重點不是耶穌要受的苦，而是祂要成就的事。出埃及暗示著解放和拯救。以利亞和摩西與耶穌對話的內容，是關於勝利而不是失敗，耶穌出於祂的人性需要這種好話。

於是有聲音從天上發出，就是耶穌在祂受洗準備開始其傳道工作時曾經聽過的相同聲音。現在，當祂傳道工作的方向轉向耶路撒冷時，祂又再次聽到了這個聲音。「這是我的愛子，你們要聽他」（可9：7），上帝已經將祂批准的章蓋在耶穌的決定和祂的做法上了。這就如同天父說：「去做吧，你作了正確的選擇，我們會與你同在的。」這正是耶穌在祂接近患難時刻所需要的鼓勵。

但登山變像不只是為了耶穌，這也是為了祂那些從該撒利亞腓立比那裏開始，就一直感到困惑不解的失落門徒。弗朗斯指出，在馬可福音1：11和9：7，上帝對喜愛耶穌的兩次宣告之間有著一種進步。「先前的宣告顯然只是對耶穌說的（因此是用第二人稱說），而這裏是用第三人稱向三個門徒說；這個祕密正在被分享，雖然還只是對一小群蒙揀選的門徒。」（France, Mark, NIGTC, p. 347）他們曾聽耶穌的話語，說祂要到耶路撒冷去死，他們現在又有了上帝的見證，說耶穌是在做正確的事情，而且有天父在背後支持祂，因此才有吩咐說他們要「聽祂」（可9：7）。他們可能還不明白正在發生的一切事情，但上帝已為他們提供了一顆定心丸，好使他們在即將壓倒他們的患難時刻得以安定。

彼得和往常一樣，不知如何應對這種情況，於是他建議說，他們為耶穌、摩西和以利亞做三個帳篷（第5節），希望這樣或許能延長這件事，甚至使之得以永久。但凡有過屬靈的巔峰經驗的人都知道，一直處於屬靈的最高境界是不可能的事。事實上，這樣的經驗本來就不是為了讓人永久經歷下去。其實我們之所以會不時得見上帝的一瞥，就是為了使我們能夠更好地預備下山，到世上去服務。

登山變像結束得像其開始一樣迅速，門徒的耳中迴響著上帝要他們聽耶穌的話這命令，而且祂也確實有話要告訴他們。祂命令他們要對他們所看見的事保持沉默，直到祂從死裏復活為止。耶穌最不需要的就是讓猶太人知道以利亞親自顯現了，這個事實比任何事情都更會引發一場彌賽亞式革命。耶穌帶著不祥的預感告訴他們說，他們不得向任何人顯示此事，直到祂復活以後（第9節）。到那時，眾人都會非常清楚地知道，祂的國度不是世人所期盼的那種國度。只有到了那時，對登山變像之詳情的複述才是安全的。

當下，這使三個門徒比以往更加糊塗了。由於他們固執地持守他們先入為主的觀念，所以他們一點也不明白耶穌要從死裏復活是什麼意思（第10節）。

既然不知該如何對答，他們便轉移了話題，問耶穌文士為什麼主張以利亞將在彌賽亞的國度被建立之前回來（第11節），這是一個他們更喜歡談論的話題。畢竟，他們剛看到了這位舊約的先知。

但耶穌給他們的回答，並沒有留下任何值得雀躍的東西。相反的，祂的回答又重申了他們連想都不願意去想的話題，因為耶穌斷言，以利亞也忍受了痛苦，祂揭示說：「以利亞已經來了，他們也任意待他。」（第13節）詹姆斯・愛德華闡釋說：「這句話肯定向耶穌的聽眾發出了一道衝擊波，因為他們對於以利亞的受苦，就像對人子的受苦一樣難以接受。除了一些模糊的參照經文以外（王上19：2、10），沒有任何暗示表明以利亞將在耶和華的日子以先受苦。對以利亞受苦的提及，當然是指施洗約翰的死，正如馬太福音17：13所說明的。……如果希律能如此嚴厲地對待彌賽亞的先驅，那麼對於彌賽亞的命運又有什麼可感到驚訝的呢？」（Edwards, p. 275）

門徒曾在山頂上看到了天國的一瞥，但就像在這種經驗之後經常容易發生的，他們將很快見到地獄的一眼。不論我們喜不喜歡，人生在世並非總是盡如人意，但我們可以感謝上帝，因祂會定期為我們提供天國的景象，來幫助我們度過更艱難的時期。

# 33 地獄的一瞥

可9：14－29

14他們到了門徒那裏，看見有許多人圍著他們，文士和他們辯論。
15眾人一見耶穌，都甚希奇，就跑上去問他的安。16耶穌問他們說：
「你們和他們討論的是什麼？」17眾人中間有一個回答說：「老
師，我帶了我的兒子到你這裏來，因他被啞巴鬼附著。18鬼無論何
時捉住他，就把他摔倒，他就口吐白沫，磨牙，身體僵硬。我告訴
了你的門徒，好叫他們可以把鬼趕出去，他們卻是不能。」19耶穌
回答他們說：「噯！不信的世代啊，我會和你們在一起多久呢？
我要忍耐你們多久呢？把他帶到我這裏來吧！」20他們就帶了男孩
來。他一見耶穌，鬼便立即叫他抽瘋，倒在地上，翻來覆去，口吐
白沫。21耶穌問他父親說：「他得這病有多少日子呢？」回答說：
「從小的時候。22鬼經常把他扔在火裏、水裏要滅他。你若能做什
麼，求你憐憫我們，幫助我們。」23耶穌對他說：「你若能，在信
的人，凡事都能。」24孩子的父親立時喊著說：「我信！求主幫助
我的不信！」25耶穌看見眾人都迅速集聚過來，就吩咐那污鬼，
說：「聾啞的鬼，我吩咐你從他裏頭出來，再不要進去！」26那鬼
喊叫，使他抽瘋，就出來了。孩子好像死了一般，以致眾人多半
說：「他是死了。」27但耶穌拉他的手扶他起來，他就站起來了。
28進了屋子，門徒就暗暗地問耶穌說：「我們為什麼不能趕他出去
呢？」29耶穌說：「非用禱告，這一類的鬼總不能出來。」

差別是多麼的大啊！在登山變像的山上，耶穌和那「三位」見證了一絲天國的景象，他們現在卻在山下的生活中瞥見了一絲地獄的景象。退一步說，他們也是在下山時遇到了一個難辦的境遇。

事實上，這正是彼得在他說「我們在這裏真好！可以搭三座棚」（可9：5）時所希望避免的那種情況。彼得若能如願以償的話，他會永遠待在那裏。

但耶穌沒有忘記祂的使命。登山變像的目的是為了給祂力量，鼓勵祂去實現那個目標，所以祂下山了。

祂來得正是時候，好來處理一個棘手的問題。九個門徒未能當眾治好一個可能患有嚴重癲癇病的男孩。文士利用了他們的不成功，不僅對門徒的能力產生懷疑，而且還延伸到那曾差遣他們的耶穌身上（第14節）。眾人看到祂都感到十分希奇，這可能是因為祂正在武斷的文士和蒙羞的門徒之間，辯論達到最高潮的時刻趕到了（第15節）。

在這個故事中，以及馬可至此為止對門徒的描述中，所有的一個重大主題，就是他們的缺乏信心和他們對教導的需求，這幾點是非常顯而易見的。但門徒為什麼在這個特定的場合中失敗得如此慘重呢？不是因為他們缺少潛能，耶穌已經給了「他們制伏污鬼的權柄」（6：7，RSV中譯）。當他們從第一次沒有耶穌的佈道經歷中回來時，他們曾彙報說：他們「趕出許多的鬼，用油抹了許多病人，治好他們」（6：13），但他們這次卻治不了。有些事情一定發生了改變，有些事情出了差錯。

這次有什麼不同呢？使人聯想到的第一點，是耶穌一週前宣告說祂要被棄絕和死亡的話語，動搖甚至摧毀了他們的信心（8：31），因此，他們正在遭受一種屬靈的麻木，將他們的活力全都搶走了，他們無法給予他們所沒有的。

除此以外，他們的禱告生活非常薄弱（見第29節）。我們知道當耶穌在山上禱告時，彼得、雅各和約翰都睡著了（路9：32），如果這三個與耶穌最親密的門徒都處於這樣一種狀態之中，那麼其他的門徒又會是什麼樣呢？魔鬼最喜歡的就是耶穌的跟隨者忽視那能給生靈帶來力量的禱告。

**我們最大的需要**

「有了祂，我們凡事都能做。沒了祂，我們一事無成。有了祂，我們可以戰勝最大的試探。沒了祂，最小的試探也能戰勝我們。」（Ryle, p. 182）

當然，門徒的灰心和他們對禱告的缺乏並不是沒有聯繫的，大多數人都在他們變得灰心時停止禱告，但那正是我們最需要禱告的時候。我們必須讓上帝來將消沉的心轉變為激發信心的祈禱。不論我們的處境多麼令人灰心，我們都需要記得禱告帶有能力，而且我們可以選擇要灰心還是信心。

山腳下的事件在耶穌到來時發生了轉變。祂詢問了問題的性質，男孩的父親描述了他兒子的問題和門徒的失敗。這時，當祂宣告說：「噯！不信的世代啊，我會和你們在一起多久呢？我要忍耐你們多久呢？」（第19節）時，耶穌提出了馬可福音中的偉大主題之一。對於這節經文的其中一個疑問是，耶穌所指不信的世代是誰呢？A.E.J.羅林森說得不錯，他說：這包括了「文士、眾人、門徒和耶穌所有同一時代的人。」（Rawlinson, p. 124）耶穌現在可以將文士和門徒放在同一個陣營裏，這情景使祂想到了祂這部分傳道工作的核心問題——「我會和你們在一起多久呢」。祂知道答案，祂也認識祂所有門徒的巨大需求，如何影響他們和教訓他們成了祂最大的挑戰。

耶穌在這位父親的困境中，看到了進一步教訓十二個門徒的途徑。當他們把男孩帶到耶穌面前時，孩子立刻開始瘋狂地發作，滿地打滾，口吐白沫（第20節）。我們原本期望耶穌會立刻醫治男孩，畢竟，這裏有一個痛苦難忍的人性需求，但祂卻做了一些一定讓這位父親感到困惑的事情。然而祂這樣做是有其用意的。

耶穌沒有立即醫治那男孩，反而在男孩正在他們面前的地上抽瘋時，開始了一場與父親的對話（第21節），這真是個令人難以接受的對話時間，但這對父親和門徒（甚至對我們）來說，卻是個至關重要的舉動。

那天最主要的神蹟可能不是對男孩的醫治，而是父親信心的恢復。正如詹姆斯・愛德華指出的，「耶穌可以用一句話就把鬼趕出去，但喚起信心卻是困難得多的事情。」（Edwards, p. 279）

顯然，那人在來的路上曾有一點信心，因為他將兒子帶來，好使耶穌（而不是門徒）可以醫治他（第17節），但門徒糟糕的表現奪走了他的大部分信心。現在，門徒和那人都處於一場信心的危機當中——一場文士忙於利用的危機。此時此刻，我們大都會跺下我們腳上的塵土，把他們所有的人都丟在街上揚長而去，但耶穌從不放棄，祂不去嘲笑那人和門徒信心的缺乏，祂開始重建他們的信心。

這位父親所說「你**若**能做什麼」的話（第22節），表明了他信心的狀況，但耶穌並不拿各種「若」字來開刀。相反的，祂藉著對這位父親說「在信的人，凡事都能」（第23節），而將他的信心稍微引出來。這句鼓勵的話夠這位父親用的了。他喊著說：「我信，求主幫助我的不信」。當他那掙扎著的信心試圖冒出來的時候，耶穌接受並且醫治了男孩（第25－27節）。

耶穌總是在我們的處境中與我們相會。在為我們採取行動之前，祂並不要求完全的信心。相反的，祂藉著回應我們不完全、甚至是衰敗的信心，而在我們的軟弱當中接受我們。當上帝給我們不是我們配得而是我們需要的東西時，在祂的憐憫中有著一種垂憐你我的寬廣，這就是恩典。

這個思想把我們帶回到了十二個門徒那裏。私下和耶穌說話的時候，他們問祂到底他們是哪兒出問題了，他們想知道，他們為什麼不能像以前那樣施行那個神蹟。耶穌的回答是一針見血的：他們不是慣於禱告的人——或在這種事情上有信心的人，其中的含義就是，他們沒有和天父上帝保持親密的關係。他們不僅和那被部分醫治的瞎子一樣，只能看見一半的真相（8：24、25），他們也和這個故事中的父親一樣，對耶穌只有一半的信心（見Hooker, p. 224）。和他（這位父親）一樣，門徒的信心也需要成長和發展，耶穌將在馬可福音9：30－50中再次轉向這種信心的發育。

與此同時，特別需要承認的是，我們也是半看得見、半相信的人。那些不相信這種主張的人，需要學習耶穌在第9章的餘下部分給予的教訓。但我們當中其餘的人可以感激的是，「耶穌很久以前所尋找的東西」，祂還在我們當中尋找，那就是「**信心**——即使是能夠長大的『小信心』也可以。」（Martin, Where the Action Is, p. 83））

# 34 關於何為大的一課

可9：30－50

30他們離開那地方，經過加利利。耶穌不願意人知道。31因為他教
訓門徒說：「人子將要被賣在人手裏，他們要殺害他，被殺以後，
過三天他要復活。」32門徒卻不明白這話，又不敢問他。

33他們來到迦百農。耶穌在屋裏問門徒說：「你們在路上議論的是
什麼？」34門徒不作聲，因為他們在路上彼此爭論他們當中誰更
大。35耶穌坐下，叫十二個門徒來，說：「若有人願意作首先的，
他必作眾人末後的，作眾人的用人。」36於是領過一個小孩子來，
叫他站在門徒中間，又抱起他來，對他們說：37「凡為我名接待這
樣的小孩子的，就是接待我；凡接待我的，不是接待我，乃是接待
那差我來的。」

38約翰對耶穌說：「老師，我們看見一個人奉你的名趕鬼，我們就
禁止他，因為他不跟從我們。」39耶穌說：「不要禁止他，因為沒
有人奉我名行神蹟，過不多久又能毀謗我。40因為不敵擋我們的，
就是幫助我們的。41凡因你們帶有基督的名號而給你們一杯水喝
的，我實在告訴你們：他絕對不會失去他的賞賜。」

42「凡使這相信的一個小子跌倒的，倒不如把大磨石栓在這人的
頸項上，扔在湖裏。43倘若你一隻手叫你跌倒，就把它砍下來。
你缺了肢體進入永生，強如有兩隻手落到地獄，入那不滅的火裏
去。45倘若你一隻腳叫你跌倒，就把它砍下來。你瘸腿進入永生，

強如有兩隻腳被丟在地獄裏。[47]倘若你一隻眼叫你跌倒，就去掉它。你只有一隻眼進入上帝的國，強如有兩隻眼被丟在地獄裏。[48]在那裏，蟲是不死的，火是不滅的。[49]因為必用火當鹽醃各人。[50]鹽本是好的，但如果鹽變得不鹹了，你們還怎麼能用它調味呢？你們裏頭應當有鹽，彼此和睦吧。」[註1]

---

耶穌遇到了祂傳道工作的另一個轉捩點，祂離開了北方相對安全的境界，開始了祂最後一次長途旅行，經過加利利向耶路撒冷進發。祂知道十字架正在那裏等候著祂。

祂現在最不想要的就是群眾，因為祂急需教訓祂的門徒。祂教導的內容包括三方面：

1. 人子將被出賣
2. 祂將被殺
3. 三天後祂將復活（可9：31）

祂已在該撒利亞腓立比向所有的門徒教授了第二和第三點（8：31－32），並已在祂和彼得、雅各、約翰從山上下來時，向他們暗示了這兩點（9：9－10）。

但第一點卻是新的內容，耶穌開始第一次教訓祂的門徒說，祂不僅要死，而且要被「出賣」（9：31）。祂知道他們當中有一個叛徒。威廉・巴克萊認為，早在此時，「他就能看出猶大心裏所想的。可能祂比猶大自己看得更清楚。」祂之所以提出這個問題，可能就是為了懇求（appeal to），對這個將要出賣祂的人發出呼籲（Barclay, Mark, p. 227）。

他們若能真正地「聽見」耶穌所說的話，這本來可以鼓勵他們，但他們既然連祂死亡的必要性都不能理解，又怎麼可能理解復活呢。祂的死是一件他們一心想要趕走的事情，但他們並不像他們所可能表現的那麼無知。查德威克指出：「他們領會到了足以使他們不想再聽的地步，他們不敢掀開那遮蓋一個如此可怕之奧祕的帕子；他們不敢問祂（9：32）。人的自然本能就是不去知道最壞的事情。」（Chadwick, p. 250）

我們可能會在耶穌反覆警告他們的時候，挑門徒瞎眼和他們極端「愚昧」的錯，但我們和他們並沒有多大差別。否認事實是人類歷代以來所喜愛的活動，我們都共同用有一種使頭腦拒絕它所不希望看到之事的驚人能力。

馬可福音9：33、34中所記載的事情，最能說明這十二個門徒對耶穌使命的真性質有多麼不理解。鍾斯寫道：「我們在這裏看到一種多麼令人希奇和困惑的對比啊！主在前面，一心想著祂的十字架和受難，思想著祂將為每個人而嚐的死味；祂的門徒，在後面不遠的地方跟著，為地位的先後和高下而爭論、吵嘴。」（Jones, vol. 2, p. 237）

激起他們對誰為大而爭論的原因，可能就是耶穌選擇彼得、雅各和約翰，同祂一起上山經歷登山變像的事情（可9：2）。也有可能是因為主幾天前在該撒利亞腓立比，因彼得認出祂是基督而祝福了他（見太16：17、18）。但從更深刻的意義說，問題的關鍵在於有罪的人心，想以自我為中心的欲望，給世界上令人震驚的成就及其巨大的罪惡提供了燃料。想要出人頭地、高人一等、讓眾人注意和仰慕我們的熱望，是人類反叛上帝的部分原因，這也是路錫甫在天上犯罪的根源。他曾在自己的心中說：「我要高舉我的寶座在上帝眾星之上；……我要使自己和至高者一樣。」（賽14：13、14，NIV中譯）競爭意識和以自我為中心的思想，在過去的兩千年中一點也沒有失去其銳氣，和門徒一樣，我們也在和人心自然的牽引力作搏鬥。

門徒雖然滿心喜愛這個使他們津津樂道的爭論，他們還是意識到他們的態度和願望是錯誤的。我們怎麼知道呢？因為當耶穌問他們在爭論什麼事情時，他們都「不作聲」（第34節）。

一個有趣的事實是，在他們當中為地位爭競看似是非常恰當的事情，而在耶穌將其曝光之時，這事卻突然顯得可鄙、無理。在十字架的光芒中，在耶穌生平與態度所發出的光中，事情顯得多麼不同啊。「將我們的野心、願望和計畫，時刻帶到謙卑的耶穌面前，並在那裏試驗它們，這對我們是很有益處的。」（Jones, vol. 2, p. 238）

在馬可福音9：35－37中，耶穌提出了祂特別需要傳授的、有關僕人式領導的教訓——最大的應作眾人的僕人。但門徒還不肯定所討論的方向是合乎他們當時所想的，於是在誰為大的口角中，站在最前線的約翰（見10：35－45），搶著將話題改為他覺得聽著更舒服的內容（9：38）。

但他在轉移話題的努力中並沒有找到多少安慰，相反的，他得到了更多的教導，這次是關於寬容而不是謙卑的教導（第39－41節）。但可能這兩個主題真的是聯繫得相當緊密的，因為，我們為什麼不想讓不屬於我們「團體」的他人，奉基督的名而教訓和醫治人呢？這會不會是某種集體驕傲，認為我的教會比你的「大」呢？耶穌對約翰溫和的責備，應該幫助我們謹防教會的傲慢與不寬容。有些教會可能比別的教會擁有更大比例的真理，但他們沒有一個是完全沒有錯誤的，而且沒有一個教會在真理上具有一種壟斷地位。克萊格・伊萬斯寫道：「這個故事非常令人佩服，因為耶穌的名是如此充滿大能，以至於在他的（門徒）圈子以外的人，也能有效地求告此名。」（Evans, p. 66）這是一個我們在「辨教會」時所必須牢記在心的經驗，成為「大」的試探不僅是一種個人的問題，它也引誘著各種機構和教派。

乍看起來，第41－48節似乎與「外人」奉耶穌的名醫病的事情沒有任何聯繫。祂已藉著「不敵擋我們的，就是幫助我們的」（第40節）這句話，結束了祂的前一個教訓，然後祂繼續說，那些甚至因給祂的門徒一杯涼水而幫助過他們的人，肯定都不會失去他們的賞賜（第41節）。這看起來是對那「外人」的一種祝福。這樣，門徒所告發的人，現在得到了耶穌的祝福。

耶穌就是在這種背景下警告祂的門徒，不可使「這信我的一個小子」跌倒（第42節），「小子」在這裏不是指小孩子，而是指「社群中最卑微的成員」（Taylor, p. 410），這指的是耶穌的那些可能不像十二門徒那樣「偉大」的跟隨者——是指「不成熟的、軟弱的、而且可能是新的信徒。」（Brooks, p. 152）

耶穌的警告再堅定不過了，那些因他們的傲慢或其他態度和行為而得罪了這種「小子」的人，他們與上帝國度的謙卑僕人精神無分，這樣的人根本別想得到耶穌之跟隨者的賞賜。相反的，祂給了他們地獄的應許（惡人的賞賜），「在那裏，蟲是不死的，火是不滅的」（第48節，這是引述賽66：24）。

耶穌用來表示地獄的希臘詞語是Gehenna，指的是耶路撒冷城外的欣嫩子谷，人們曾一度在這裏以活人為祭物向假神摩洛獻祭。約西亞王的改革，宣布欣嫩子谷是一個不潔淨的地方（王下23：10）。摩爾娜・胡克提到，耶路撒冷的居民後來把它當作一個城市垃圾場，「那裏有火不停地燃燒，因而成了將來毀滅惡人之地的一種象徵。需要注意的是，這裏絲毫沒有提到永刑的問題，相反的，這種比喻似乎象徵著一種相對於生命而言的徹底滅絕。**不滅的是火**，而不是痛苦。」（Hooker, p. 232）

耶穌對門徒的警告再清楚不過了，那些因傲慢或不寬容的態度而傷害了這些「小子」的，並沒有分享到上帝國度裡謙卑僕人的靈。服事與傲慢的對立精神，將獲得相反的賞賜——天堂或地獄，這就是馬可福音9：42－48的根本教訓。這是一個非常必要的教訓，但這也是一個被歷代的門徒所證明，是難以學會的功課。

長期以來，各種聖經注釋對第49和50節的三個神祕格言的含義一直爭論不休，但「彼此和睦」的最終結論是夠清楚的。伊萬斯論證說，這句話「會使人想到這一連串素材的最開始，即門徒之間在第33、34節中對他們當中誰最大的議論。……他們若用心領受耶穌在第35－50節中的教訓的話，他們就確實會彼此和睦，而且也不會使自己或別人跌倒了。」（Evans, p. 74）

註1：最可靠的希臘文手抄本中沒有第44和46節。兩處經文都和第48節相同。

# 35 關於心臟病學的一課

可10：1－16

1耶穌起身來到猶太的境界並約但河外。眾人又聚集到他那裏，
他又照常教訓他們。2有法利賽人來問他說：「人休妻可以不可
以？」以此來試探他。3耶穌回答說：「摩西吩咐你們的是什
麼？」4他們說：「摩西許人寫了休書便可以休妻。」5耶穌說：
「摩西因為你們的心硬，所以寫這條誡命給你們；6但從起初創造
的時候，上帝造人是造男造女。7因此，人要離開父母，與妻子連
合，二人成為一體。8既然如此，夫妻不再是兩個人，乃是一體的
了。9所以上帝配合的，人不可分開。」

10當耶穌又進屋時，門徒就問他這事。11耶穌對他們說：「凡休妻
另娶的，就是犯姦淫，辜負他的妻子；12妻子若離棄丈夫另嫁，也
是犯姦淫了。」

13有人帶著小孩子來見耶穌，要耶穌摸他們，門徒卻責備他們。
14耶穌看見就惱怒，對門徒說：「讓小孩到我這裏來，不要禁止他
們，因為在上帝國的，正是這樣的人。15我實在告訴你們：凡不像
小孩子一樣領受上帝國的，斷不能進去。」16於是抱著小孩子，給
他們按手，為他們祝福。

---

耶穌現在無法逃避地向祂的命運走去。從馬可福音10：1中，我們可以推斷出，祂離開迦百農之後（9：33）經過加利利，然

後過了約但河，穿過河東岸的比利亞，既為了避免在撒馬利亞的複雜情況，又為了找時間進一步教導祂的門徒。按照猶太人的典型做法，祂將在耶利哥再次跨過約但河（10：46），然後奔赴耶路撒冷（11：1；見本書第11頁的地圖）。

耶穌將在第10章中加強對門徒身分的教訓，因為這是祂到達耶路撒冷之前的最後一點時間了。在馬可福音9：33－50的基礎上，第1－16節探討了門徒身分的一些最重要的特徵，第17－31節談論了一位有潛力的門徒未能擁有的那些特徵，第35－45節在耶穌僕人身分的背景裡，論述了門徒的錯誤觀念，插在這一章第32－34節中的片斷，記載了耶穌對其死亡與復活的第三次預言。本章以瞎子巴底買的醫治結束（第46－52節），這是門徒仍然在他們的屬靈生活中急需的一種醫治。

乍看之下，我們看不出馬可為什麼要將有關婚姻的片斷（第2－12節），放在第10章的這個位置上，或這段話與本章的其餘部分有什麼聯繫。對這種安排的回答之一，當然就是法利賽人提出了這個問題，但這個回答並不能幫助我們理解，馬可為什麼在這個特定的地方選擇這樣一個特定的事件，而不是一些其他的故事。

經過更仔細的研究之後，其中的關係就變得清楚了。第2－12節與第13－16節之間的主要聯繫，不是家庭問題而是心的問題。那幾節關於婚姻的經文，以「心硬」為中心（第5節），而那幾節關於小孩子的經文，講論的是心地的單純。這兩個以心為中心的章節，就是我為什麼選擇了「關於心臟病學的一課」，作為對馬可這部分內容的標題。英文的心臟病學一詞（cardiology）來源於兩個希臘詞語，kardia和logos，其字面意思是心學或有關心臟的學問。門徒所需要的正是這種學問——特別是像馬可福音9：33－50和10：35－45所指明的，對於他們自己心靈的知識。

法利賽人的再次出現，為「心靈教訓」的前半部討論作好準備。他們有一個希望能用來挫敗耶穌的問題。他們問耶穌說：「人休妻可以不可以？」（10：2）這是當時的一個熱門問題，曾使猶太社會因此而產生分裂。申命記24：1規定說，人若「見她有一些下流的事」（RSV中譯），就可以寫休書把她打發走。法利賽人對於「一些下流的事」是什麼意思的問題看法分歧，新約時代猶太教撒曼學派（School of Shammai）對此作了嚴格意義上的解釋，認為「一些下流的事」單單是指姦淫，而希列學派（School of Hillel）卻對這句話作出了盡可能寬廣的解釋。這樣，一個女子若把她丈夫的飯燒糊了，或對他說了不尊重的話，她就可以被合法地休掉。

法利賽人的「試探」（第2節）看似一個很好的試探，耶穌似乎進退兩難。祂若對離婚的問題作出肯定的回答，他們就可以詆毀祂的道德權威，認為祂是一個在道德上不嚴格的人；而祂若作出否定的回答，他們也可以抨擊祂棄絕摩西的律法。除此以外，否定的回答也會使祂與希律發生矛盾，因為希律曾休妻再娶。法利賽人可能推測，如果他們能煽動可愛的小希羅底來反對耶穌的話，那麼她和她那柔順的丈夫就能以除掉施洗約翰的相同方法，來解決他們的「耶穌難題」了。

這真是一個不錯的策略，但並沒起效果。耶穌藉著將話題從猶太人的遺傳、甚至摩西的律法，轉移到了上帝起初的理想，改變了辯論的範圍。在此過程中，祂「將整個論題從『合不合法』的範疇，轉移到了上帝原始的旨意，以及婚姻關係的道德和屬靈現實的更高範疇。」（Luccock, p. 795）

詹姆斯・愛德華從這一點加以闡述道：「耶穌看待婚姻不是依據其解散，而是依據其建築設計和上帝的旨意。人類的失敗並不會改變那旨意（羅3：4），耶穌之教訓的意念，不是要給那些婚姻失敗的人戴上負罪的沉重枷鎖。關鍵的問題不是上帝是否會饒恕那些婚姻失敗的人，對那個問題的回答已在3：28中得到了保障，即『世人一切的罪和一切褻瀆的話，都可得赦免。』畢竟，聖經中從來沒有一處記載說一個尋求赦免的人卻被上帝拒絕的。在現今對婚姻不忠、隨意離婚的時代當中，關鍵的問題是我們作為基督徒，是否願意聽耶穌對於婚姻問題上作門徒的獨特呼召。在婚姻的問題上，就像在任何其他問題上一樣，基督的呼召也同樣適用。我們是願意在許可的範圍內尋求解脫呢，還是委身於上帝所計畫和基督所吩咐的呢？」（Edwards, p. 305）

在高舉上帝對婚姻的神聖與永久性之崇高理想的過程中，耶穌也談到上帝為什麼還藉著摩西給予申命記24：1的離婚規定。這不是為了許可離婚，而是為了加以控制，使之更難，提供一些步驟使人無法在一時的衝動中做事。以色列人在不負責任的婚姻和離婚中所表現出來的心硬，激發了摩西對此問題的話語（可10：5），而反映著這種古老心硬的，正是那些此時此刻正在陰謀陷害耶穌之法利賽人的心硬，以及門徒的心硬，他們在祂預言了祂即將來臨的死亡之後，還在爭誰最大（9：30－37），還在拒絕他人宣揚耶穌的權利，還在傷害那些信仰上的「小子」（9：38－50）。

正是這種心硬，將耶穌在馬可福音10：2－12中對婚姻的教訓，與祂在第13－16節中關於孩童精神的教導聯繫在一起。祂說得非常清楚：「凡不像小孩子一樣領受上帝國的，斷不能進去。」（第15節）

我們需要問的是，小孩子有什麼使他們的態度成為天國中唯一能被接受的態度呢？在他們同耶穌去耶路撒冷的路上，門徒需要從這些小孩子身上學到什麼？唐納德・猶珥論證說，在第9和10章的背景中，他們所需要獲得的孩童般的特質，「主要與身分地位有關。門徒被描寫為對地位極其關心；他們爭論誰更大。」

一個祈禱

「主啊！求祢使我們與祢的關係更像小孩子，求祢使我們更能夠歡迎和重視那些不被社會認為重要的人。」

（France, Mark, Doubleday, p. 131）

但在古代，一個小孩子是「沒有身分地位」的（Juel, p. 141）。他們渺小、沒有能力、不老於世故，而且古代社會（和大多數的現代社會不同）若不輕視兒童就是低估他們，例如，將不想要的嬰兒拋棄在大自然之中是常見的事。「像小孩子一樣領受上帝的國，就是要像一個沒有榮譽、沒有政治影響力、沒有權利的人一樣領受。一個小孩子沒有絲毫可以帶來的東西，一個小孩子不論接受什麼，他或她都是因純粹的貧窮而靠著恩典領受的，不是靠著他或她自己固有的任何功德領受的。」（Edwards, p. 307）

此時此刻，門徒們最需要的就是小孩子的教訓。當我們終於意識到我們除了問題以外，什麼也不能帶到救恩的餐桌上，意識到救恩完全是靠上帝的恩典時，我們就會更加謙卑地看待自己、更加仁慈地對待他人了。

在去耶路撒冷的路上，門徒還不明白這兩個教訓。他們禁止小孩子到耶穌那裏的粗暴行為（第13節），充分顯明他們沒有成功地領會耶穌在馬可福音9：42－48中，關於不要得罪上帝任何一個「小子」的教訓。

根據馬可對耶穌的描述，沙林・賓德寫道，人進入上帝的王國，「不是一種驕傲的凱旋遊行，而是以完全的脆弱，沒有任何對權利或身分的要求。這並不是門徒心中所想的」，第10章中的「下一個事件證明，對他們的成見更加具有破壞性」（Dowd, p. 104）。有錢的少年官的故事（第17－31節），將充分灌輸耶穌在馬可福音第9和10章中所強調的各種教訓。

與此同時，在結束對馬可福音10：1－16的討論之前，我們應注意到耶穌賦予了兒童和婦女一種他們在古代世界中所沒有的尊嚴和權利。祂善待那些沒有社會權利之人的事實，告訴我們許多有關祂的事情，在這個過程中，祂示範了祂想要教訓門徒的道理。

# 36 關於救恩的一課

可10：17－31

17耶穌出發上路的時候，有一個人跑來，跪在他面前，問他說：
「良善的老師，我當作什麼事來承受永生呢？」18耶穌對他說：
「你為什麼稱我是良善的？除了上帝一位之外，再沒有良善的。
19誡命你是曉得的：不可殺人，不可姦淫，不可偷盜，不可作假見
證，不可虧負人，當孝敬父母。」20他對耶穌說：「老師，這一切
我從小都遵守了。」21耶穌看著他，就愛他，對他說：「你還缺少
一件，去變賣你所有的分給窮人，就必有財寶在天上，你還要來跟
從我。」22他聽見這話就憂愁，傷心地走了，因為他的財產很多。
23耶穌周圍觀看，對門徒說：「有錢財的人進上帝的國是何等的難
哪！」24門徒希奇他的話。耶穌又對他們說：「孩子們哪，進上帝
的國是何等的難哪！25駱駝穿過針的眼，比財主進上帝的國還容易
呢。」26門徒就分外希奇，對自己說：「這樣誰能得救呢？」27耶
穌看著他們說：「在人是不能，在上帝卻不然，因為在上帝凡事
都能。」28彼得就對他說：「看哪，我們已經撇下所有的跟從你
了。」29耶穌說：「我實在告訴你們：人為我和福音撇下房屋，或
是弟兄、姐妹、父母、兒女、田地，30在受逼迫的同時，沒有不在
今世得百倍；就是房屋、弟兄、姐妹、母親、兒女、田地，在來
世得永生的。31然而，有許多在前的，將要在後；在後的，將要在
前。」

這個人最令人感到驚奇的，就是他居然會來找耶穌。馬太告訴我們，他既年輕又有錢（太19：20、22、23），而路加說他是個官（路18：18），這個階層的人正是耶穌最難應付的人。窮人和妓女以及稅吏都成群地簇擁著祂，而宗教和政治領域裏的猶太顯貴們卻不是這樣。

那人不僅來了，而且是「跑來」的，不僅如此，他還跪在耶穌面前（可10：17），這是一個輕視其社會階層的人，一個甘願面對同伴之嘲笑的人。其他屬於統治階級的有錢人也被耶穌所吸引，人們會想到尼哥底母和亞利馬太的約瑟，但他們都很小心。例如，尼哥底母是在「夜間」祕密地來找耶穌（約3：2），而約瑟也是悄悄地到彼拉多那裏，請求獲准埋葬祂（太27：57、58）。人們很難想像他們會跑到耶穌那裏，在塵土中跪在祂的面前。這個年輕人有些與眾不同，他具有一種爽快的熱情。

這位顯貴也有一個使他無視一切其他事情的問題，他真誠地想要得救。他稱呼耶穌為「良善的老師」之後，問他該「**做**」什麼來承受永生（可10：17），他顯然認為行為是信仰的關鍵。

耶穌在給予任何回答之前，先問他為什麼把祂形容為良善的。然而耶穌提到，「除了上帝一位以外，再沒有良善的。」（第18節）耶穌顯然是在試圖使這年輕人對祂的身分作出明確的表態。祂只是個老師呢，抑或祂就是那一位被暗示為「良善」的上帝呢？這個有錢的少年官以前肯定聽說過耶穌，但他還對祂的身分猶豫不決，耶穌的問題是一種柔和的推動，迫使他對此問題作出認真的思考。

那人指望一種對救恩的行為性回答，而耶穌給了他這樣一種答案，祂告訴他「若要進入永生，就當遵守誡命。」（太19：17）然後耶穌列舉了十條誡命中的許多條（第18、19節；可10：19）。

這個誡命的列舉本身幫助我們開始解開這個年輕人的問題，我們對這個列舉至少應注意到四件事。第一，所列舉的誡命都來自於第二塊法版，都是關於人如何對待他人的。這種選擇提供了一個暗示，說明他的問題很可能主要在於他與別人的關係，而不在於他向上帝的奉獻。

在耶穌所列舉的誡命中
應當注意的幾點
1 它們都來自於第二塊法版。
2 除了第五條以外，它們都是按順序排列的。
3 沒有第十條。
4 有一條新誡命：「不可虧負人。」
這幾點都有助於我們解開有錢的少年官的問題。

第二點，耶穌按照順序列舉了這些誡命：第六、第七、第八、第九條誡命（可10：19），但出人意料的是，祂把第五條列在第九條之後。為什麼呢？無疑是為了引起注意，這個有錢的少年官可能也屬於耶穌在馬可福音7：11－13所譴責的那些人之一，用各耳板的人類遺傳，來逃避對他的父母在其年老時物質需求方面的照顧。

第三點，我們發現一條不屬於十條誡命之一的誡命：「不可虧負人」（10：19），此詞「被用來表示扣留雇工工資的行為」（Rogers, p. 89），他可能至少有一些財富是以窮人為代價而獲得的。

第四點，耶穌一點也沒有提到（與貪心有關的）第十條誡命，這個故事很快就會顯明，貪心正是這個人屬靈問題的要害所在。

馬太的記載，耶穌在所要遵守的誡命之外，加上了一句引自利未記19：18（「當愛人如己」）的話語（太19：19）。耶穌在此使用了一節在猶太教中非常重要，而且是這個年輕人問題之所在的經文。

這個貴族自信地回答，說他從小就遵守了這一切的誡命（可10：20），他顯然並不以此主張感到羞愧，他似乎真的是某種道德高尚之人的光榮楷模。但他很快就會發現，單靠品行是不足以獲得進入天國之權利的。耶穌將稍微多探究一點，證明這個人的順從是外在和律法主義的，而不是內在和屬靈的。

在探討那個審查之前，我們應注意到，馬可告訴我們耶穌「愛他」（第21節），祂顯然在他身上看到了某種特殊的東西，可能是對他明顯的真誠和熱情的一種衷心的賞識。耶穌可能認為，這是一個真的能為天國做些事情的人。

正是在這個時候，耶穌才向這年輕人發出了作門徒的邀請，祂說：「來跟從我」（第21節），但條件是：「去變賣你所有的分給窮人。」耶穌藉著這個出人意料的吩咐，一針見血地指出了這個有錢人的根本問題。馬可告訴我們：「他聽見這話就憂愁，傷心地走了，因為他的財產很多」（第22節）。我們可以恰當地說，他的財產套住了他。這是他人生的中心，是他所不願放棄的一件事，比天國還要重要。

當耶穌懷著沉重的心情看著那人離去之後，祂又為門徒提供了另一個驚人的教導。祂告訴他們，那些有錢人很難進上帝的國，「駱駝穿過針的眼，比財主進上帝的國還容易呢。」（第25節）門徒一點也沒有做好學習這堂課的準備，這完全讓他們大吃一驚，他們的文化一直在教導他們截然相反的道理，認為財富是上帝悅納人的一種記號，是表明一個人真是好人的標誌。然而他們自己不也是在期待著物質上的賞賜（封邑和寶座）嗎？但耶穌卻在此宣告說，他們所正期盼的事情能成為一種咒詛，祂看出了他們的迷惑，祂溫柔地稱呼他們「孩子們」（第24節）。

他們想知道，如果一個有錢人得救，就像近東最大的動物（駱駝）要從最小的眼兒（針眼）裏擠過去一樣不可能的話，那麼還有誰能進天國呢？耶穌回答說，對於人來說是不可能的事，對於上帝卻不是如此，因為對祂而言，「凡事都是可能的」（第27節）。當時他們雖然並沒有完全理解，但耶穌正在教訓他們說，「救恩是完全超乎人類可能性之範圍的」（Lane, p. 370），祂是在暗暗地觸及一種有關恩典的神學。

我們應當牢記的一件事就是，耶穌並不是在馬可福音第10章中絕對地定有錢人的罪，祂沒有對尼哥底母或撒該，以及祂所接觸的其他有錢人提出過與此相同的要求，但錢財對這個少年人卻是一種危險，這是他的偶像，是使他遠離上帝的東西。正如哈爾福特・路科克指出，「耶穌不是將貧窮當作對每個人的要求或理想。祂是個好醫師，不會給每個病人都開同樣的藥物。祂觀看這個病人，並且以一種個人的愛愛他，這愛是一種把他看為一個帶有特殊需求之人的愛。然後祂指定了那能使他從束縛他的事物中得以解脫的行動。在這裏，那束縛他的事物就是錢財。」（Luccock, p. 804）對你我而言，那束縛人的事物可能是不同，但所有人都必須滿足相同的要求——將我們的一切所有的角色和一切所有，都完全降服於上帝的旨意，使祂真正地成為我們生命的主。

這個思想將我們帶回到了彼得那裏，他還在掛念著他要「得」的是什麼，因為他和他的門徒同伴們不像那個有錢的少年官，他們已經放棄了一切來跟隨耶穌（可10：28；參閱太19：27，彼得在此問「我們要得什麼」）。

耶穌的回答有四重含義（可10：29－31）。第一，那些不得不放棄他們屬世家庭的人，他們會在世上得到上帝大家庭中更大的團契。第二，他們有永生的應許。第三，當然也是對過去和現代的門徒最困難的一點，就是他們將在世上受逼迫。第四，耶穌的回答具有一種對彼得和其他門徒祕密的警告（在太19：30至20：16中被說得更清楚），那就是他們不應因為他們是先跟從基督的，就對他們在天國中的地位過分自信。他們雖然以為他們是在先的，但如果他們一直抱著地位上的驕傲不放，而未能學會耶穌極欲教訓他們的謙卑、寬容和完全降服的教訓的話，他們就會以在後告終。如果我們遵照馬太對此話題充分舉例說明的邏輯來看，所謂的「在後」就是被留在天國以外。

我們從馬可福音10：16－31中學到，我們需要做什麼才能獲得永生。我們必須將我們全部的自我都獻給上帝，並讓祂藉著恩典，為我們做成那對我們來說不可能為自己做成的事。只有那些如此行的人，才會在上帝的國裏成為在先的。

# 37 關於瞎眼的一課

可10：32－45

32他們行路上耶路撒冷去。耶穌在前頭走，門徒就希奇，跟從的人
也害怕。叫過十二個門徒來，耶穌又開始告訴他們將要發生的事。
33「看哪，我們上耶路撒冷去，人子將要被賣給祭司長和文士，他
們要定他死罪，交給外邦人。34他們要戲弄他，吐唾沫在他臉上，
鞭打他，殺害他。過了三天，他要復活。」
35西庇太的兩個兒子雅各、約翰進前來，對耶穌說：「老師，我們
無論求你什麼，願你給我們作。」36耶穌說：「你們想要我給你們
作什麼？」37他們說：「賜我們在你的榮耀裏，一個坐在你右邊，
一個坐在你左邊的榮幸。38耶穌說：「你們不知道所求的是什麼。
我所喝的杯你們能喝嗎？我所受的洗你們能受嗎？」39他們說：
「我們能。」耶穌說：「我所喝的杯，你們也要喝；我所受的洗，
你們也要受。40只是坐在我的左右，不是我可以賜的，乃是為誰預
備的，就賜給誰。」41那十個門徒聽見，就惱怒雅各、約翰。42耶
穌叫他們來，對他們說：「你們知道，外邦人有尊為君王的治理他
們，有大臣操權管束他們。43只是在你們中間，不該這樣。你們中
間，誰願為大，就必作你們的僕人；44在你們中間，誰願為首，就
必作眾人的奴僕。45因為連人子來，都並不是要受人的服事，乃是
要服事人，並且要捨命，作多人的贖價。」

每個人似乎都知道有件事情正在發生，儘管他們不明白到底是怎麼回事。門徒感到希奇，眾人都感到害怕（第32節）。希奇和害怕什麼呢？亞倫・科爾認為，這是在「耶穌的臉上和舉止中的某種東西」（Cole, p. 240）。馬可經文中的一個內在線索是，耶穌「在前頭走」，而不是像平時所可能的那樣走在他們當中。祂可能因為知道祂的時候到了（約13：1；16：32；17：1），所以帶著一種他們從未見過的堅定不移的決心，向祂的十字架邁進。我們雖然無法完全描述祂那時在做什麼，但馬可說得相當清楚，在祂的跟隨者當中充滿了一種相當緊張的氣氛。

耶穌覺察到祂的門徒需要更好地理解當時的處境，於是將十二個門徒從大群體中分離出來，第三次預言了祂的死亡與復活，但這次不只是重述祂前兩次告訴他們的事情。祂每次提到祂將要臨到的危機時，都會加上一些新的細節。在馬可福音8：31中，祂只是做了一個宣告；而在9：31中，耶穌則加上了出賣的概念。但在馬可福音10：33、34中，祂添上了祂將被戲弄、唾棄和鞭打的可怕細節。祂繼續提供了又一個令人痛苦的信息：不僅以色列人將棄絕其彌賽亞，其領袖們還將會把祂「交給外邦人」（第33節），這是徹底的棄絕。

**耶穌對其受難愈來愈詳細的預言**

| | 8：31 | 9：31 | 10：33、34 |
|---|---|---|---|
| （1）被交給祭司長和文士 | – | （V） | V |
| （2）被定死罪 | （V） | – | V |
| （3）交給外邦人 | – | – | V |
| （4）被戲弄、吐唾沫在臉上、鞭打 | – | – | V |
| （5）殺害 | V | V | V |
| （6）復活 | V | V | V |

（引用自Lane, p. 375）

耶穌最想讓祂的門徒明白的真理，就是對祂的死亡與復活的認識。從某些方面說，這是個令人憂鬱的景象，但在耶穌看來卻並不完全是這樣。祂或許必須經過「死蔭的幽谷」（詩23：4），但祂從來也沒有忘記祂最終的勝利。

在耶穌對其最終勝利的信心中，有一件具有特殊意義的事情，那好消息就是，祂將這種有把握的信心，分賜給了祂的每一個跟隨者，直到末時。他們或許要面對困難，甚至是殉道犧牲。然而人生雖然會有其危機和阻礙，但最終的勝利卻是確定的。基督教的信仰具有一種我們應當牢記在心（特別是在危難之中）的樂觀主義精神。

馬可福音10：32－34的信息是耶穌最想做的事情，就是給門徒視力——祂想讓他們看見圍繞其死亡和最終勝利的事件。但第35至45節表明，他們比諺語中說的蝙蝠還要瞎眼。馬可有規律地將十二個門徒對地位的爭競，散佈在耶穌對其臨近的死亡景象的預言之中（見9：33－35；10：35－45），這是特別值得注意的。在受難預言和門徒對誰最大的爭論之間的張力，不僅是馬可福音之敘述的中心，也是所有人生的中心。世上永遠都只可能存在兩種國度：一種以捨己犧牲和無私服務為基礎，一種建立在自私與自我擴張之上。所有潛在的門徒在他們決定是否要跟從基督時，都會經歷這兩種國度之間的搏鬥。

耶穌在馬可福音8：31和10：33中對其死亡的預言，以及在兩個醫治瞎子的故事之間，出現爭地位高低的故事，這也不是偶然。瞎眼的門徒急需得到醫治，好使他們可以看出基督教的真意義，以及使基督的國度有別於這個世界之國度的原則。

我們應注意到，正如耶穌對其死亡的預言變得愈來愈詳細，門徒之間爭地位高低的景象，也變得愈來愈詳細。在馬可福音

10：35－37的那一次，顯然是門徒爭權最無恥的嘗試。雅各和約翰沒有旁敲側擊，他們想要的就是在耶穌未來的國度中擁有權力最大的兩個位置。他們的請求，是馬可將人類的利己主義精神與耶穌的謙卑及自我犧牲精神作出對比的一個終極實例。

他們在這一特定的時刻提出請求的部分原因，就是他們特別怕他們所認為的最接近的競爭對手彼得，會在他們以先抓住首要的位置。彼得不僅是耶穌內部圈子裏的第三個成員（9：2），而且耶穌還曾因他在該撒利亞腓立比所說的話而稱讚過他（太16：17、18）。

他們的請求向我們講述了許多有關這兩個西庇太兄弟的為人。從消極的一面說，他們的請求是傲慢和自私的。但出人意料的是，這也有一些積極的意義。首先，這反映了一種深厚的信心，相信耶穌就是祂所聲稱的那一位，而且祂雖然說了那些有關死亡而又令人迷惑的話，但祂終將得勝。另外，這也顯示了一定的勇敢和獻身精神，因為他們沒打算在耶穌聲稱的艱難時刻拋棄祂。他們請求的消極方面，一定令耶穌感到困惑不解，但其積極的方面卻給了祂一點空間，好在他們的身上看到一點希望。

但最重要的是，這兩兄弟的請求向耶穌顯明，他們還不明白天國的性質或基本原則，耶穌將就這一點展開祂的教導。

馬太福音20：20、21告訴我們，是雅各和約翰的母親替他們向耶穌提出請求，但不論她扮演了何種角色，馬可的處理表明，這兩個門徒自己就是有野心的。由於耶穌知道這個請求實質上來自於他們自己，祂便直接回答了他們，問他們是否能喝祂的杯並用祂的洗禮受洗？（可10：38）他們流利地回答說他們能。如果他們能看到一週之內耶穌將不是在一個寶座上被舉起，而是在一個十字架上，還有兩個十字架，一個在祂的右邊，一個在祂左邊的話，他們就不會如此自信地回答了。但最終，他們倆都將像耶穌在第29節中所預言的那樣，喝了那杯。雅各將在希律的命令中死於刀下（徒12：1、2）——如果傳說是準確的話；約翰則將被扔進一個滾開的油鍋裡，並最終為福音的緣故而被流放到拔摩海島上。

祂其他的十個門徒因西庇太兄弟的請求而向他倆發怒（可10：41），這對於處在一種已經令人十分沮喪之時刻的耶穌來說，一定令祂感到極其氣餒。他們的憤怒不是發自於任何對錯誤的察覺，而是因為他們每個人心中也都懷著同樣不聖潔的野心，一心想要居先、為大，在天國裏有權力的尊位。

罪惡生發罪惡，雅各和約翰判斷錯誤的野心，在其餘的門徒心中激起了強烈的嫉妒心。可以說就在耶路撒冷的邊上，這一小群人達到了一個緊要關頭，他們內部發生了可能會使他們永遠分裂，並且破壞耶穌最初召他們之目的的內鬨。

我們不知道耶穌是否被試探想要放棄他們，稱他們是笨蛋，然後一走了之。但可以肯定的是，祂一定像我們在馬可福音的其他地方所發現的那樣（見8：12），在祂再次教導十二個門徒天國的基本原則之前，深深地歎了一口氣。祂繼續對作僕人而不是作盛氣凌人的統治者的領導觀念，給予了祂最深奧的教訓（10：42–44）。祂以此說明了一種建立在愛人和服事人之上的基督教倫理的基礎，這種倫理與那作為一切人類社會基礎管轄人的觀念相對立。



但除了在愛中服務的倫理之外，耶穌對十二個門徒的回答，也進入了一個新領域。祂說祂對跟隨者的服務，甚至達到了「捨命，作多人的贖價」的地步（第45節）。對於替罪犧牲，這是四福音中最清楚的教訓之一。正如沃爾特・韋塞爾所提到的，「『捨命，作多人的贖價』這一整句話，強調了耶穌之死的替罪因素，祂代替了多人。本來應該發生在他們身上的事情，反倒發生在祂的身上了。」（Wessel, p. 721）懷愛倫稍有不同地論到了這一點，她寫道：「基督受了我們所該受的罰，使我們能得祂所該得的賞。祂為我們的罪——祂原是無分的——被定為罪，使我們因祂的義——我們原是無分的——得稱為義。祂忍受了我們的死，使我們能得祂的生。」（《歷代願望》上冊，8頁）

# 38 關於視力之重要性的一課

可10：46－52

[46]他們到了耶利哥。耶穌同門徒並一大群人出耶利哥的時候，有一
個討飯的瞎子，是底買的兒子巴底買，坐在路旁。[47]他聽見是拿撒
勒的耶穌，就喊著說：「大衛的子孫耶穌啊，可憐我吧！」[48]有許
多人責備他，不許他作聲。他卻愈發大聲喊著說：「大衛的子孫
哪，可憐我吧！」[49]耶穌就站住，說：「叫他過來。」他們就叫那
瞎子，對他說：「勇敢點兒，起來，因為他在叫你！」[50]瞎子就丟
下衣服，跳起來，走到耶穌那裏。[51]耶穌回答他說：「要我為你作
什麼？」瞎子說：「拉波尼，我要能再看見。」[52]耶穌說：「你去
吧！你的信醫治了你。」瞎子立刻重新能看見了，就在路上跟隨耶
穌。

---

耶穌此時已接近祂從加利利北部開始之行程的終點了，祂又渡過了約但河，經過耶利哥，開始了祂去耶路撒冷漫長旅程的最後三十公里（見本書第11頁的地圖）。在祂的周圍經常簇擁著一個由門徒和其他人組成的人群，他們邊走邊聽這位著名的猶太教師的教訓，耶穌經過耶利哥時就是這樣。另外，這時快要到逾越節了，當時的習俗乃是在去耶路撒冷的路上，村鎮街道的兩旁經常會有許多人問候那些去聖城朝聖的人。而耶穌又不是一個普通的教師，祂是著名的醫治者和教師，也是一個敢於無畏地挑戰宗教現

狀的人，耶穌是最能在朝聖的路上吸引一大群人的教師。

正是這樣的情景，引起了一個叫巴底買的瞎乞丐的注意。在做任何進一步的講述之前，我們需要注意的一點是，三個對觀福音（譯者按：馬太、馬可、路加三福音）都講述了這個故事，但每個都有不同。例如，馬太提到了兩個瞎子（太20：30），而馬可只講述了一個。路加說神蹟是在耶穌進耶利哥時發生的（路18：35），而馬太和馬可都認同，這個神蹟是在祂出城時發生的（可10：46；太20：29）。這裏有一個我們需要學習的次要教訓，就是受默示的作者對一個故事枝梢末尾的細節，並不像他們對其主要論點那麼在意。那些以力求對聖經中的每一細節都做出「合乎邏輯的」結論為職業的解經家，需要記住聖經及其作者的寫作目的（見提後3：15－17）。

同時，在馬可福音10：46－52中有一個細節特別引人注目。馬可是三個對觀福音作者中唯一一個提到巴底買名字的人，這很可能是因為成了耶穌的一個跟隨者的巴底買，一定（和可15：21中的魯孚一樣，參閱羅16：13）是馬可在羅馬的第一批讀者所熟悉的人物。但我們需要注意到有關巴底買的一些其他事情，他是對觀福音中唯一一個被記名而得醫治的人——而且不止一次，是兩次被記名。請注意，巴底買這個名字來自於兩個亞蘭詞語：bar，就是兒子的意思，和Timaeus（就是底買），他是底買的兒子。但馬可在提到了巴底買（底買的兒子）這個名字之後，又繼續形容他是「底買的兒子」（可10：46）。詹姆斯・愛德華認為：「底買的兒子」可能是為了馬可的外邦讀者的方便而給予的翻譯（Edwards, p. 329），但弗朗斯顯得更有道理，他認為讀者真的一點也不會對一個名字的含義感興趣（France, Mark, NIGTC, p. 423），其實馬可的真正目的，似乎是出於某種原因而強調這個具體的人和他的名字。

巴底買是一個帶有驚人故事的非凡人物，正如愛德華所指出的，巴底買是一個「瞎乞丐，但諷刺的是，他看耶穌卻比那些有兩隻好眼睛的人看得更清楚。」（Edwards, pp. 328, 329）馬可選擇這個特殊人物的故事，作為耶穌關於信心和作門徒教訓的這一部分的高潮。第10章充滿了對門徒身分的論述，但沒有一個門徒顯示出瞎眼的巴底買所有的信心和清晰的視力。

總而言之，馬可採用了一種最吸引人的亮光來描繪這個小人物。首先，他將巴底買描繪為一個一看到機會就及時把握的人。不像歷代以來有些在一種模糊的感傷主義中跟隨耶穌的人那樣，巴底買準確地知道他想要的是什麼。

在他身上應注意到的第二件事，是巴底買是一個具有積極信心的人。威廉・雷恩寫道：「巴底買顯然聽說過拿撒勒的耶穌，而且他那瘋狂的呼喊，『大衛的子孫啊，可憐我吧！』反映出一種建立在他所聽說的事情上，對耶穌能使他重見光明的信心。」（Lane, p. 387）

值得注意的是，這個瞎眼的乞丐在耶穌身上，看到了大多數猶太人所沒有看到的東西。他得出了彼得在馬可福音8：29所得出的相同結論，那就是耶穌是彌賽亞。他對於「大衛的子孫」說法的使用並非出於偶然。自從上帝在撒母耳記下7：12、13中應許說上帝將在大衛的後裔中興起一位王，並「堅定他的國位，直到永遠」以來，猶太人就將彌賽亞和大衛的子孫等同了起來。馬可福音只是通過巴底買的口稱耶穌為大衛的子孫。

其他人可能會稱祂為拿撒勒的耶穌，但祂對於巴底買來說就是大衛的子孫（可10：47）。鍾斯寫道：「他雖然在肉體上是瞎眼的，」但「他對屬靈的事情卻比眾人看得更深刻。他曾聽說過耶穌，聽說過祂奇妙的話語，以及更為奇妙的作為，他曾在心裏默想這一切的事情。雖然別人都在對基督是誰的問題爭吵和辯論，但這個瞎子卻想好了，這個使瞎子看見、使大痲瘋患者得潔淨、使死人復活的耶穌，就是所應許的基督。……這個人的信心在他的呼喊中被表達了出來，他喊著說：『大衛的子孫耶穌啊，可憐我吧！』」（Jones, vol. 3, p. 49）

巴底買所製造的喧囂使每個人都感到很難堪，他們盡力地要讓他閉嘴。但他知道他所需要的是什麼，他也認出耶穌是誰，以及祂能做什麼。巴底買不是一個能讓這千載難逢的機會白白錯失而閉口不言的人，他們愈想讓他安靜，他就愈大聲喊叫（第48節），他就像那在禱告中全心渴求上帝賜福的人一樣。

耶穌的確賜福了巴底買。祂有耳能聽需求的呼喊、信心的呼喊，但耶穌並沒有立刻醫治他。耶穌先問巴底買一個簡單的問題：他想要祂為他做什麼（第50節）。耶穌並不是不知道，而是想要我們在危難之時親自來到祂面前，和祂建立起一種相信和相愛的關係，而這正是巴底買所做的，他稱呼耶穌為拉波尼，而不是拉比。拉爾夫・馬丁認為，「拉波尼」是一種親切的說法，可以被譯為「親愛的夫子」，而不只是「夫子」。相同的詞語在約翰福音20：16中也被抹大拉的馬利亞用來稱呼耶穌，這是巴底買信心的一種體現（Martin, Where the Action Is, p. 94），耶穌不想要理論上的門徒，祂想要我們與祂建立起一種親密的關係。

耶穌不僅恢復了巴底買的視覺，祂還祝福他說：「你去吧！你的信醫治了你。」（可10：52）正如我們前面提到過的，表示「醫治」的希臘詞語（sōzō）也有「救」的意思。這個瞎眼的乞丐得到了肉體和屬靈的醫治，他「立刻重新能看見了，就在路上跟隨耶穌。」

難怪馬可福音不僅提到，還加以強調巴底買的名字，而那個有錢的少年官的名字卻完全被遺忘了。弗朗斯指出：「我們所遇到的前一個有潛力（作門徒）的新會員，是一位可欽佩的、值得尊重的有錢人（10：17－22），但令門徒吃驚的是，他竟然沒有被歡迎加入耶穌的隊伍。現在，我們遇到一個在社會最底層的人，一個瞎眼的乞丐。是他，而不是那個有錢人，最終將跟隨耶穌。……他的視力得到了恢復，而那個有錢人卻『瞎眼』地走開了。」（France, Mark, NIGTC, p. 422）

但那個少年官並不是唯一瞎眼的人。雷・斯泰德曼寫道：「這個故事的意義在於巴底買所做的一切，這就是馬可將其放在這裏的原因。這裏有一個意識到其瞎眼的瞎子，而門徒卻沒有意識到他們的瞎眼。」（Stedman, Ruler Who Serves, p. 109）

正如我們前面提到過的，馬可將整個從馬可福音8：31到10：45的部分，放在兩次對盲人的醫治中間（8：22－26；10：46－52），這並不是出於偶然。對於耶穌反覆強調那將要臨到祂的死亡（8：31；9：9、31；10：32－34），和他們爭地位高低的錯誤（9：33、34；10：35－45），門徒都是瞎眼的，但是他們並沒有看出這一點。祂想醫治他們，就像祂醫治肉體上的瞎眼一樣，但祂在這一點上卻失敗了，結果，他們將在祂被捕和被釘十字架時，經歷一場不必要的危機，他們只有到祂復活以後才會得到醫治。

歷代教會的悲劇之一就是，教會裏有著太多瞎眼的門徒，這些門徒看不出自己的錯誤、看不出耶穌在屬靈和肉體上的醫治和恢復之能力、看不出他們持續不斷、帶著信心的聲音向「大衛的子孫」呼喊的必要。

# 第四編 第三幕

# 在上帝的服務中面對逼迫與死亡

（可11：1－15：47）

# 39 僕人式君王的入城

可11：1－11

1耶穌和門徒將近耶路撒冷，就是到了伯法其和伯大尼，在橄欖山
附近，耶穌就打發兩個門徒，2對他們說：「你們往對面村子裏
去，一進去的時候，必看見一匹驢駒拴在那裏，是從來沒有人騎過
的，可以解開牽來。3若有人對你們說：『為什麼作這事？』你們
就說：『主要用它。他必馬上把它送回來。』」4他們去了，便看
見一匹驢駒拴在門外街道上，就把它解開。5在那裏站著的人，有
幾個說：「你們在作什麼？在解驢駒嗎？」6門徒照著耶穌所說的
回答，那些人就任憑他們牽去了。7他們把驢駒牽到耶穌那裏，把
自己的衣服搭在上面，耶穌就騎上。8有許多人把衣服鋪在路上，
也有人把田間的樹枝砍下來，鋪在路上。9前行後隨的人都喊著
說：「和散那！奉主名來的是應當稱頌的！10那將要來的我祖大衛
之國是應當稱頌的！高高在上，和散那！」
11耶穌進了耶路撒冷，入了聖殿，周圍看了各樣物件。天色已晚，
就和十二個門徒往伯大尼去了。



---

在第11章，我們已經到了馬可福音的一個重大轉捩點。前八章中，他通過描寫基督是一位有權柄的醫治者和教師，祂力求幫助人們體驗上帝統治的福氣。讀者通過祂仁慈的行為和教訓，對耶穌是誰及其國度之福分的性質，有了一定的認識。這個漫長

的部分，以彼得對於耶穌是基督、是彌賽亞的宣告而結束（可8：29）。

然而成為基督又意味著什麼？這個問題成了此福音書從馬可福音8：31至10：52的焦點。耶穌沒有成為猶太人所認為的得勝勇士般的彌賽亞，他反而反覆教訓祂要被處死，然後復活。

馬可將前八章放在加利利，而耶穌在第9和10章中，對祂門徒所說的有關其彌賽亞身分之性質的特殊教導，則發生在去耶路撒冷漫長而迂迴的旅途中。而他們現在就要到達他們的目的地了，馬可福音11：1將他們帶入了他們行程的最後階段。他們離開了耶利哥，來到了伯法其和伯大尼（耶路撒冷城外的村莊），最終到達了那大城，耶穌傳道工作的高潮將發生在耶路撒冷。

馬可福音第11至16章佔了全書三分之一的篇幅，但這幾章只代表了耶穌生平中的一週。馬可和其他福音書作者，對這一週中發生的事件所花的大量篇幅，暗示著這對於理解耶穌之使命與目的的含義，具有重要的意義，在那幾天裏發生的事情是基督教信息的核心。

馬可福音的最後六章分為三部分。第11至13章，講述的是耶穌與猶太領袖之間逐步升級的衝突。他們對祂的藐視，以及祂對他們的觀點和處事方法的拒絕，構成了第14和15章的內容，耶穌在此經過了祂從客西馬尼園到十字架的道路。最後一部分（第16章）著重描述了耶穌的復活，並將那好消息推向高潮。

釘十字架和復活的彌賽亞的故事，是此福音書的焦點。若沒有第11至16章，馬可福音的其餘內容就根本不會被寫成，耶穌就只會成為一個施行神蹟者和傑出的（或許帶有些蠱惑性的）教師。但有了十字架和復活的故事，馬可就能提出耶穌是為我們的罪而死（10：45），並且作為一個已經戰勝死亡的人而復活（啟1：17、18）的好消息了。祂的跟隨者們知道，祂將與每個相信祂的人分享這種得勝（林前15章）。這信息將幫助馬可的第一批讀者，起來面對帝國中像尼祿一樣殘暴之皇帝的暴行，這也將鼓舞歷代以來身處窘境的基督徒。從第11章開始，我們進入了真正使馬可的著作成為一部福音書（好消息）的部分。

在馬可福音11：2－6中，我們發現了一個有關驢駒的有趣故事，有些人認為這件事是耶穌預知能力的一個實例，但威廉・雷恩的觀點可能更接近事實，他認為「耶穌自己為準備入城而採取了主動」（Lane, p. 393）。祂顯然已經和驢駒的主人做好了事先安排，告訴他說在不久的將來，祂將需要一頭沒有人坐過的驢駒，驢駒的主人很可能是未記述的門徒之一。

我們必須牢記，故事中的要點不是耶穌如何獲得了那驢駒，而是祂事先決定祂首先要騎著驢進城。擺在我們面前的，是一個剛從加利利北部走路來的人，祂肯定不是因為身體上的需要而騎驢走完最後的三公里路程。另外，耶穌一直都是靠步行的，這是我們在所有福音書中發現的成年耶穌唯一一次騎驢的記載。正如林斯基所指出的，**「祂在此之前總是步行，而這次因祂的吩咐，為祂預備的牲畜就被找到了。」**（Lenski, Matthew, p. 806，粗體字格式由本書作者後加）

理解耶穌不尋常之舉的關鍵，就在於這個舉動是有意的。我們在此發現，這個曾經不斷地想要隱藏其彌賽亞身分的人，這時準備公開發表言論了，祂準確地知道祂在做什麼。在此過程中，祂是讓撒迦利亞書9：9的預言來指導祂的行動：

「錫安的民哪，應當大大喜樂！
耶路撒冷的民哪，應當歡呼！
看哪，你的王來到你這裏，

他是公義的，並且施行拯救，
謙謙和和地騎著驢，
就是騎著驢的駒子。」

儘管馬可不像馬太那樣，在其對耶穌進耶路撒冷的記述中引用了這節經文，但此舉的影響力是相同的。耶穌**有意**為驢駒的事作安排的原因，是祂知道現在已經到了作一個公開的彌賽亞聲明的時候了，騎驢的舉動表明了祂的君王身分。

眾人沒有誤解其中的含義，他們將他們的衣服和棕樹枝鋪在祂所經過的路上（約12：13；可11：8），以此摹仿耶戶的加冕（王下9：13），和西門馬加比在擊潰了以色列的仇敵後進入耶路撒冷的場面。在第二個事件中，我們讀到：「171年2月23日，猶太人在讚美的歌聲和棕樹枝的揮舞中進了城。有魯特詩琴、鈸和齊特琴伴隨著頌讚的詩歌，慶祝以色列對一個強大敵人的最終驅逐」（馬加比一書13：51）。

正如我們前面提到過的，猶太人曾希望他們將要來的彌賽亞像這樣一位得勝的君王一樣，將強大的羅馬人驅逐出境。但藉著祂進城時有意採用撒迦利亞書9：9的象徵，耶穌不僅在聲明祂的君王身分，而且主張祂將是一特定的君王。預言具體地說明了彌賽亞君王將是「謙和」、而不是後來世代所期盼的好戰領袖。在一匹馬上進城將象徵好戰的領袖，而一頭驢的駒子，則象徵了彌賽亞作為「和平之君」（賽9：6）的和平抵達。啟示錄象徵性地描述耶穌在祂再來時是騎著馬來的，那時，祂將像猶太人在其第一次降臨時所期望的那樣，作為得勝的彌賽亞而來（啟19：11－21）。

但那些將他們的衣服和棕樹枝鋪在祂前面的人，向那奉主名來的（一句彌賽亞式的話語）——就是那將要建立他們的祖先大衛之國的（可11：9、10）一位——歌唱他們的和散那時，他們似乎遺忘了撒迦利亞之預言的全部含義。我們應注意的是，和散那不是一個讚美的話語，而是一個表示「現在拯救」的詞語。

耶穌確實是要拯救，但那救贖將是脫離罪的救贖，而不是脫離他們所恨惡的羅馬人的救贖（見太1：21）。

馬可福音11：1－11的事件，說明了關於耶穌的兩件重要事情。首先，祂是一個勇敢的人，祂知道祂這樣進入耶路撒冷所承擔的風險，羅馬人連暴動的威脅都不輕易放過。

其次，第11節說明耶穌是經過深思熟慮之後才這樣做的，而不是出於一時的衝動或形勢所迫。馬可不像馬太般在他的描述中給人留下一種印象，讓人覺得耶穌在進入耶路撒冷的當天就潔淨了聖殿（太21：1－13）。相反的，他幫助我們看清楚，祂那天只是在聖殿巡視了一下。在這次巡視中，祂對實際情況做出了估計，並對需要做些什麼做出了決定。祂第二天回來便將祂的計畫付諸行動（可11：19、20、27）。

即使是在向死亡邁進時，耶穌依然控制著局面。祂潔淨聖殿和騎驢駒一樣，也應是一個經過深思熟慮的舉動。威廉・巴克萊注意到：「耶穌不是在不顧後果地跳入未知的危險。」（Barclay, Mark, p. 279）相反的，祂對祂的行動做出了一步步的計畫。

# 40 向當權派的挑戰

可11：12－25

12第二天，他們從伯大尼出來，耶穌餓了。13遠遠的看見一棵無花
果樹，樹上有葉子，就往那裏去，看在樹上可以找著什麼。到了樹
下，竟找不著什麼，不過有葉子，因為不是收無花果的時候。14耶
穌就對樹說：「從今以後，永沒有人吃你的果子。」他的門徒也聽
見了。

15他們來到耶路撒冷。耶穌進入聖殿，趕出殿裏作買賣的人，推倒
兌換銀錢之人的桌子和賣鴿子之人的凳子，16也不許人拿著東西從
殿裏經過。17便教訓他們說：「經上不是記著說：『我的殿必稱為
萬國禱告的殿』嗎？你們倒使它成為一個強盜的避難所了。」18祭
司長和文士聽見這話，就想怎樣能除滅耶穌，因為他們怕他，因為
眾人都希奇他的教訓。19晚上，他們出城去。

20早晨，他們從那裏經過，看見無花果樹連根都枯乾了。21彼得想
起耶穌的話來，就對他說：「拉比，請看！你所咒詛的無花果樹
已經枯乾了。」22耶穌回答說：「你們當信服上帝。23我實在告訴
你們：無論何人對這座山說：『被舉起來投在海裏！』他心裏若
不疑惑，只信他所說的必成，就必給他成了。24所以我告訴你們：
凡你們禱告祈求的一切事，只要相信你已經得著了，就必給你成
了。25你們站著禱告的時候，若想起有人得罪你們，就當饒恕他，
好叫你們在天上的父，也饒恕你們的過犯。」[註1]

這不是馬可福音中最容易理解的章節。

但我們足以看得出耶穌為什麼餓了。畢竟，祂是作為一個人來到世上，為的就是使祂可以真正地理解我們，並能體諒我們的軟弱（來2：17、18）。

但對無花果樹所做的事情，其目的是什麼呢？坦率地說，如果耶穌知道「不是收無花果的時候」，祂為什麼還咒詛那樹呢？二十世紀直言不諱的著名無神論者伯特蘭德・拉塞爾對耶穌的行為感到憤怒。拉塞爾引用這種「有報仇心的狂暴」作為證據，支持他在其著作《我為什麼不是個基督徒》（Why I Am Not a Christiam）中的結論。

注釋家們曾對樹的葉子中沒有給耶穌充饑的果子做出了許多解釋。最好的解釋可能就是，在八月中到十月中之間無花果收成之後，樹上所萌發的花蕾在冬季是不發育的。但在初春時節，這些花蕾或苞蕾（paggin，以後就變無花果）在樹木開始長葉子之前不久便開始增大。因此，一旦樹上有了葉子，人們就可能指望在其上找到苞蕾（paggin）。這些花蕾雖然還沒有長成夏天長大成熟的果實，但也可以被食用（見Edwards, pp. 339, 340）。

耶穌在馬可福音11：13中所遇到的就是這樣一棵樹。但令祂感到驚訝的是，雖然枝上已經長出葉子來了，但樹上卻沒有（paggin）。簡而言之，它雖然有結果子的外在特徵，卻沒有長出任何有用的東西來。

理解無花果樹插曲之含義的關鍵，就是要認識到馬可將這個故事分為兩半。第12－14節引出了這個故事，而第20－24節加以完成。夾在這兩部分中間的是第15－19節的潔淨聖殿。

安提阿的維克多（五世紀）在現存最古老的馬可福音注釋中，清楚地看出了這種聯繫。根據維克多的注釋，「無花果樹的枯乾是一種被表演出來的比喻。在這個比喻中，耶穌『用無花果樹闡明了那將要臨到耶路撒冷的審判』」（見Cranfield, p. 356）。

一個從「夾心」故事中得出的教訓

1. 「夾心」故事的第一部分：咒詛不結果子的無花果樹的故事（可11：12 －14）。
2. 第二部分：潔淨聖殿（第15－19節）。
3. 第三部分：又是無花果樹──現在枯乾了（第20－21節）。
4. 教訓：不結果子的聖殿體制到了該受審判的時候了，就像那沒有果子的無花果樹一樣。

在其上下文中，無花果樹的枯乾指向了聖殿，及其在預備百姓接受那要來之彌賽亞的救贖之舉方面的失敗。上帝雖曾通過聖殿為其百姓用盡了一切的努力，但它卻沒有結出任何果子來。正如一棵果樹若不履行其結果子的正當功能就會被砍倒，聖殿也將遭遇其結局。克萊格・伊萬斯斷言說：「樹的枯乾對應著耶穌在11：17中對聖殿即將發生之厄運的暗示，以及祂在13：2中對三個門徒明確說明的話語」，就是關於聖殿被毀的話語（Evans, p. 160）。

從更廣泛的意義上說，不結果子的無花果樹的比喻，是針對所有只給應許而不實現、只會光說不練的宗教人士和宗教機構而說的。不論是猶太民族、猶太領袖還是一般的基督徒，耶穌在四福音中都非常強硬地認為，外在的表白是不夠的。「憑著他們的果子，就可以認出他們來」（太7：20）。「凡不結好果子的樹，就砍下來丟在火裏」（第19節）。不是每個說「主啊，主啊」的人，而是那些遵行上帝旨意的人才會進天國（第21節）。在耶穌的時代和我們的時代，人們都太容易具有一種外在的信仰而沒有結出適當的果子；太容易成為裝滿「死人骨頭」的「粉飾的墳墓」；太容易「在人前，外面顯出公義來，裏面卻裝滿了假善和不法的事」（太23：27、28），無花果樹的教訓適用於所有這樣的實例。

只強調耶穌和天父的柔和與仁慈，而忽略了「羔羊的忿怒」（啟6：16），這對於基督徒來說已經變得十分時髦。但正如鍾斯所指出的，「溺愛的父親、從不嚴厲的父親、從不忍心懲罰的父親，並不是一個好父親。他是一個軟弱的父親和一個愚蠢的父親，從孩子的立場來看，他是一個壞爸爸。完全相同的，一個假裝看不見罪惡，也從不懲罰罪惡的上帝，不會是一個好上帝。」（Jones, vol. 3, p. 75）

最簡單的事實就是，慈愛的上帝會叫祂的兒女在來不及之前醒過來。如果主真的是慈愛的，祂就不能永遠允許罪的影響來毀滅人們的生命。祂必須有一個時刻來說足夠了，並將罪的問題了斷。這樣看來，就連聖經中所謂的上帝的忿怒，也是祂慈愛的一種功能。祂最終將終止罪惡並創造一個新天新地，其中再也沒有罪的慘痛影響（見啟21：1－4）。

正如耶穌審判了那不結果子的無花果樹和聖殿一樣，祂也將有朝一日審判這個世界。事實上，耶穌是整本聖經中對審判最有發言權的人。

祂在馬可福音11：15－19中潔淨聖殿，就是對宗教領袖的一種審判。領頭的祭司為了經濟利益，而在外邦人的院子（聖殿中唯一處向非猶太人開放的區域）裏製造了一種商業氛圍。當朝聖者想要將他們當地的貨幣兌換成唯一可被接受用來付殿稅的造幣時，他們向朝聖者所收取的昂貴費用中包含著腐敗的成分。不僅如此，當權者們還巧妙地處理事情，以至於朝聖者不得不以一種被人為抬高了的價格去購買他們的祭牲，這一切不誠實的交易都是在聖殿的圍牆內發生的。除此以外，其他的商人還用外邦人的院子當作他們從一個地方到另一個地方搬運貨物的捷徑，干擾了聖殿的神聖性。

耶穌的反應是推倒兌換銀錢之人的桌子，打翻賣鴿子之人的凳子，禁止通過外邦人院子的商業運輸捷徑（可11：15、16）。耶穌永遠柔和安靜的神聖話語可以作罷了，現在到了祂該採取行動的時候了——而且祂確實採取了行動。但就連祂在聖殿中的審判也是一種仁慈之舉，這是在為時太晚之前對宗教領袖一種喚醒的呼召。

但潔淨聖殿的意義甚至比這還要多。前一天晚上，祂曾視察聖殿中的情況，然後只是退到了伯大尼，但祂知道祂第二天要回來。在回聖殿的路上，祂咒詛了那棵無花果樹，然後發生了潔淨聖殿的事情，耶穌以此把戰爭帶入了敵人的大本營。如果說祂進入耶路撒冷的舉動具有彌賽亞式的弦外之音，那麼潔淨聖殿也是如此，這是一個有預謀的挑戰，是一種在猶太教的腹地對其彌賽亞權柄的主張。

這時，祂的挑戰已經是領袖和老百姓所無法忽視的了。馬太記載，小孩子在殿裏喊著說：「和散那歸於大衛的子孫」（太21：15），而馬可則記載祭司長和文士在想「怎樣能除滅耶穌」（可11：18）。耶穌的行動將祂帶到了我們所可能認為的一種無法挽回的地步，十字架現在比以往任何時候都顯得更加接近。

這個思想把我們帶回到了馬可福音11：20那棵枯乾的無花果樹，彼得在第21節中指出了它的命運。那時，耶穌看似應該給予祂的門徒一個關於忠心並結果子之重要性的教訓，但祂卻用一個信心能使大山挪開的猶太諺語，把話題轉到了一個初看起來有些離題的、關於信心與禱告的範疇。

弗朗斯認為，耶穌所必須面對的那座山就是聖殿山。這座山在祂說話時還看得見，但「對於它的『遷移』，」耶穌「很快就會預言到（13：2）。」（France, Mark, NIGTC, p. 449）這種推測可能是準確的，也可能是不準確的，但可以肯定的是，耶穌現在對宗教領袖的挑戰，以及門徒不久將要面臨的、將福音的信息傳向全世界的使命（太28：19、20），就是在告訴他們信心與禱告的必要性和有效性。要想實現這個命令，他們就需要信心和禱告，而且他們還有耶穌的應許，說他們若在為完成上帝的工作而工作時能有真實的信心，上帝就會尊重他們的信心，並答應他們的禱告（可11：24）。使徒行傳記錄了這個應許的實現，使徒們在五旬節後真的挪動了「大山」，正如他們的夫子站起來與耶路撒冷的當權者對抗時所做的一樣。

我們在二十一世紀，在耶穌能來之前還有許多要挪開的「大山」。那好消息就是，當我們憑著真實的信心禱告時，上帝依然會聽見、答應，並且幫助我們挪開阻礙祂工作在世上得以完成的任何大山。



註1：大多數的希臘文新約古卷中都沒有第26節，這節經文可能是引自馬太福音6：15的一個插入語。這節經文讀作：「你們若不饒恕人，你們在天上的父，也不饒恕你們的過犯。」

# 41

# 反挑戰

可11：27－33

27他們又來到耶路撒冷。耶穌在殿裏行走的時候，祭司長和文士並
長老進前來，28問他說：「你仗著什麼權柄作這些事？或者誰給你
這權柄作這些事呢？」29耶穌對他們說：「我要問你們一句話，你
們回答我，我就告訴你們，我仗著什麼權柄作這事。30約翰的洗禮
是從天上來的，是從人間來的呢？你們可以回答我。」31他們彼此
商論說：「我們若說『從天上來』，他必說：『這樣，你們為什麼
不信他呢？』32若說『從人間來』，卻又怕百姓，因為眾人真以約
翰為先知。」33於是回答耶穌說：「我們不知道。」耶穌說：「我
也不告訴你們，我仗著什麼權柄作這些事。」

---

根據馬可的記載，這是耶穌連續第三天走訪聖殿了。祂在星期天到殿裏觀察（11：11），在星期一挑戰了祂在那裏所看到的惡習（11：15－18），現在又在星期二回來，走動而且可能還教訓人（11：27）。我們需要再次注意到耶穌行動的深思熟慮和祂的勇敢。如果祂對自己的安全有任何的擔心，聖殿就會是祂最不想去的地方，但驅使祂這樣做的動機是使命而不是安全，祂知道祂在做什麼和為什麼要這樣做。

從馬可福音11：27－33開始，我們發現七個由耶穌與宗教領袖之間衝突構成的故事，這一系列的故事一直延續到第12章結

束，這些故事很像馬可福音2：1－3：6中的那些故事。在這兩個系列中，耶穌都帶有權柄地行事，領袖們在兩個系列中，也都對那權柄發出了挑戰。耶穌在這兩個系列中，都問了他們所不能回答的問題（見3：4和11：29、30）。但有些事情發生了改變，前一個系列發生在加利利省，而現在的行動卻發生在猶太教的腹地——耶路撒冷的聖殿之中。在前一個系列中，法利賽人和希律一黨的人商議怎樣可以除滅祂（3：6），而現在祂正面對著那毀滅的現實。

馬可福音11：27中，有一個由祭司長、文士和長老組成的代表團，與耶穌發生了對質。這三個構成公會的群體，是猶太國的最高統治機關，他們問祂兩個問題：

1「你仗著什麼權柄作這些事？」

2「誰給你這權柄作這些事呢？」（第28節）。

請注意他們所沒有問的。首先，他們沒有挑戰祂有權柄或曾做了有權柄之事的事實。當然，「這些事」最近的前例就是前一天潔淨聖殿，他們無法否認祂是有權柄做了那事，但那潔淨只是耶穌所做一系列這種行為中最近的一次。其他的事情還包括：祂之前對罪的赦免（可2：10），並聲稱祂在律法和安息日之上的地位（2：23－3：6），祂也展示了祂對自然（4：35－41）、對惡魔勢力（5：1－20）、對疾病（5：21－34）、甚至對死亡（5：35－43）的控制，沒有人能否認耶穌行使了權柄。祂有權柄的事實，是整個馬可福音的一個基本主題，就連耶穌最致命的敵人，也不得不承認祂有權柄。

公會代表團所沒有問的第二件事，就是耶穌潔淨聖殿的正確與否，他們知道他們允許了明顯錯誤的事情在聖殿的院子裏進行了。

另一方面，他們又無法忽視耶穌所做的事情，畢竟，祂星期一的作為，彷彿祂是聖殿之主，祂有權去做祂所做的事情，祂這樣做便是在篡奪他們的特權。

因此他們有理由去正當地質問祂，沒有人能否認他們有權盤問耶穌有關祂潔淨聖殿之權柄的來源，畢竟耶穌沒有官方的身分，祂不屬於公會的一員，祂不是一個祭司甚或一個文士，祂在猶太人或羅馬人當中也沒有任何職位。

藉著問祂「仗著什麼權柄」，公會不是在質問耶穌所做的事情，而是祂這樣做的合法性。除此以外，他們還想讓祂對其權柄的來源作出一個聲明。

但他們的挑戰暗藏著一個陷阱。正如威廉・巴克萊所指出的，「他們希望將耶穌置於一種困境之中，如果祂說祂是仗著自己的權柄行事的話，那麼他們就完全可以將祂當作一個狂想症患者，在祂做出任何進一步的破壞之前把祂抓起來。」但「如果祂說祂是仗著上帝的權柄行事的話，那麼他們就完全可以用一個明顯褻瀆上帝的罪名把祂抓起來。」（Barclay, Mark, p. 291）

耶穌非常清楚他們想要迫使祂進入的圈套，「祂的回答是要將他們置於一種更糟糕的困境之中」（引文出處同上），祂用一個反問做到了這一點，這是當時的拉比所慣用的一種技巧。正如四福音所顯明的，耶穌是一個善於用祂令人無法回答的機敏問題，來回應一個狡猾問題的大師。宗教領袖們最終落到了「沒有人敢再問他什麼」的地步（可12：34），因為耶穌能在他們最擅長的遊戲中打敗他們。

祂在馬可福音11：29、30中的反問是一個天才之舉。對於施洗約翰權柄之來源的疑問，雖然看似與代表團的提問無關，但實際上卻是問題的關鍵所在，因為施洗約翰也是一個沒有被授權的教師，不是從耶路撒冷派來的。

這時，猶太領袖的代表團發現自己身陷窘境，他們絕對不能承認上帝差派了約翰，因為施洗約翰不斷地見證耶穌的彌賽亞身分，有一次還聲稱祂是「上帝的羔羊，除去世人罪孽的」（約1：29）。因此，承認約翰具有一種神聖的呼召，就等於是在承認耶穌的神聖呼召。有條件地接受約翰的差遣是來自天上的觀念，將使耶穌可以直截了當地問他們，為什麼不接受約翰給祂作的見證。這種回答是絕對不行的。

但另一種回答也不討好，否認約翰的神聖差遣是十分危險的，因為百姓都相信施洗約翰是一位真先知。因此這個難題的兩個犄角都同樣尖銳和麻煩。

這種現實迫使他們對於如何回答耶穌產生了爭論，有些學者將馬可福音11：30最後的「你們可以回答我」，解釋為祂讓他們停止爭論而給予一個回答的溫和敦促。

不論如何，他們終於結結巴巴地說出了一個相當無助、無效的表白，「我們不知道」（第33節），這個尷尬的答覆使得他們全盤認輸了。

請想一想他們的回答所具有的含義。鍾斯指出：「他們承認自己無法說明約翰是不是一個庸醫；他們承認自己無法分辨一場宗教運動的真偽；他們承認在這些高等的屬靈問題上他們無法判斷。他們藉著這可憐的回答把自己掃地出門了。」他們曾到耶穌面前提出，要對祂的主張和權柄作一個判斷。「但他們是誰，竟能對耶穌的主張作判斷？其實他們自己都承認，他們自己對約翰的工作都無法判斷，這些事是被屬靈地參透的，而他們已宣布自己是沒有屬靈能力的人，是領瞎子的瞎子。我們的主回答說：『我也不告訴你們，我仗著什麼權柄做這些事』（第33節）。」（Jones, vol. 3, pp. 116, 117）

詹姆斯·愛德華指出，領袖們所說「我們不知道」的回答不是完全真實的，更準確地說是他們「**不願意**知道」。他們對真理的判斷已被「大眾的評價」和既定的利益「所籠罩」。愛德華總結說：「那些不能誠實地對待自己的人，對耶穌也不可能是誠實的。」（Edwards, p. 353）

巴克萊進一步告訴我們：「整個故事生動地說明了那些不願面對真理的人會是怎樣的。為了避免面對真理，他們不得不拐彎抹角，最終使自己處於一種無法自拔、無話可說的境地。面對真理的人可能會有說自己錯了的恥辱，或站在真理一邊所帶來的危險，但至少他的未來是有力而光明的。〔但〕不願面對真理的人，只有愈來愈深地陷入使他無助與無效之境地的前景。」（Barclay, Mark, pp. 291, 292）

# 42 舊農場來了新佃戶

可12：1－12

1耶穌開始用比喻對他們說：「有人栽了一個葡萄園，周圍圈上籬
笆，挖了一個壓酒池，蓋了一座樓，租給佃農，就出去旅行了。2
到了收穫的時候，就打發一個奴僕到農戶那裏，要從農戶收葡萄
園的果子。3農戶拿住他，打了他，叫他空手回去。4再打發一個奴
僕到他們那裏。他們打傷他的頭，並且凌辱他。5又打發一個僕人
去，他們就殺了他。還有許多其他的也是如此。有被他們打的，
有被他們殺的。6園主還有一位，是他的愛子，最後打發他去，意
思說：『他們必尊敬我的兒子。』7不料，那些農戶彼此說：『這
是承受產業的，來吧！我們殺他，產業就歸我們了。』8於是拿住
他，殺了他，把他丟在園外。9這樣，葡萄園的主人要怎樣辦呢？
他要來除滅那些農戶，將葡萄園轉給別人。10你們沒有念過這經
嗎？『匠人所棄的石頭，那塊已成了房角的頂石。11這是主所作
的，在我們眼中看為希奇。』」
12他們看出這比喻是指著他們說的，就想要捉拿他，只是懼怕百
姓，於是離開他走了。

---

在馬可福音11：28中來自公會的代表，針對耶穌權柄的來源向祂發出了挑戰，祂沒有給他們一個直接的回答，而是問他們施洗約翰的權柄。如果我們能看出字裏行間的意思的話，我們就會

清楚地發現，耶穌實際上是在告訴宗教領袖們，祂和約翰的權柄都有一個共同的來源——上帝，但這個問題一直沒有達到攤牌的階段，因為領袖們拒絕回答祂的問題。

但在馬可福音12：1－12中，耶穌將其在11：27－33中含蓄的回答，變成了一種清楚的回答。當祂講完了惡佃農的寓言時，權柄的來源問題就真相大白了，祂在這段經文中聲稱，自己既是上帝的兒子，又是被祂所差來的（12：6），這樣，在回答馬可福音11：28向耶穌提出的問題時，祂聲明說祂做事所依仗的權柄不是別人的，正是天父上帝的。

但耶穌沒有用很多的話語來說明這一點。相反的，祂講了一個故事，一個在馬可福音第4章以外唯一重大的比喻。這個故事本身是相當坦白的，一個有錢的地主栽種了一個葡萄園，並在周圍圈上了籬笆（很可能是用荊棘做的），為要阻擋綿羊和山羊並且阻止穿越的人。然後，他就在這塊土地上挖了一個壓酒池，肯定也在四周塗上了灰泥。當葡萄熟透了的時候，收割的人就會用光著的腳來壓葡萄，葡萄汁會流入一個大缸中，以後好將其收集在大瓶子裏。主人甚至還建了一個塔樓，這樣不僅為農戶提供了庇護所，而且還可作為收穫季節的瞭望台（見Malina, p. 200）。總而言之，這是一個一流的葡萄園。

耶穌的故事提出了一個使任何有見識的猶太人都不會誤解的事情，祂描繪了一幅直接引自以賽亞書5：1－7的景象，而且祂的聽眾一定不會注意不到這樣一個事實，那就是在以賽亞書中，「萬軍之耶和華的葡萄園就是以色列家」（第7節）。

耶穌這時的聽眾全部都是猶太人，於是祂接著說了關於以色列民過去歷史的一個簡潔而準確的比喻。主人不斷地打發僕人去（舊約聖經經常稱先知為上帝的僕人或奴僕，如撒母耳記下3：18；阿摩司書3：7；耶利米書7：25；撒迦利亞書1：6），但這些僕人卻都被忽視或虐待了，以色列**過去的歷史**正是如此。但這個比喻的真正要點出現在第6節，耶穌在這裏將焦點從過去的事件轉移到了**現在的歷史**，主人這時打發了他的兒子去，他們卻把他給殺害了。

> 以賽亞論及上帝的葡萄園
>
> 「我要為我所親愛的唱歌，
> 是我所愛者的歌，論他葡萄園的事：
> 我所親愛的有葡萄園在肥美的山岡上。
> 他刨挖園子，撿去石頭，
> 栽種上等的葡萄樹，
> 在園中蓋了一座樓，
> 又鑿出壓酒池；
> 指望結好葡萄，
> 反倒結了野葡萄。……
> 我為我葡萄園所做之外，
> 還有什麼可做的呢？……
> 萬軍之耶和華的葡萄園，
> 就是以色列家。」（賽5：1、2、4、7）

在充滿了耶穌與耶路撒冷的宗教領袖不間斷且不斷升級的衝突背景中，這是一個大有能力的故事。在他們經歷了因不願回答耶穌對於約翰之權柄的公開提問而有的尷尬之後，他們可能想要一些空間來療傷和反思。但根據馬可的記載，耶穌並沒有給他們喘息的機會。相反的，祂採取了主動的進攻，當眾把他們擠到了牆角。

這比喻本身告訴我們許多有關耶穌的事情。首先，這指明祂對自己的身分是相當肯定的，祂不只是一個先知，而是上帝的兒子（第6節）。

這個比喻告訴我們的第二件事，是祂知道宗教領袖們將置祂於死地。當然，這對於馬可福音的讀者而言並不是什麼新鮮事，祂在馬可福音中已經三次具體地預言了祂的死（8：31；9：31；10：33、34），並且更多次地暗示了這件事。但在馬可福音12：7、8中，耶穌不是對祂所揀選的門徒，而是向宗教領袖們宣布了祂的死。事實上，祂做出了更進一步的宣告，祂宣稱祂知道他們將成為置祂於死地的工具。如此直言不諱的話語，本應成為對他們的一種喚醒的呼召。

第三，這個故事顯明耶穌確信祂在進入**未來歷史**時的最終得勝。這也不是什麼新鮮事，祂曾不斷地向祂那些不留心的門徒提到祂將來的復活（可8：31；9：31；10：34），但我們在這裏並沒有找到關於復活的論述。相反的，耶穌在馬可福音12：10、11中提出了一個引自詩篇118：22、23的經文，其中描述了那被棄絕的石頭最終成了最重要的建築材料，一個使其他一切材料固定在一起的建材。

這詩篇在其原本的上下文中，是把以色列國當作了被棄絕的石頭。世上的大國曾把以色列當作一個不堪一擊的小國，它一點也不重要，但詩人描繪被藐視的以色列最終將成為「房角的頭塊石頭」，就是列國中最重要的。

令聽眾感到吃驚的是，耶穌將詩篇118：22、23應用在祂自己的身上。正如A.B.布魯斯所指出的，「剛才被比作葡萄園丁，現在卻成了建造者，而那被趕出葡萄園並被殺害的繼承人，現在則成了一塊扔在一旁無用的石頭。」（A. B. Bruce, Parabolic Teaching, p. 458）耶穌是在聲明，上帝不是要將猶太國，而是將祂自己當作成為房角石的被棄之石，抬舉到榮耀的高處。簡言之，正如布魯斯所注意到的，耶穌是在「向祂的聽眾暗示說，他們殺害祂並不會將祂了結」（引文出處同上）。這樣看來，在馬可福音12章中，耶穌對死亡的勝利是暗指的而不是明說的，但祂對其最終得勝的事實並沒有絲毫的懷疑。

耶穌在馬可福音第12章中論歷史

1 過去的歷史：對先知信息的拒絕。
2 現在的歷史：對耶穌的棄絕。
3 未來的歷史：耶穌的得勝和一個新百姓的創造。

但耶穌還沒有向祂的對手善罷甘休。祂不僅將詩篇第118篇應用在自己的身上，而且祂還清楚地告訴猶太領袖，他們和不忠心的佃戶一樣，也將被除滅，並且葡萄園也將會交給別人（可12：9）。或者像馬太對此故事的描述所說的：「上帝的國必從你們奪去，賜給那能結果子的百姓」（21：43）。這新百姓或「國民」（RSV中譯），就是由猶太人和外邦人共同組成的基督教會（見羅馬書第9至11章）。

耶穌已經說得再強烈或再清楚不過了。馬可告訴我們，猶太領袖們「看出這比喻是指著他們說的，就想要捉拿他。」（可12：12）路加更生動地描述了他們的反應，他說那些領袖就大聲說：「這是萬不可的」（路20：16）。

這樣，耶穌終於回答了他們在馬可福音11：28所提出，有關其權柄來源的問題，祂的權柄是直接從祂的父上帝那裏來的。

與此同時，耶穌和猶太領袖之間即將發生的攤牌正在逐漸顯現，這在很久以前就已達到了無法挽回的地步了。他們知道這一點，而祂也知道。

然而，耶穌雖然馬上就要死了，祂卻仍然全心地相信最終的勝利。祂的第一批讀者，就是那些見證這場復活勝利的人，一定因祂對未來歷史的信心而受到鼓舞，因為他們也面臨著在羅馬和其他地方的艱難時刻。祂對未來歷史滿有把握的信心，依然安慰著兩千年後我們這些等候祂國度圓滿成功的人。

# 43 一個關於政府的問題

可12：13－17

13後來，他們打發幾個法利賽人和希律一黨的人到耶穌那裏，好就
著一句話來陷害他。14他們來了，就對他說：「老師，我們知道你
是誠實的，也不在乎任何人的評價，因為你不看人的外貌，而是教
訓上帝在真理中的道。納人頭稅給該撒可以不可以？15我們該納不
該納？」耶穌知道他們的假意，就對他們說：「你們為什麼試探
我？拿一個銀幣來給我看！」16他們就拿了來。耶穌說：「這像和
這字是誰的？」他們說：「是該撒的。」17耶穌說：「該撒的物當
歸給該撒，上帝的物當歸給上帝。」他們就很希奇他。

---

「他們打發」。

馬可沒有告訴我們「他們」是誰，但這一定是那些耶穌曾在他們試圖用關於權柄的問題來陷害祂的經歷中，被打敗的公會成員（可11：27－33），這些領袖大概也在惡佃戶故事的聽眾席中（12：1－11）。

由於他們最近剛在和耶穌較量的兩個回合中失敗，所以他們變得更氣急敗壞，他們想要找到敗壞祂名譽的證據。在這第三次的對抗中，他們決定不親自接觸耶穌，而是打發一個由法利賽人和希律一黨的人組成的代表團去。

這個團體的組合本身就很奇怪，其實，這兩派人本是宗教和

政治問題上的死對頭。屬於愛國黨派的法利賽人，嚴格遵守他們的宗教禮儀，並視羅馬人的統治為一種令人討厭的重軛。簡言之，他們是反羅馬的。而希律一黨的人卻不太遵守他們的宗教禮儀，而且一般都支持羅馬人的統治，因為他們能因與希律家族統治者的關係而從中獲益。

人們通常看不到法利賽人和希律一黨的人在一起合作，但一個共同的敵人至少暫時將他們聯繫在一起了。同樣的動力也將在那週隨後的日子裏，對希律和彼拉多產生同樣的作用。路加在談到耶穌臨死前的事件時注意到：「從前希律和彼拉多彼此有仇，在那一天就成了朋友」（路23：12）。敵人的敵人就是朋友。

公會中的一些領袖不僅打發法利賽人和希律一黨的人去，而且他們可能還構想了問題的具體問法，至少這個問題製造了和他們在馬可福音11：27－33中，問耶穌權柄之來源的問題時出現同樣的困境。兩個問題都提出了一個叫人進退兩難的難題，不論耶穌怎樣回答，領袖們都能定祂的罪。

從兩個對立的黨派中選取代表來提問題的做法，是很聰明的一步，這讓人以為他們是因為對問題的答案發生爭論，因此便到耶穌那裏尋求解決方法。

看一看他們來的樣子吧，公會的代表團在和耶穌談論其權柄的來源問題時，對祂說話的態度是非常傲慢的（可11：27、28），而這些人卻將耶穌當作拉比，就是有權柄的教師（12：14）。他們的做法不僅謙恭，而且還流露著諂媚之舉。藉著強調祂的勇敢、正直和誠實，他們想將耶穌置於一種使祂為了維護其名譽而不得不給予答覆的地步。

他們曾為這個問題做了精心的準備。馬可告訴我們，他們的目的就是要「抓住」或「陷害」耶穌（12：13），他們這次盡可能地為這個陷阱做了偽裝。

這問題本身就是個非常出色的問題，這是猶太群眾中非常現實的問題，是一個人們特別想知道答案的問題。

給羅馬納稅的問題，已破壞了猶太人的團結二十多年了，這個問題始於西元6年，當時羅馬人以管理不當為名，廢除了大希律王的兒子亞基老，並將猶大變為羅馬的一個行省，置於皇帝所任命的行政長官掌管之下。

隨著羅馬的直接統治而來的，是直接的徵稅，這個稅收是不受歡迎的，不久高隆人猶大（也被稱為加利利的猶大，見徒5：37）便在猶大地領導了反對羅馬統治的起義。猶大喚醒他的猶太同胞說：「如果他們能忍受自己向羅馬人納稅並甘願……將必死的人當作主一樣來順從的話，他們就是一群懦夫。」（Josephus, War, 2.8.1）羅馬很快就以其慣有的效率，平定了猶大和他的同黨，但他的思想並沒有和他一同死去。根據一世紀的猶太史學家約瑟夫的記載，猶大創立了「猶太哲學的第四個宗派」，一個主張「上帝是他們唯一的統治者和主」的派系（Josephus, Antiquities, 18.1.6）。這樣，約瑟夫將猶大當作了猶太教中，後來被稱為奮銳黨的創始人，他們所採取的立場是，猶太人不應給羅馬納稅。他們對羅馬統治有力而激烈的反對，將導致耶路撒冷於西元70年的毀滅。

因此，當法利賽人和希律一黨的人，帶著他們對於是否可以向該撒納稅的問題來找耶穌時，這是一個別有用心的問題。一面是對此問題絕對贊同的希律一黨的人，一面是雖然納了他們的人頭稅，但卻認為這是個有疑問之問題的法利賽人。

耶穌的對手精心地設置了他們的圈套，而且這個圈套看似是無法逃脫的，不論耶穌怎樣回答，祂都會遇到麻煩。如果祂站在希律一黨人的一邊而說：「可以，這是合理的」，法利賽人就會譴責祂是個賣國賊，並摧毀祂在百姓中的威望。畢竟，猶太教中「要拯救以色列人脫離該撒和一切壓迫」的政治性彌賽亞，不可能是一個吩咐「他們納稅」的人。（V. G. Simkhovitch, in Rawlinson, p. 165）

但如果耶穌站在法利賽人一邊，並宣布繳納羅馬人頭稅是不合理的，希律一黨的人又立刻會將祂當作一個叛徒而報告給羅馬當局。這對於耶穌來說是一個無法獲勝的處境，這個圈套本身是一個天才之舉。

但耶穌的不回答也是同樣天才之舉，耶穌沒有給予一個直接的回答，反而要求看一個銀幣，好使祂可以加以審查。祂看到了什麼呢？這種錢幣不僅一面有提庇留的頭像，而且在其邊緣上還刻有「提庇留該撒，聖奧古士都之子」的字樣。錢幣的另一面有拉丁銘文「pontifex maximus」，就是大祭司的意思。（見Bromiley, vol. 3, p. 409）

若不理解古代世界的造幣哲學，我們就無法看出徵稅的全部含義。錢幣的鑄造是一種政治霸權的舉動，一個錢幣在統治者的領地中是有效的。接受和使用一個統治者的錢幣，就是承認他的主權。

由於許多羅馬行政長官對於猶太人對偶像和稱為神的忌諱十分敏感，所以有些在猶大地鑄造的小錢幣，便帶有更能令他們接受的符號（引上出處同上，p. 408；Rawlinson, p. 166）。但用一個帶有提庇留頭像和冒犯字樣的銀幣來繳納羅馬人頭稅，這決不是出於偶然，用這樣的錢幣納稅，就是一種效忠羅馬統治者的舉動。

因此，當耶穌要求查看納稅時所需的銀幣時，祂又勝了祂的對手一籌。祂不僅避開了他們精心設計的圈套，而且當眾將他們置於一種尷尬的地步。正如布魯斯・馬里納和理查・羅爾堡所指出的，耶穌「哄騙了」祂的那些假冒為善的對手，「去顯明他們懷揣著那（帶有）不潔淨（銘文）……的錢幣」，然後又迫使他們回答祂的反問——「這像和這字是誰的？」（Malina, p. 201；可12：16）

他們別無選擇，只得回答「是該撒的」。藉著這個回答，他們已經回答了他們自己所有關於給羅馬納稅之合理性的問題。藉著使猶太領袖處於不得不承認他們自己向羅馬納過稅的地步，耶穌化解了他們的圈套。

這時，祂便可以提供一些有建設性的教訓了。祂接著說出了祂那著名的話語，「該撒的物當歸給該撒，上帝的物當歸給上帝」（可12：17）。祂實際上是在說，接受政府之好處的人，有責任作一個支持那政府的好公民。保羅後來將在羅馬書13：1－7中解釋這個教訓。

但在祂的回答中最值得注意的部分，是耶穌聲稱人類的政府只有有限的權柄。也就是說，人類的政府在上帝的領域裏是沒有控制權和影響力的。鍾斯指出：「法利賽人認為，當政府提出與他們覺得應歸給上帝的事情相衝突的要求時，他們便有責任不服從政府。這種想法是正確的，但這個納稅的要求還遠未達到這種地步。」根據耶穌的說法，政府這時還「完全在其許可權範圍內」（Jones, vol. 3, p. 144）。但後來，當政府當局想要禁止使徒向百姓傳揚耶穌的信息時，他們便按照耶穌的格言回答說：「順從上帝，不順從人，是應當的。」（徒5：29）

考慮到祂在歷史上的時間不多了，耶穌所作出的最激進的教訓之一，就是政府的權力是有一定限制的。與此同時，受逼迫的羅馬基督徒，可以用祂關於作負責公民的教訓，來保衛基督教免受不忠於政府之罪名的指控。

# 44 一個關於復活的問題

可12：18－27

18撒都該人常說沒有復活的事。他們來問耶穌說：19「老師，摩西
為我們寫著說：『人若死了，撇下妻子，沒有孩子，他兄弟當娶他
的妻，為哥哥生子立後。』20有弟兄七人，第一個娶了妻，死了，
沒有留下孩子。21第二個娶了她，也死了，沒有留下孩子。第三個
也是這樣。22那七個人都沒有留下孩子，末了，那婦人也死了。
23當復活的時候，她是哪一個的妻子呢？因為他們七個人都娶過
她。」
24耶穌說：「你們所以錯了，豈不是因為不明白聖經，不曉得上
帝的大能嗎？25人從死裏復活，也不娶也不嫁，乃像天上的使者
一樣。26論到死人復活，你們沒有念過摩西的書荊棘篇上所載的
嗎？上帝對摩西說：『我是亞伯拉罕的上帝，以撒的上帝，雅各
的上帝。』27上帝不是死人的上帝；乃是活人的上帝。你們是大錯
了。」

---

在此，我們遇到了馬可福音中唯一一處提到撒都該人的經文，他們在許多問題上都反對法利賽人的立場。撒都該人是由祭司和貴族組成的黨派，因此他們要比分離主義的法利賽人，更親近羅馬和巴勒斯坦的其他統治集團。

這兩大猶太派系最主要的區別之一，是撒都該人拒絕接受法

利賽人所津津樂道的口頭遺傳。事實上，撒都該人對聖經具有一種非常狹隘的見解，他們只接受摩西五經為權威性的著作。這種立場導致他們對天使、魔鬼和復活等類的教訓，都持有否定的態度，他們不相信摩西五經中有過關於這些方面的教訓。

因此這兩派人之間，對於像復活之類的問題，便存在著極大的矛盾。保羅在使徒行傳中，曾藉著宣稱他對復活的問題持有法利賽人的立場，而利用這種矛盾來化解他在公會面前的受審。立時「會眾分為兩黨」，而且兩派之間對此問題「大起爭吵」（徒23：6－10）。

人們對於復活的問題，總是非常的情緒激動。結果法利賽人在《米示拿》中以編成法典的形式說，那些主張沒有從死裏復活之事的人，「在來世中無分」（〈論公會〉10：1）。

所以，就像納稅的問題一樣，撒都該人向耶穌提出的關於復活的問題，不僅僅是一種學術問題。摩爾娜·胡克顯然是正確的，她寫道：撒都該人「以為他的觀點和法利賽人的觀點是一致的」（Hooker, p. 282），因此，他們不僅想使耶穌陷入困境，同時也給法利賽人沉重的一擊。這個問題本身可能是在次經《多比傳》中得到靈感的，因為其中提到一個婦人許配給了七個丈夫，但在那個故事中，每個丈夫都在正式結婚前就死了（多比傳3：7－15），而撒都該人的版本卻有所不同。在他們的論證中，這個婦人與七個兄弟依次都結成了婚，但他們都沒生孩子就死了。

這個故事對於二十一世紀的人來說，看起來可能有些令人感到奇怪，但在古代近東世界中卻並非如此。當時在當地盛行著一種被稱為利未拉特婚姻的習俗，摩西在申命記25：5－10中提出了這種教訓。大致內容就是，一個已婚的人若在死前沒有兒子，那麼他的兄弟就應將那寡婦娶為妻。她的第一個兒子將取那已故兄弟的名，這樣他的家系就能得以延續。從理論上說，此過程應是一個兄弟接一個兄弟地延續下去，直到那婦人生出一個男孩為止。這種習俗本身不僅保留了各種姓氏，而且也保護了家庭的財產。另外，這也為寡婦在一個死亡率高，而且自身又沒有多少權益的社會中，提供了一定的安全保障。利未拉特婚姻在聖經的許多地方出現過，最著名的兩處，可能就是她瑪和猶大眾子的婚姻（創38章），以及路得和波阿斯的故事（得4章）。

撒都該人就是帶著這種思想背景來找耶穌的。當然，他們講這個故事的方式，是為了證明復活的思想是不對的。她和七個兄弟在天上都結婚的想法，確實顯得很荒唐，他們以此來使耶穌當中出醜。

羅林森的看法可能是正確的，他認為這個問題「可能是他們反對死人復活思想……的常備論據。」（Rawlinson, p. 168）由於他們顯然是開玩笑似的問這個問題，而且這是一個假想的情形，所以耶穌本可以很合理地拒絕回答。

但這並不是耶穌的風格，祂藉此機會給了一個正面的教訓。祂的回答有兩點：

1. 他們不明白聖經。
2. 他們未能領會上帝的大能（可12：24）。

對於第一點，耶穌沒有用那些舊約聖經最清楚地教導復活的章節（如賽26：19；結37；但12：2；或伯19：26），因為撒都該人不接受聖經這些部分的權威性。相反的，祂引用了摩西的話語，藉此暗示他們甚至對聖經中所接受部分的教訓也是無知的。回到出埃及記3：6，其中提到上帝在燒著的荊棘中與摩西相會，並宣告說祂是亞伯拉罕、以撒和雅各的上帝，耶穌指出上帝是活人的上帝，而不是死人的上帝（可12：26）。

換句話說，以色列的上帝沒有忘記祂與先祖們所立的約，他們沒有因為死亡而進入不存在的範疇。相反的，復活證明上帝是活人的上帝。偉大的先祖們「在他看來……都是活的」（路20：38，RSV中譯），並且等候末時的復活（見但12：2；林前15：51－55；帖前4：16、17；來11：39、40）。正如佛洛德・菲爾遜所指出的，「耶穌認為上帝會使萬事更新，並會為祂的百姓與祂永遠一同生活提供一個合適的地方。因此祂肯定地認為那些人將要復活，並在那完美的永恆國度中獲得他們的地方。」（Filson, pp. 236, 237）

耶穌回答的第二點，是撒都該人不理解上帝的大能（可12：24）。和許多現代人一樣，他們顯然以為來生，就是對我們所了解的今生稍加改變的人生。正如查德威克所說：「撒都該人唯一能想像得到的，就是他們的新生將是對他們現有之存在的一種複製。」他繼續評論說：這是一種他們聰明得足以對其加以否定的理論（Chadwick, p. 333）。

撒都該人所拒絕的事情確實是錯誤的，但他們的錯誤卻在於他們對未來存在的可能性，缺乏任何成聖的想像力——他們未能領會創造主上帝在一個沒有罪的世界中的創造力。正如鍾斯所指出的，「撒都該人在他們對來生的一切思想中，所忽略計算的就是上帝。」（Jones, vol. 3, p. 153）詹姆斯・愛德華生動地指出：「就像一個**未出生**的嬰孩無法想像一首貝多芬鋼琴協奏曲，或黃昏時的大峽谷一樣，我們也無法想像天上的存在。」（Edwards, p. 368）

耶穌沒有告訴撒都該人天國將會是什麼樣，即或祂告訴了他們，他們的思想也無法領會。但在回答他們有關利未拉特婚姻的具體問題時，祂告訴了他們，人在天上既不娶也不嫁，而是會像天使一樣（可12：25）。

這句話激起了人們歷代以來的猜想，特別是那些認為來生是今生的一種直線延伸的人。我清楚地記得一位在波多黎各的牧師告訴我，說如果天國裏沒有性生活，他就不想去那裏。

這是需要考慮的一點，但在我們考慮到這一點的同時，我們也需要牢記，正如我們所知道的婚姻和性生活在今世的意義。羅林森論證說：「從肉體方面說，婚姻的目的就是為了物種的延續（對於撒都該人所提到的利未拉特婚姻律法更是如此）；但這是完全與生活在一個充滿死亡的世界中無關的。在死亡被廢除的地方，婚姻（從肉體的角度說）和生孩子也將被廢除。那些得以復活的人，將在這一方面**像天上的天使一樣**。」（Rawlinson, p. 168）

我們雖然對來生所知甚微，但我們卻知道，既然我們今生的某些方面會被改變，作為人世間幸福的核心，相愛的關係將比現在還要重要。正如鍾斯所斷言的，如果我們沒有婚姻的話，我們會有某種「比婚姻還要榮耀和美好的東西」（Jones, vol. 3, p. 154）。我們無法準確地想像出那可能會是什麼，但我期待著要去查個究竟。鍾斯還說：「我為自己而感到滿足，簡單地說：我們在天上不會失去任何真的值得擁有的東西。天國不會奪走我們任何真正的喜樂，任何真實的快樂，任何滋潤人心的愛。天國意味著完全的喜樂，完美的幸福。」（引文出處同上，p. 155）

# 45 一個關於上帝誡命的問題

可12：28－34

28有一個文士來，聽見他們辯論，見耶穌回答得好，就問他說：
「誡命中哪是最重要的呢？」29耶穌回答說：「最重要的，就是
說：『以色列啊，你要聽，主我們上帝，是獨一的主。30你要盡
心、盡性、盡意、盡力愛主你的上帝。』31其次就是說：『要愛人
如己。』再沒有比這兩條誡命更大的了。」32那文士對耶穌說：
「老師說，上帝是一位，實在不錯。除了他以外，再沒有別的上
帝。33並且盡心、盡智、盡力愛他，又愛人如己，就比一切燔祭和
各樣祭祀更大。」34耶穌見他回答的有智慧，就對他說：「你離上
帝的國不遠了。」從此以後，沒有人敢再問他什麼。

---

在此章節中，我們發現一個乍看起來，像是與馬可和馬太的記載相矛盾的故事。在馬可福音中，文士似乎對耶穌是友善的，而且這段話是以一句對文士的讚揚而結束的。但馬太的記載不僅沒有讚揚的話，還說這是官方想要「試探耶穌」（太22：35）。

這兩段經文可能並不像它們最初所表現得那樣不同，因為這個文士在這兩本福音書中所提的問題，都是在相同的敵對背景下發出的。在這種背景下，我們看到耶穌和猶太領袖之間發生了一系列的對抗。

正如查德威克所建議的，這可能是由於這個文士「可能同

意」其他猶太領袖的敵意，「並且是帶著挫敗耶穌的希望和願望而來的。」（Chadwick, p. 337）但這個文士顯然是聽眾中的一員，他在聽到了耶穌對祭司、法利賽人、希律一黨的人和撒都該人的回答之後，就領悟出耶穌的回答富有深度與智慧。這樣，他雖然是想來試探耶穌，但出於心靈的誠實，他的攻擊性開始逐漸緩和了。

結果，這位文士專家在看出耶穌對其他問題「都回答得好」之後，就在一種對耶穌的複雜思想背景中提出了他自己的問題。

這個問題和前面的幾個問題一樣，也是猶太人日常生活中的一大問題。律法學者得出結論認為，聖經中含有大約613條誡命，包括365條禁令和248條積極的命令。在這613條中，拉比們區分出了他們所認為「重」和「輕」的誡命。耶穌似乎曾影射過這種區分方法，祂說：「無論何人廢掉這誡命中**最小的**一條，又教訓人這樣作，他在天國要稱為最小的」（太5：19）。正如我們所能想像的，重的誡命帶有更為嚴厲的刑罰。

在這種背景下，這個關於「第一的誡命」的問題（可12：29），不是關於順序上的排序，而是哪個是最需要遵守的。但有些猶太人甚至也反對某些事情比其他事情更要緊的思想。和現今的一些基督徒一樣，他們也認為每條誡命都是一樣重要的，對於罪也是如此。你若不是與上帝站在一邊，就是與祂為敵。歷代以來，這樣的信徒都容易拘泥於儀式，並竭力在他們的日常生活中成為一個行為完美主義者。

但其他的猶太人卻不認同這種觀點，並且為哪個是所有律法中最要緊的一條而辯論不休，馬可福音12：28中的這個文士就屬於後一種人。他可能是帶著想要試探耶穌的目的而來，但更深層的，他真的很想知道什麼是信仰中的真正要素。他肯定認識許多對自己的敬拜和生活方式非常在意的人，但他們看起來卻和那些對上帝不感興趣的人一樣「失落」。無論如何，耶穌在這個問題中看到了一種真誠，便給這個文士提供了一個直接的回答。

大多數的旁觀者，可能指望耶穌會選擇十條誡命中的一條，但祂卻掠過了十條誡命而選擇了猶太人最熟悉的一節經文——申命記6：5。這節經文是（Shema）或猶太教信經的一部分，這是一切猶太教崇拜活動的開場白和晨禱的一部分，實際上，耶穌將信仰的核心定義為全身心地愛上帝（可12：30）。

這個回答本來應該足夠了，但耶穌卻決定要提到第二大誡命（第31節）。祂這次引用的是利未記19：18，就是要愛人的命令。這兩節經文和耶穌整個教訓所包含的前提假設是，若不愛他人就不可能真正愛上帝，使徒約翰充分說明了這一點。他寫道：「人若說：『我愛上帝』，卻恨他的弟兄，就是說謊話的；不愛他所看見的弟兄，就不能愛沒有看見的上帝」（約一4：20）。

在我們結束有關耶穌對文士回答的討論之前，我們應注意到以下幾點。首先，對於基督徒而言，遵守這兩條命令是絕對重要的。另一方面，正如詹姆斯・愛德華所指出的，「這兩條誡命不應被混合成一種妥協的混合物。耶穌宣布這兩條誡命的順序，暗示著愛上帝是愛人的先決條件。」（Edwards, p. 372）

第二，新約聖經其餘部分的倫理觀念，都是建立在耶穌所說信仰的核心就是要愛的這一回答之上。因此保羅可以寫道：「全律法都包在『愛人如己』這一句話之內了」（加5：14）。他在羅馬書第13章中重述了相同的思想，他在其中提到：「愛就完全了律法」以及「愛人的就完全了律法」（第10、8節）。但在那一章中，使徒保羅使我們更清楚地看出要愛的命令與十條誡命的關係。更具體的說，他明確地將十誡的第二塊法版中的那幾條誡命，與第二大誡命聯繫在一起。如此，他將諸如不可殺人、不可偷盜等等的誡命，與愛他人的命令聯繫在一起（見第9、10節）。我們還應牢記雅各的見解，「凡遵守全律法的，只在一條上跌倒，他就是犯了眾條」（2：10），也是建立在所有的誡命構成了一個整體以愛為根基的事實上。

亞倫・科爾說得非常正確。他寫道：「真信仰的核心（從耶穌的角度來看）被看為不在於消極的命令，而在於對上帝和對他人積極的愛的態度，這是新約聖經中保羅式的『自由』（加5：1）。這是聖奧古斯丁在說『盡情的去愛與行動吧』時所表達的意思。因為這種對上帝和對他人的愛，本身就會使我們遠離導致傷害的放縱。如果我們愛他人，我們就不會做任何給他們帶來傷害的事情；如果我們愛上帝，我們所喜愛和選擇的，就會是遵行上帝的旨意，並作他所喜歡的事情（詩40：8）。」（Cole, p. 267）

我們對於耶穌的回答所應記住的第三件事，並不是什麼獨到的見解。拉比亞基巴（西元二世紀初）和希列（西元前一世紀）在談到利未記19：18時，都對愛人的重要性提供了類似的回答。而《但以理約書》5：3和《以薩迦約書》5：2；7：6（兩部寫於西元前二世紀的著作），也將律法總結為愛上帝和愛人。雖然這兩部約書確實可能經過了一些基督徒的編輯，但耶穌對於律法之結論的驚人之處，似乎並不在其獨特性，而是在於祂實質上與當時一些最好的猶太思想家是一致的。摩爾娜・胡克說得非常正確，她寫道：馬可關於最重要之律法的故事，「再次提醒我們，耶穌可能比四福音所經常暗示的，要更加接近一些和他同時代的猶太人：其他人也分享了祂對於什麼是最重要之事的關注。」（Hooker, p. 289）

**新約聖經對於十誡律法**
**和一般律法的觀點**

十誡律法是一般律法的基礎 = 愛

▼

愛的兩大物件 =（1）上帝（2）他人

▼

如何愛的具體規定 = 十誡

愛上帝的意思就是

1 敬拜祂超乎萬事之上
2 不用一個偶像來代替實體
3 尊敬祂的名
4 尊敬祂的日子

愛他人的意思就是

5 尊敬父母
6 尊重他人的生命
7 尊重婚姻關係
8 尊重他人的財產
9 尊重對真理的需求
10 不貪戀屬於別人的任何東西

我們應從耶穌對這關於最大誡命之問題的回答中，學到的最後一件事是，如果有更多的教友用心領受耶穌的回答並付諸行動的話，教會就會成為一個更令人愉快的地方了。每個教會都有一些「虔誠的」教友，他們行事彷彿能愛上帝，但對他人卻極其粗魯無禮。除此以外，我們會不斷遇到那些極其在意他們該怎樣守安息日或該吃些什麼，但為人卻比魔鬼還要刻薄的人。

馬可福音12章中的這個文士，是那些在什麼是信仰核心的問題上，與耶穌意見一致的猶太領袖之一，他不屬於那種將儀式和行為放在中心的律法主義派系。因此他不僅讚揚了耶穌的回答

（第32節），而且暗指了諸如撒上15：22；何6：6；彌6：6－8等宣稱愛上帝和愛他人，「比一切燔祭和各樣祭祀更大」（可12：33）的章節。

考慮到馬可是在記載一系列衝突故事的事實，令人感到相當意外的結果是，耶穌因這個文士有見識的回答而誇獎他說：「你離上帝的國不遠了」（第34節）。這是多麼大的角色對換啊！這個本來要來評判耶穌的人，結果反倒被祂給評判了。

但「不遠了」是什麼意思呢？這個文士在遇見耶穌之後發生了什麼事情呢？他是不是像那個有錢的少年官一樣，在靠近之後又在最後時刻躲開了呢？（可10：17－22）還是，他是那些最終加入使徒隊伍中的猶太領袖之一呢？（徒15：5；6：7）

我們不知道，但我們確實地知道，離上帝的國不遠，說明他還在國的外面。正如查德威克所提醒我們的，「我們可以了解、羨慕和承認耶穌的偉大和良善，卻仍然未放棄一切來跟從祂。」（Chadwick, p. 340）「不遠」的意思不是有點失喪，而是完全地失喪，所有這樣的人必須消除差距，然後進入上帝的國。

# 46 真正的問題

可12：35－37

35耶穌回答完了，便在殿裏教訓人時說：「文士怎樣說基督是大衛
的子孫呢？36大衛被聖靈感動，說：『主對我主說，你坐在我的右
邊，等我將你的仇敵放在你的腳下。』37大衛既自己稱他為主，他
怎麼又是大衛的子孫呢？」這一大群人都喜歡聽他。

---

拉爾夫・馬丁寫道：「經過了充滿問題的一天之後，終於出現了這一天的關鍵問題。」（Martin, Where the Action Is, p. 106）

各種問題來自於祭司、法利賽人、希律一黨的人、撒都該人和文士，而耶穌都用巧妙的方法給他們一一解答了，以至於猶太領袖們得出結論，認為他們最好不要再問耶穌任何問題了（可12：34），他們所提出的每個問題都成了耶穌闡明其知識的機會，祂讓其對手一概閉口無言，他們已經提夠問題了。

但耶穌還沒有。祂還有一個問題要問。正如法蘭西斯・摩洛尼所說的，祂「還沒有結束他對領袖們系統化的消除」（Moloney, p. 243）。祂的問題將是最關鍵的問題，這個問題將反映祂的身分，而事實上，這個祂曾私下裏在去該撒利亞腓立比的路上向門徒提起的問題，還將在耶路撒冷的聖殿裡當眾提出。祂曾問門徒說：「人說我是誰？」（可8：27）。

為了使我們對馬可福音12：35－37中所發生的事情有一個全

面的了解，我們需要將聖經翻到馬太福音22：41－45，因為馬可的簡略版將部分的情景給省略了。我們在馬太福音中發現許多在馬可裡所看不到的方面。首先，我們發現耶穌的問題是向法利賽人發出的，這一派的人接受全部的舊約聖經，並且殷切地期盼著彌賽亞的來臨。我們所學到的第二件事，是在此之前的一個問題和一個回答。馬太引述耶穌的話說：「論到基督，你們的意見如何？他是誰的子孫呢？」他們即刻回答說基督「是大衛的子孫」（太22：42）。

好了，在作進一步的闡述之前，我們要想領悟到一世紀的猶太人從這節經文中所理解到的東西，就最好先解釋一下某些術語。首先，請注意耶穌沒有把基督當作一個名字來用，而是把它當作了一個職位，這樣看來，祂在馬太福音22：42中問的是「基督」這個概念。基督是彌賽亞的希臘譯文（Christos），這兩個詞語都是指「受膏者」的意思，正如聖經時代的君王都在他們加冕時用油受膏一樣，那要來的彌賽亞也將如此。

我們需要查考的第二個術語是「大衛的子孫」。在所有稱呼彌賽亞的頭銜當中，最常用的就是大衛的子孫，猶太人期盼著一位從大衛的世系中被上帝差來的拯救者（如見撒下7：12、13；賽9：2－7；11：1－9；耶30：9；結34：23）。正如前面提到過的，從他們的角度來看，大衛的子孫彌賽亞，將是一個從大衛的世系中出現的一個像大衛一樣的人，一個能使本民族脫離他們所仇恨的羅馬統治的善戰君王。

難怪馬太福音第1章和路加福音第3章中的家譜，都將耶穌的世系追溯到了大衛，祂真的是對那個預言的應驗。瞎眼的巴底買曾將大衛的子孫這個頭銜用在耶穌的身上（可10：47），耶穌在這週的前幾天凱旋入城時，民眾對祂使用了這個頭銜（11：10），有些人明確地盼望，耶穌就是那盼望已久的大衛子孫，祂將使他們從仇敵的手中得釋放。弗朗斯認為，耶穌未能制止巴底買和「耶路撒冷城外的群眾」使用這個頭銜，這「似乎說明祂並不覺得這有什麼不可。的確，祂進城的方式似乎對此給予了積極的鼓勵。」（France, Mark, NIGTC, p. 483）

帶著這些認識，我們現在可以回過頭來看馬可的記載了。當法利賽人公開指明基督是大衛的子孫之後（太22：42），耶穌問了祂最關鍵的問題：「文士怎麼說基督是大衛的子孫」，而當「大衛被聖靈感動」時卻「說：『主對我主說，你坐在我的右邊，等我把你仇敵放在你的腳下』大衛既自己稱他為主，他怎麼又是大衛的子孫呢？」（可12：36、37）

耶穌所提出的論據，取自於詩篇110：1，祂在馬可福音12：36中引用了這節經文，聽祂講話的法利賽人確信這是一個有關彌賽亞的章節。耶穌對這種解釋沒有任何問題，但祂的問題卻顯明，那些因自己的聖經知識而驕傲的法利賽人，真的沒有理解這些話語。耶穌問他們說：如果彌賽亞是大衛的子孫的話，那麼大衛怎麼能稱他為「主」呢？

要想理解這個問題的含義，我們需要再次記得，對於猶太人而言，從嚴格意義上說，彌賽亞應是一個從大衛的世系中延續下來的人類子孫，但耶穌向他們證明，他們沒有仔細閱讀這段經文。耶穌告訴他們，大衛在上帝的感動下稱彌賽亞為「我主」。「主」這個字（kurios）是希臘文七十士譯本（舊約的希臘文譯本）用來翻譯希伯來聖經中「耶和華」（上帝）的希臘詞語，耶穌向法利賽人指出，大衛是在聲明那將要來的彌賽亞／基督不僅是一個人，而且也是上帝。因此「大衛的子孫」雖然是對彌賽亞的一種正確描述，但卻是不充分的。彌賽亞不僅是大衛的子孫，而且是他的主。

耶穌在祂與法利賽人的對話中至少完成了三件事。首先，祂公開證明了他們作為解經者之資格不足。其次，祂為自己作了一個非常好的聲明，正如鍾斯所指出的，「基督按照肉體說是大衛的子孫，儘管法利賽人因為祂沒有穿戴皇室的衣袍而未能認出祂來，但祂要比大衛的子孫大得多，祂是大衛的主。法利賽人的錯誤不是他們把彌賽亞想得太崇高了，而是他們想得不夠崇高。他們所想像的彌賽亞不是別的，只是人。耶穌在此宣告說祂是神——連偉大的大衛都稱呼祂為主，藉著作出這個關於彌賽亞的巨大而驚人的聲明，耶穌是在為自己作這樣的聲明。祂已經在本週做到了這一點，那就是藉著謙卑地騎驢凱旋進入耶路撒冷，以及藉著主張祂對聖殿的權柄而做到的。因此法利賽人知道，在這句關於大衛之主的話語中所暗示的一切。」（Jones, vol. 3, p. 185）

耶穌與法利賽人的對話中還有第三個含義。拉里・胡爾塔多正確地指出：如果彌賽亞不只是大衛的子孫，則「大衛作為彌賽亞的一種模範和形象的地位就受到了挑戰。」（Hurtado, p. 204）也就是說，如果彌賽亞只有子孫的身分，那麼他就應效法大衛的榜樣，並且行使他作為一個善戰君王之拯救者的職責。但如果彌賽亞高於大衛，則人類的君王就不再是一種具有充分資格的模範了。

耶穌便是如此。祂接受了彌賽亞和大衛子孫的頭銜，但祂拒絕了猶太定義中的限制。耶穌從未作為一個善戰的君王而來，而是作為上帝的羔羊（約1：29）。祂不只想要拯救猶太人脫離羅馬人，而是要救祂各處的百姓脫離他們的罪（太1：21）。

馬可沒有告訴我們法利賽人對於耶穌有關基督之教訓的直接回答是什麼，但他卻提到了「這一大群人都喜歡聽他」（可12：37）。

耶穌在馬可福音12：36中對詩篇110：1的使用，顯示了祂對其使命之理解的另外兩件事：

1 祂將得勝並且坐在上帝的右邊，

2 祂將最終戰勝祂的仇敵，祂的仇敵將變成祂的腳凳。

這種有把握的信心對於馬可的第一批讀者來說，是至關重要的，因為他們在羅馬和帝國的其他地方，正面臨著反覆無常的時期。事實上，這鼓舞了從基督的時代以來所有的基督徒。難怪詩篇110篇是新約聖經中引用最頻繁的舊約章節，新約聖經一共引用和暗指了這段經文大約三十三次，其中包括彼得在五旬節為他升天的主辯論時的偉大講道（徒2：34、35），以及希伯來書對這節經文的反覆使用，以此來證明基督徒可以懷著絕對有把握的信心而生活，因為他們所事奉的是一位復活了的耶穌，祂不僅坐在「高天至大者的右邊」（來1：3），而且在那高貴的地位上作他們的大祭司。我們今日也可以因為基督不只是大衛的子孫，而且是他的主而感謝上帝。

# 47 關於真價值的一課

可12：38－44

38耶穌在他的教訓中說：「你們要防備文士，他們好穿長衣遊行，
喜愛人在街市上尊敬地問候他們；39又喜愛會堂裏的高位，筵席上
的首座。40他們侵吞寡婦的家產，為了表現而作很長的禱告。這些
人要受更重的刑罰。」
41耶穌對著銀庫坐著，看眾人怎樣將銅錢投入銀庫。有好些有錢人
往裏投了很多錢。42有一個窮寡婦來，往裏投了兩個最小的錢，就
是二十五厘。43耶穌叫門徒來，說：「我實在告訴你們：這窮寡婦
投入庫裏的，比眾人所捐的都更多。44因為他們都是從他們的充足
中，拿出來捐；但這寡婦卻出於她的貧窮，把她一切養生的都投上
了。」

---

這裏有兩件看似沒有什麼共同點的事情，但進一步查考就會使我們發現，相互關聯的主題貫穿於這兩個故事之中。從表面上看，兩個故事裡都有一個寡婦。但從更深層的意義上看，我們看到價值和審判的宗教核心思想，充滿了這兩個故事。

譴責文士的第38至40節，是耶穌在馬太福音23章中對文士和法利賽人宣布的七禍的簡略版。可能這段經文最重要的方面，並不是它對文士的評論，而是它所顯露出的耶穌。

譴責文士並對文士和法利賽人宣布七禍的耶穌，不是一個我

們所喜愛歌頌柔和的人。鍾斯指出：「這一整段話中含有某種兇猛、熱情、激烈的東西。我們在這裏所看到的不是基督的柔和，而是基督的**忿怒**。」（Jones, vol. 3, p. 190）但這並不是其他人所表現的那種無理智的亂發脾氣。相反的，這是聖經中所謂上帝的**忿怒**——啟示錄6：16稱之為「羔羊的忿怒」的那種像火一樣燃燒的、聖潔的義憤。

那句話的上下文非常重要。談到末時，經文寫道：「地上的君王、臣宰、將軍、富戶、壯士和一切為奴的、自主的，都藏在山洞和岩石穴裏，向山和岩石說：『倒在我們身上吧！把我們藏起來，躲避坐寶座者的面目和羔羊的忿怒，因為他們忿怒的大日到了，誰能站得住呢？』」（第15－17節）這可能就是猶太領袖們在與耶穌較量了一天之後所有的感覺。他們一開始曾是滿帶著攻擊性的，但這種狀態改變了，到了馬可福音12：38－40時，他們已經預嘗到了祂的「另一面」。

「羔羊的忿怒」聽起來像一個自相矛盾的說法，其實不是，這是愛的兩個方面。通常當我們想像慈愛的耶穌時，我們會想起祂歡迎稅吏和妓女進入天國，或想像祂醫治睚魯的女兒，或溫柔地關心破碎的心靈。

但那只是祂慈愛的一面，這愛也包括一種對那些設定社會背景為賣淫和勒索的人——那些導致瞎眼、疾病和死亡勢力的人，發出像火一樣燃燒的義憤，耶穌恨惡一切毀滅祂百姓的事情。

耶穌的忿怒是祂慈愛的另一面，這是使祂推翻聖殿中邪惡商人之桌子的一面，是揭露那誤導人之信仰的一面。這種愛有朝一日將除滅這有罪的世界，以及除滅那些一意要依附於它的人；這愛有朝一日將說，不再有死亡和毀滅了；這愛最終將創造一個新天新地。

鍾斯正確地指出：「基督的忿怒是祂品格完美的要素之一，有一想法認為，把祂想成是會發怒的這種思想，有損於基督的榮耀和完美。但今天我們的心中卻想以這種錯誤的思想去忽視基督的忿怒。以基督的完美為代價的人，才正是那些忽視其忿怒的人。我永遠也不會稱那些無法在錯誤和罪惡面前發出義憤之聖火的人為『好人』。一個從來也不會發怒的人，是一個道德上沒有活力的人。他不是良善，而是懦弱。一個從來也不能對他的孩子發怒的父親，一個只會向他犯錯的孩子懦弱地微笑的父親，就是這孩子最壞的父親。我們該修正我們對何為良善的觀念了，我們不應再將其認定為一種懦弱和柔和的友善。因此基督聖潔的忿怒，是其完美人格的要素之一。……祂既是聖潔的又是溫柔的，祂是全然良善的。在對純潔的熱愛中，祂像窯匠的火一樣激動，祂來的日子，罪惡的人也站立不住。」（Jones, vol. 3, p. 192）

太多的教友忘記了上帝的聖潔和羔羊的忿怒，但文士對耶穌在聖殿裏漫長的一天結束時並沒有忘記。祂準確地告訴了他們，祂對於那些已經失喪了他們的價值觀和對屬靈現實之意識的教友所有的想法。

祂在馬可福音12：38－40中對文士的指控集中在三個方面。第一，他們炫耀他們的宗教行為，耶穌所談到的長衣是著名人士的標誌，穿著這種衣服的人既不能快跑又不能幹活，這是休閒族的徽章。正如哈爾福特·路科克所觀察到的，「看一看這當中在經濟上自命不凡的。長衣的標誌，證明了穿著的人是不靠幹粗活為生的。」他繼續注解說，今天人們對頭銜的喜愛並沒有消失，人們依然在為「會長」、「總裁」等等的頭銜而喧鬧，而「首座」綜合症「在有限的鄰里、俱樂部中，在各種優先名單中」依然沒有消失！但「通向偉大的道路依然是服務的道路。」另一方面，路科克問道：「假如《名人錄》不是在芝加哥或倫敦，而是在天國出版的話，那將會是怎樣的呢？」（Luccock, pp. 851, 852）

除了炫耀以外，耶穌還譴責文士貪婪的罪——他們侵吞了寡婦的家產（可12：40）。在耶穌的時代，律法專家（文士）不得為他們的專長索取費用，他們必須以一項手藝自養（法利賽人保羅是做帳篷的〔徒18：3〕），或靠別人的施捨而生活。

但有些人卻利用這種狀況，拉里・胡爾塔多寫道：「文士侵吞寡婦的家產（第40節），可能是指一個文士敲詐那些覺得有義務供養一個作為上帝律法代表而又虔誠的文士。古往今來，在猶太教和基督教的宗教領袖當中，都有一些肆無忌憚地向單純、脆弱的人索要財物的實例。而那些被引誘相信他們是在供養上帝聖工的人，卻幾乎無力支付他們被要求給予的如此沉重的捐獻。」（Hurtado, p. 205）

對文士的第三個譴責就是，他們是假冒為善的。他們可以「作很長的禱告」，但卻純粹是「為了表現」（可12：40），他們的信仰是一種哄騙——他們是在宗教螢幕上演戲的演員。儘管耶穌說了這些話語，但在教會中從來也沒有缺少過這種作秀的人。當然，他們的臺詞各有不同，對於有些人來說，最出風頭的就是禱告，而對其他人來說，就是施捨、歌唱、講道，或只是在會眾中表現得最熱心（如最完美）。

文士的危機是一種認識和價值觀上的危機，他們有宗教的形式卻沒有其本質。正如懷愛倫所說的，「他們用許多無關緊要的細節來佔據人的思想，使他們無法注意基本的真理。」他們可能對於飲食的規則、安息日的遵守等問題立場非常堅定，他們可能會告訴別人，說所有其他的人都有哪些毛病，但「律法上更重要的事，就是公義、憐憫、信實，都被疏忽了。」（《歷代願望》下冊，

186頁）法利賽人及其文士雖曾構成一世紀猶太教的一個獨特的派系，但他們這種人也確實包括了一種歷代以來危害教會的人群。耶穌對這種假裝聖潔之人的評價就是：「這些人要受更重的刑罰」（可12：40）。

這裏有一個耶穌教訓中的巨大矛盾之一，祂沒有將祂最嚴厲的話語和最有力的譴責，留給世上臭名昭著的罪人，而是留給了虔誠的人，特別是那些構成了他們自稱為「聖會」的人。這些人將自己置於其中，而幾乎將所有其他的人都置於其外。審判的確會充滿驚奇，如果你不相信的話，就請看一下耶穌在馬太福音25：31－46中對最終審判的描繪，並數一數其中有多少個問號。

耶穌在馬可福音12：38－40中抨擊了文士之後，便準備最後一次離開聖殿。但在祂出去的路上，祂在婦女的院子裏停了下來。祂坐在那裏觀看人們將他們的捐獻投入十三個因它們的形狀而被稱為號筒的奉獻箱中（第41節）。

聖經告訴我們，耶穌是在有意地觀察人們「怎樣」將他們的捐獻放到容器裏。在上帝眼中，重要的不僅是我們捐什麼，而且是我們怎樣捐。有些人以一種無人不知的方式，極其張揚地捐很多錢。他們並不太在乎他們所獻的是什麼，而是在乎他們被人所讚譽。這時來了一個身穿著華貴套裝的人，他的衣衫絕對是出於完美手工訂做而成的。

### 不被人看見之禮物的價值

「上帝並不以那些眾目所看著的偉大，眾口所稱讚的大事為可貴。凡人樂意盡的小義務，不令人見的小奉獻，在人看來或許算不得什麼，但在上帝眼中卻是最有價值的。一顆信實仁愛的心，在上帝看來比最貴重的捐獻更寶貴。」（懷愛倫《歷代願望》下冊，184頁）

然後又來了一個窮寡婦，她對其微薄的禮物感到有些羞愧，悄悄地將錢放了進去就溜走了。這也被耶穌看到了，祂在此認出了發自肺腑的真信仰，我們再次遇到了一個以內在價值為依據的審判。她因其真心真意的誠實而得到了耶穌的祝福（第43、44節）。

請注意，耶穌和那寡婦之間沒有任何交談，她甚至不知道祂在觀看她，她肯定從未聽到祂對她的稱頌。她沒有得到任何屬世的讚譽，但她卻得到了許多屬天的讚譽。

唐納德・英吉利在評價耶穌仁慈的話語時寫道：「這可能看似是以一種有些悠閒的方式來結束這充滿風波的一章，但我們不應被誤導，以耶穌為中心的問題，依然是關於給予一切、完全的信靠、全然的獻身。」（English, p. 202）

# 48

# 關於時兆的一課

可13：1－13

[1]耶穌從殿裏出來的時候，有一個門徒對他說：「老師，請看。這
是何等的石頭，何等的殿宇！」[2]耶穌對他說：「你看見這大殿宇
嗎？將來在這裏沒有一塊石頭留在石頭上，不被拆毀了。」
[3]耶穌在橄欖山上對聖殿而坐，彼得、雅各、約翰和安得烈私下問
他說：[4]「請告訴我們，什麼時候有這些事呢？這一切事將成的時
候，有什麼預兆呢？」[5]耶穌說：「你們要小心，免得有人迷惑你
們。[6]將來有好些人冒我的名來，說：『我就是他』，並且要迷惑
許多人。[7]你們聽見打仗和打仗的風聲不要驚慌。這些事是必須有
的，只是末期還沒有到。[8]民要攻打民，國要攻打國，多處必有地
震、饑荒，這都是產難之苦的起頭。
[9]「但你們要謹慎，因為人要把你們交給公會，並且你們在會堂裏
要受鞭打，又為我的緣故站在諸侯與君王面前，對他們作見證。
[10]然而，福音必須先傳給萬民。[11]人把你們抓住交官的時候，不要
預先思慮說什麼；到那時候，賜給你們什麼話，你們就說什麼，因
為說話的不是你們，乃是聖靈。[12]弟兄要把弟兄，父親要把兒子，
送到死地，兒女要起來與父母為敵，害死他們。[13]並且你們要為我
的名被眾人恨惡，惟有忍耐到底的，必然得救。」

---

威廉・雷恩在馬可福音第13章中注意到了兩件事。第一件事

就是，這是「馬可所記載的最長的一段，而且不加解釋的私下授課。」事實上，「這是這位福音書作者認為耶穌所作最長的言論。」第二件事就是在馬可福音中，「沒有任何章節比耶穌對於聖殿被毀的預言性言論更令人費解了」（Lane, p. 444）。

但至少馬可福音第13章的一部分內容是明確的，那就是背景。第1節描寫耶穌最後一次離開聖殿，當祂和門徒緩緩地離開聖殿時，他們向祂指出了石頭和建築物本身的壯麗。他們的讚歎是正確的，這些石頭本身就極其巨大，一世紀的猶太史學家約瑟夫曾在一處指出，這些石頭有二十五肘（一肘是45至50公分）長，八肘高，大約十二肘寬（Josephus, Antiquities, 15.11.2），他在另一處告訴我們，有些石頭長達四十五肘（Josephus, Wars, 5.5.6）。但如果這些石頭是如此的壯觀，那麼聖殿本身更是驚人的美麗。約瑟夫寫道，聖殿朝外的一面「全部用鍍金的金板包裹，在日出的時候，牆體上反射出火一般輝煌的光芒，使那些勉強自己去觀望的人不得不將他們的眼睛轉開，就像他們直視太陽的感覺一樣。」他繼續說，從遠處看，聖殿看起來「就像一座被冰雪覆蓋的大山一樣，因為那些沒有包金的部分都極其潔白」（引文出處同上）。

門徒有權恰當地感到讚歎不已，因此耶穌在馬可福音13：2中的話語令他們大吃一驚。祂告訴祂吃驚的跟隨者說，聖殿裏沒有一塊石頭會留在石頭上而不被拆毀。祂並不是第一個說出這一項預言的人，彌迦在西元前八世紀就這樣說過了（彌3：12），耶利米在一個多世紀後也這樣說過（耶26章），這在西元前586年當尼布甲尼撒的軍隊奪取耶路撒冷並摧毀所羅門的聖殿時曾發生過。

但耶利米的信息並不受人歡迎，這差點使他喪命。耶穌的預言肯定也不會受人歡迎，祂的對手們將在祂於該亞法面前受審時（可14：58），和當祂被釘在十字架上時用此來反對祂（15：29）。但不管這受不受歡迎，它都將在西元70年時應驗。那時，羅馬的軍團毀滅了耶路撒冷，並在聖殿被燒毀之後將其徹底拆毀（見Josephus, Wars, 6.4.7）。

四個吃驚的門徒將耶穌拉到一邊，問祂這些事將在什麼時候發生（可13：3）。至此為止，本章的內容顯得非常清楚，但在第3節之後，解經家們經歷了極大的混亂，這主要是因為其中的一些經文，似乎主要是在說聖殿的毀滅，而其他的經文是在說耶穌的再來。從對馬可福音第13章的閱讀中，我們無法看出基督復臨為什麼會成為討論的話題，因為在這一章中，門徒似乎只是在問與聖殿被毀有關的事情。但比較馬太對問題的紀錄會對我們有所幫助，因為在馬太福音24：3中，門徒明確地問了聖殿的被毀和耶穌的再來與世界的末了。以下的圖表會幫助我們看出馬可與馬太對問題紀錄之間的差別。

我們從馬可福音第13章和馬太福音第24章的比較中，可以看出耶穌在這兩章裡，對馬太所記錄的所有問題作出了回答。這使我們只能推論說，耶穌和門徒可能都理解馬可福音13：4的「**這一切事**」，包括基督復臨和世界的末了（見France, Mark, Doubleday, p. 167）。但那是推測，不用推測的是耶穌在馬可福音第13章的末了，將祂的話題從聖殿的毀滅轉移到祂的第二次降臨（見第26、27節）。

我們幾乎無法從馬可福音第13章和馬太福音第24章許多的經節中，將那些與耶路撒冷毀滅相關的事件，和那些預指基督復臨的事件準確地分開。造成這種難題的原因可能有很多，其中之一是，與這兩件事有關的「預兆」可能是相同的。再者，耶穌可能故意這樣說話，因為祂並不太想告訴大家所預言的事件將在**何時**發生，而是想要警戒祂的聽眾說，他們在等候這些事情發生時，

**必須在一種不斷期待的狀態中生活**。對於基督復臨而言，這一目的似乎特別明顯。馬可福音第13章和馬太福音第24章，都用強調警醒和做好準備之必要性的比喻作為高潮。

問題

1 在馬可福音13：4中

A.聖殿什麼時候會被毀？

B.「這一切事將成的時候，有什麼預兆呢？」

2 在馬太福音24：3中

A. 聖殿什麼時候會被毀？

B. 耶穌降臨的預兆將是什麼？

C. 世界末了的預兆將是什麼？

耶穌採用不太精確的教學策略的另一個原因，可能是這種對精確性的缺乏。本身正好使得讀者在他們試圖領會其含義的同時，不斷地反思祂對於基督復臨的教訓。這種教學技巧有些類似於祂對比喻的使用，這些比喻使得人們在揣摩其含義的時候對其加以沉思（見可4：10－12的注釋）。這種技巧確實曾幫助人們認出其教導的要點——就是要警醒和忠心，因為沒有人真正知道祂再來的時辰（可13：32－37）。

在回答門徒對預兆的請求時（第4節），耶穌提出了許多種類的素材。一個是關於假彌賽亞（第5、6節），這個問題是如此重要，以至於祂在第21和22節中又加以重複。在耶路撒冷被毀之前的幾年間，的確出現了許多假彌賽亞（基督）的興起。耶穌所提出的第二組預兆就是戰爭、地震和饑荒（第7、8節），但耶穌告訴門徒，不要對這些預兆過分激動，這些預兆雖然要發生，但它們並不意味著末期已經來到了（第7節），祂接著又在下一節中補充說，這些事只是產難之苦的「起頭」。

有些解經家在這些預兆上花費了很多的精力，但問題是這些事都相當普遍。畢竟，假彌賽亞、地震、饑荒和戰爭總是危害著人類。它們所預示的似乎是末期正在來臨，但它們卻不是最終的指示。這些預兆可能類似於上帝給挪亞作為祂用以紀念大洪水後所立之約的彩虹，這樣每當挪亞看到彩虹時，他就會想起上帝的信實，因祂曾應許不再用洪水滅世。這是一個象徵上帝忠於其應許的表號（創9：12－17）。

馬可福音13章的許多預兆也是如此。每一次的地震、流星等，都是對地球之疾病的一種紀念，也是一種象徵著信實守約的上帝還沒有完成救贖計畫的表號，每一次的擾亂都使我們確信末期必將來臨。

除了第5至第8節的預兆以外，第9至第13節探討了基督徒將要因他們效忠於耶穌而面臨的反對、背叛和逼迫的事實。但這段經文也含有安慰人心的事實，那就是上帝將在他們受審的時候與他們同在，甚至將藉著聖靈給他們該說的話語（第11節）。

這樣的應許對於馬可寫作的對象，即羅馬的基督徒而言，一定是極其寶貴的。他們剛遭受了來自尼祿的逼迫，而且很可能在不久的將來，還要再次遭受同樣的逼迫。這些應許也安慰了那些在耶穌死後幾十年間，遭受了來自猶太領袖之逼迫的基督徒，以及在此後歷代於殉道中受難的基督徒。事實上，這些應許將支持信徒直到世界的末了。

# 49 從歷史中學到的一課

可13：14－23

14「你們看見那行毀壞可憎的，站在不當站的地方（讀這經的人須要
會意）。那時，在猶太的，應當逃到山上；15在房頂上的，不要下
來，也不要進去拿家裏的東西；16在田裏的，也不要回去取外衣。
17當那些日子，懷孕的和奶孩子的有禍了！18你們應當祈求，叫這
事不在冬天臨到。19因為在那些日子必有災難，自從上帝創造萬物
直到如今，並沒有這樣的災難，後來也必沒有。20若不是主減少那
日子，凡有生命的，總沒有一個得救的，只是為主的選民，他將那
日子減少了。21那時若有人對你們說『看哪，基督在這裏』，或說
『基督在那裏』，你們不要信。22因為假基督、假先知將要起來，
顯神蹟奇事，倘若能行，就把選民迷惑了。23你們要謹慎。凡事我
都預先告訴你們了。」

---

雷・斯泰德曼注意到：在耶穌論到耶路撒冷被毀的這段話語中，「我們遇到了祂對門徒關於預兆問題的回答。他們問：『什麼時候有這些事呢？這一切事將成的時候，有什麼預兆呢？』主將祂的回答放在一個簡短的話語中：『你們看見「那導致毀壞的可憎之物」站在不當站的地方（讀這經的人須要會意）。那時，在猶太的，應當逃到山上』（可13：14）。」（Stedman, Ruler Who Serves, p. 173）

斯泰德曼將馬可福音13：6－13所預示的事件標為「非預兆

的事件」，因為耶穌明白地說，它們是「產難之苦的起頭」，而且它們必須發生，「只是末期還沒有到」（第8、7節，RSV中譯；Stedman, Ruler Who Serves, pp. 166-173）。但對於第14節和「行毀壞可憎的」（第14節），我們有一件需要作出反應的具體事件。

唯一的問題就是，學者對於「行毀壞可憎者」的身分無法達成一致。這主要是因為許多學者普遍認為，安提阿庫・伊皮法尼（Antiochus Epiphanes）就是《但以理書》預言中的應驗者，而正是在舊約聖經的這卷書中，我們才首次發現這句話的（見但9：27；11：31；12：11）。

次經的《馬加比一書》，將「行毀壞可憎的」與伊皮法尼聯繫在一起。他曾於西元前167年攻克耶路撒冷，禁止猶太人獻祭，下令停止遵守猶太人的律法，並且銷毀了約書的副本。他還「在燔祭壇上設立了一個異教的祭壇，一種具有毀壞性的瀆聖行為。」（Moloney, p. 259; Freedman, vol. 1, p. 270）最終極的冒犯就是在聖殿的區域內獻了一頭豬（見馬加比一書1：54—59；6：7）。現代大多數解釋預言的學者都遵照《馬加比一書》的做法，賦予安提阿庫・伊皮法尼在但以理預言中一個主要的角色。

但並非所有的人都贊同這種解釋。例如，一世紀猶太史學家約瑟夫，他不相信伊皮法尼的瀆聖行為已完全應驗了預言。在伊皮法尼提及歷史與但以理的思想相關之後，約瑟夫繼續寫道：「但以理也以完全相同的方法，寫了有關羅馬統治的預言，而且我們的國家應被他們所毀壞。」（Josephus, Antiquities, 10.11.7）

路加對於與馬可福音13：14平行之章節的描寫，也將此預言套用於羅馬：「你們看見耶路撒冷被兵圍困，就可知道它成荒場的日子近了。那時，在猶太的，應當逃到山上，在城裏的應當出來，在鄉下的不要進城。因為這是報應的日子，使經上所寫的都得應驗。當那些日子，懷孕的和奶孩子的有禍了。因為將有大災難降在這地方，也有震怒臨到這百姓。他們要倒在刀下，又被擄到各國去。耶路撒冷要被外邦人踐踏，直到外邦人的日期滿了。」（路21：20－24）路加認定馬可所說的「行毀壞可憎的」是羅馬軍隊的做法，與但以理書9：24－27的預言最相符。

在耶路撒冷的早期基督徒，也將馬可福音13：14解釋為從西元66年一直持續到西元70年猶太戰爭時期的羅馬，是與猶太人與羅馬帝國相關的描述。事實上，當他們看到聖城被羅馬軍隊圍困時（路21：20、21），也就是當那「行毀壞可憎的站在不當站的地方」時（可13：14），事態發展的過程，這給予他們留心接受耶穌讓他們逃離耶路撒冷之警告的機會。

西元66年8月，羅馬在敘利亞的特使塞斯提烏攻打了耶路撒冷，然後又因為某種不明原因而於勝利在望之際撤退了。後來，維斯帕仙於西元67和68年征服了加利利和猶太地，但由於尼祿皇帝的去世而推遲了對耶路撒冷的圍攻。直到西元70年的春季和夏季，維斯帕仙的兒子提多才圍攻並毀滅了耶路撒冷。優西比烏（西元263－339年）告訴我們，在西元66年的動亂與西元70年的被毀之間的某一時期，「耶路撒冷教會的教友，依靠當地可敬之人通過啟示而給予的神諭，被吩咐要在戰爭（正式）開始之前離開聖城，定居在比利亞境內一個稱為皮拉的小鎮。那些相信基督的人便從耶路撒冷移民到了皮拉。」（Eusebius, History, 3.5.3）

這樣，基督徒遵照基督在馬可福音13：14和優西比烏所提到的那位無名先知的警告，逃離了聖城，避開了聖城的摧毀。那真是一場災難性的毀滅，耶穌告訴我們，沒有一塊石頭留在石頭上（13：2）。約瑟夫也描寫，在「該撒下令現在要摧毀整個聖城和聖殿」之後，聖城被摧毀是徹底的（Josephus, Wars, 7.1.1）。約瑟夫描述了圍困的最後六個月中，幾乎令人難以想像這艱難的情景，他不僅聲稱有一百多萬猶太人死了，而且羅馬人還俘虜了將近十萬人。當時的饑荒極其嚴重，以至於一位母親被記載說，她殺死、燒烤並吃掉了她親生的孩子（引文出處同上，6.3.4；另見太24：21）。

聖城以及聖殿院宇的最終毀滅，應驗了耶穌在馬可福音13：2的預言。即或約瑟夫的描寫是誇大的，這場毀滅也極其浩大，那些留心聽從耶穌在馬可福音13章中之話語的基督徒，逃脫了這場災難。祂特別強調了他們在機會來臨時要急忙逃跑的必要性，告訴他們說那些在房頂上休息乘涼的人，甚至不要進屋收拾他們的衣物。正如威廉・雷恩所指出的，「在關鍵時刻，對生命的關注勝過了對財產的關注」（Lane, p. 470），匆忙和專心成了耶穌之警告的基調（可13：15、16），祂也表達了對於那些因懷孕和需要照顧嬰兒而逃得緩慢的人的擔憂（第17節）。除此以外，祂吩咐說，他們應祈求他們逃難的日子不在冬季，因為那時旅行的狀況將是特別艱難的（第18節）。

在第19和20節中，耶穌描述了那些時候將要發生可怕的艱難時期。在第21和22節中，祂再次對那將誤導他們的假彌賽亞提出警告。

當祂在第19節描述那將伴隨耶路撒冷被毀而來的可怕艱難時期時，耶穌實際上引述了但以理書12：1說：「並且有大艱難，從有國以來直到此時，沒有這樣的。你本國的民中，凡名錄在冊上的，必得拯救。」

雖然馬可福音13：19、20和但以理書12：1的話語，確實都反映了耶路撒冷被毀的殘酷現實，但這些話語在但以理書的上下文中卻是指末時的事件，就是當米迦勒站起來的時候，並且「睡在塵埃中的，必有多人復醒，其中有得永生的。」（第1、2節）耶穌藉著引用這節經文而轉移了話題，將話題擴展到與祂再來相關的主題上。這個焦點在本章的其餘部分佔據了主導地位，並在馬可福音13：36、37中變得最為明顯，其中描寫耶穌駕著天雲而來。

帶著這種思想，第14節中有關耶路撒冷的預兆，便成了對那些生活在基督復臨時期的基督徒的一種歷史實訓。耶路撒冷的被毀和基督徒從災難中的得救，對於耶穌再來和世界的末了都是有意義的。在馬可福音13章的上下文中，它們的功用，是作為世界最終被毀和那些相信耶穌的人最終得救的預表。懷愛倫恰到好處地總結了這種觀點，她寫道：「救主所說有關耶路撒冷遭受刑罰的預言，將要應驗在另一件事上；對於這件事，耶路撒冷的淒涼荒廢只可算是一個隱約的預表。從這蒙揀選之城的厄運上，我們可以看出這個拒絕上帝恩典……的世界所必遭受的滅亡。……但在那日子，正如耶路撒冷遭毀滅的時候一樣，上帝的子民……必蒙拯救。」（《善惡之爭》，21頁）

# 50

# 關於復臨的一課

可13：24－37

24「在那些日子，那災難以後，日頭要變黑了，月亮也不放光，25眾
星要從天上墜落，天勢都要震動。26那時，你們要看見人子有大能
力、大榮耀，駕雲降臨。27他要差遣天使，把他的選民從四風、從
地極直到天邊，都招聚了來。

28「你們可以從無花果樹學個教訓：當樹枝發嫩長葉的時候，你們
就知道夏天近了。29這樣，當你們看見這些事發生時，就知道他近
了，正在門口了。30我實在告訴你們：一定要到這一切事都發生
了，這世代才會廢去。31天地要廢去，我的話卻不能廢去。

32「但那日子、那時辰，沒有人知道，連天上的使者也不知道，子
也不知道，惟有父知道。33你們要警惕，要警醒，因為你們不曉得
那日期幾時來到。34這事正如一個人離開本家，外出旅行，把權柄
交給奴僕，分派各人當作的工，又吩咐看門的警醒。35所以你們要
警醒，因為你們不知道家主什麼時候來，或天色晚的時候、或半
夜、或雞叫、或天色早的時候，36恐怕他忽然來到，看見你們睡著
了。37我對你們所說的話，也是對每個人說：『要警醒！』」

---

在馬可福音13：24－37中，耶穌有一些關於自己的驚人話語要說。首先，祂將「有大能力、大榮耀，駕雲」回來。詹姆斯・愛德華寫道：「出自於一個預言了祂的羞辱和死亡（8：31；9：31；

10：33、34），而現正準備接受祂在猶太人和羅馬人手中可恥待遇之人的口，這是何等出人意料的話語啊！那將和一個普通犯人一樣被釘十字架的祂（腓2：8），將『有大能力，大榮耀』地降臨。」（Edwards, p. 403）

將耶穌描述為人子的做法（可13：26），起源於舊約聖經的但以理書。第7章描述了「有一位像人子的，駕著天雲而來」（第13節）。但威廉・雷恩指出，馬可福音裡的景象和但以理書中的不同。雷恩寫道：「人子不是像在但以理書中那樣被帶到上帝的寶座前。相反的，他是來聚集上帝四散的百姓。」（Lane, p. 476）因此，雖然馬可福音和但以理書中所採用的表號相同，但情景卻不同。在但以理書中，那位「像人子的」在復臨前的審判中，被帶到了天父面前。這正是「法庭坐著要行審判，案卷都展開了」（但7：10）的時候，正是「給〔替〕至高者的聖民伸冤」（第22節）的時候。只有到了但以理書第7章的審判結束之後，上帝的兒女領受天國的道路才被開通（見第27節）。

馬可是把「人子有大能力，大榮耀，駕雲降臨」（可13：26）的情景，放在但以理書7：27所說的，將天國賜給上帝兒女的背景之中。這樣，耶穌將在復臨的時候，「把他的選民，從四風，從地極……都招聚了來」（可13：27）。這是耶穌在馬可福音13：24－37中，所要說關於自己的第二件驚人的事情。這是特別驚人的，因為在舊約聖經中，只有上帝才會招聚與祂立約四散的兒女（見申30：3、4；詩50：3－5；賽43：6；耶32：37；結34：13；36：24）。我們再次看到祂對其神性之自我意識的流露。

但對於基督復臨時從地極招聚其百姓的話語，耶穌所說的不僅是一種神學上的陳述，而且是一個確實的應許，這是一個曾鼓舞了歷代基督徒的保證。不論我們在哪裏，不論我們看似多麼的微不足道，耶穌都不會在那大日裏忘了我們，祂必「把他的選民，從四風，從地極……都招聚了來」（可13：27）。

耶穌在馬可福音13：24－37中所做的第三大聲明就是：「天地要廢去，我的話卻不能廢去」（第31節），祂再次複述了上帝的話語。在舊約聖經中，只有屬於上帝的東西才會在來世不被廢去（見賽51：6）。

在這三大聲明的背景中，我們遇到了耶穌所說的「那日子，那時辰，沒有人知道，連天上的使者也不知道，子也不知道，惟有父知道」（可13：32）的話語。我們在這裏真的遇到了一個悖論，馬可福音唯一一處記載耶穌明確自稱為「子」的經文中，我們發現祂承認了祂的有限和無知。在三位一體當中，聖父和聖子可能有著平等的地位，祂們可能都具有上帝的各種屬性，但他們卻是不同的神格，他們是有個性的。聖父知道一些耶穌不知道的事情，正如耶穌經歷過一些聖父所沒有經歷過的事情（如道成肉身，帶有人類肉體的侷限）。

愛德華指出：「橄欖山上的談話帶著一種神祕的意味而結束。當人們把第13章作為一個整體而加以回顧時，這可能看起來有些令人失望，因為這段談話是以一個要知道預兆——也就是對未來的特殊見解——的請求開始的（第4節）。但我們在結論中卻發現，有關末期的知識超越了可知性。」（Edwards, p. 406）

其中卻存在著關於馬可福音第13章中，基督復臨最重要的教訓。由於沒有人能知道降臨的時日，所以所強調的重點便在於作好隨時的預備。隨便說一句，上帝所以沒有向人類揭示復臨的日期，可能有一個很好的理由，讓我們稍微思考一下。如果上帝告訴了人類這將在2106年6月13日子夜發生的話，將導致基督教處於閒置狀態達兩千年之久，我猜想大多數人都會等到最後的幾天甚至幾個小時，才會把家裏收拾整齊。但上帝既知道人類的天性，就沒有採取那種方法。相反的，祂通過耶穌告訴我們，我們將永遠也不知道那時日。

**馬可福音第13章中的主要教訓**

馬可福音第13章中有一些令人費解的章節，但本章的主要教訓十分清楚——就是要警醒，並在警醒的同時作一個忠實的僕人，因為祂必定駕著天雲降臨，將祂的百姓從地極招聚來。

但這並不是耶穌告訴我們有關那最為重大之事的一切。在馬可福音13：28－37中，祂為我們提供了另外兩個勸勉。首先在第28節中，祂解釋說我們需要學習無花果樹的教訓。文森特・泰勒提到：「之所以會提到無花果樹，是因為在巴勒斯坦地區，大多數的樹木都是常青的（包括橄欖樹和許多其他的寬葉樹木），枝條活力的復甦和樹葉的出現，是冬季已過的一種明確的預兆。」（Taylor, p. 520）正如人們能從無花果樹來確定春天近了一樣，敏感的基督徒也能說出預言中的事件何時將要發生了。

但人們無法學到無花果樹的教訓，除非他們保持清醒的狀態。因此，基督在馬可福音13：28－37中的第二大教訓就是：要警醒！這個詞語成了解開第32至37節，以及馬可福音第13章中，關於基督復臨的主要教訓的關鍵。請查考一下「要警醒的」反覆使用：

1. 第33節——「你們要警惕，要警醒，因為你們不曉得那日期幾時來到。」
2. 第34節——看門的被吩咐要「警醒。」
3. 第35節——「所以你們要警醒，因為你們不知道家主什麼時候來。」

4 第37節——「我對你們所說的話，也是對每個人說：『要警醒！』」

耶穌毫無疑問地說明了，警醒在等候時期是絕對重要的，這可能就是為什麼祂在本章中談到了諸如戰爭、地震和天象事件之類在各世代中都會發生的事情。祂知道在論及其復臨的上下文中，簡述這些事件會使人們不住地思考、研究和警醒。

但細讀馬可福音13：32－37的讀者注意到，警醒並不是信徒唯一需要做的事情。相反的，在第34節中，祂明確地教訓說，那些等候祂再來的人必須作忠實的僕人。在我們等候和警醒的同時，作忠實的僕人概括了耶穌給我們有關基督復臨最重要的教訓。

這使我們當中的一些人感到失望，我們對基督復臨之時日的關注，勝過對保持忠心的關注。但耶穌希望我們將我們的思想轉離那個重點，並以一種隨時發生而我們都將準備好的方式過好每一天。

如果我們發現基督復臨將在今天發生的話，我們將如何行事呢？約翰•衛斯理曾在某處給予了正確的表述。他說，如果他有這樣的信息的話，他仍將繼續作他每日所做的事情，就是傳揚上帝的信息並且愛上帝的百姓。

威廉・巴克萊指出了馬可福音第13章中實際教訓的根本含義，這意味著「我們必須這樣生活，以至於無所謂祂何時降臨。這給予了我們人生的重大任務，就是要使每一天都適合祂來看，並在任何時刻都預備好要面對面與祂相遇。**整個人生都成了為迎見君王而作的一種準備**」（Barclay, Mark, p. 337，粗體字格式是本書作者後加）。

# 51 忠誠的對比

可14：1－11

1過兩天是逾越節，又是除酵節，祭司長和文士想法子怎麼用詭
計捉拿耶穌，殺他。2只是說：「當節的日子不可，恐怕百姓生
亂。」
3耶穌在伯大尼長大痲瘋的西門家裏坐席的時候，有一個女人拿
著一個雪花石膏製的香水瓶來，裏面裝著貴重的純甘松香膏。她
打破雪花石膏制的瓶，把香膏澆在耶穌的頭上。4有幾個人彼此之
間很生氣地說：「何用這樣枉費香膏呢？5這香膏可以賣三百多塊
銀幣賙濟窮人。」他們就責備那女人。6但耶穌說：「別打擾她！
為什麼難為她呢？她對我做的是一件美事。7因為常有窮人和你們
同在，要向他們行善，隨時都可以；只是你們不常有我。8她所作
的，是盡她所能的，她是為我安葬的事，把香膏預先澆在我身上。
9我實在告訴你們：普天之下，無論在什麼地方傳這好消息，也要
述說這女人所做的以為紀念。」
10十二門徒之中，有一個加略人猶大去見祭司長，要把耶穌出賣給
他們。11他們聽見就歡喜，又應許給他銀子，他就尋思如何找到出
賣耶穌的機會。

---

三段簡短的章節，但你有沒有注意到它們的定位呢？

在第一段中，我們有宗教領袖和神學學者，共同預謀如何能

捉拿耶穌並置祂於死地（可14：1、2）。馬可將他們的仇恨與馬利亞相對比，馬利亞是一個「在宗教信仰上微不足道的人物」，但她卻將她一切所有的都獻給了耶穌（第3－9節）。然後出現了猶大，他是十二個蒙揀選的門徒之一，為了金錢他同意出賣耶穌（第10、11節）。

馬可以其高超的藝術手法，將一幅對比忠誠的圖畫交織在一起。他也講述了兩個「普天之下，無論在什麼地方傳這好消息」都依然有關聯的故事（第9節）。當然，耶穌說這話指的是馬利亞的奉獻，但猶大的行為也絕對是如此。差別不在於兩件事的名聲大小，而在於一個是關於極度仁愛和慷慨的故事，而另一個是關於極端自私的故事。歸根結底，這兩個故事之間都有相似性，兩個故事都描述了極端的忠誠，兩者之間的差別就是這種忠誠的焦點——基督抑或自我。每個遇見耶穌的人，直至今日都面對著對於忠誠的相同選擇，這是一種沒有中間立場的決定，我們終極的忠誠不是自我就是我們的主。耶穌在另一個場合說：「一個人不能事奉兩個主」（太6：24）。

這三段經文的背景是逾越節。這是一個當成千上萬的猶太朝聖者都從世界各地雲集到耶路撒冷的時節。逾越節是猶太人一年一度紀念他們神蹟般地從埃及出來的節期，因此人們這時的希望和思想，都寄託在不僅脫離古代的仇敵，而且脫離現代的仇敵（羅馬）的拯救上。簡言之，逾越節是一個使猶太民族主義情感完全得以表露的時機。

這就意味著對於那些身處要職的人來說是一個可怕的時期，羅馬人這時在耶路撒冷駐紮了增援部隊，與此同時，猶太領袖也不敢輕易反對耶穌，免得引發暴動以及「百姓生亂」（可14：2）。宗教領袖的思想本應專注於節慶的含義，但他們卻將精力都集中在剔除耶穌之上，如何做到這一點成了他們的難題。

但並不是所有的人都反對祂，比如長大痲瘋的西門，耶穌可能曾經醫治過他，如果是這樣的話，那麼他所擺設的宴席，就是為了尊敬這位醫治者而擺設的。如果祂使我們得以從這種可怕的疾病中被醫治的話，我們一定也會為耶穌開一個宴會。

這時出現了馬利亞，她以一種極其奢侈的方式表達了她對耶穌的愛，用幾滴油膏在一個客人的頭上，這並不是什麼罕見的事情，但馬利亞所用的卻是最貴的濃縮香水——甘松香膏，這是一種君王和最有錢階層的人所用的芳香油脂。她不只是輕微地灑上極少的油脂，相反的，她將她所有的都倒了出來，她這樣做的部分原因，可能是為了感謝耶穌最近使她的兄弟拉撒路從死裏復活（約12：1、3）。

馬可告訴我們，她的奢侈舉動引起了各種評價，一種就是明顯的抱怨，認為這是一種浪費，而且這麼昂貴的香水，可以被賣掉用來賙濟窮人（可14：4、5）。聽起來很好，很虔誠。畢竟，耶穌真心關愛窮人。

**給每個人的問題**

**在對耶穌的服務中，我們應在什麼地方奢侈？我會不會加入馬可福音14：5中的抱怨呢？**

馬可福音沒有告訴我們這些抱怨是怎麼開始的，但約翰記載了這一點，他提到是猶大激起了其他門徒心中的不滿（約12：4、5）。他聲稱：世上有那麼多的需求，這麼做多麼浪費啊！畢竟，這瓶香水值三百塊銀幣或大約一個體力勞動者一年的收入啊！四福音並沒有描寫猶大是個特別關心窮人的人，其他門徒似乎都沒注意到這一點。鑒於耶穌的傳道工作，他的觀點在他們看來似乎很有道理。

但約翰在追憶中揭開了隱藏猶大動機的幔子。他說，這個門徒根本就不關心窮人，但他卻是團隊中管錢的，而且經常為了自己的目的而將手放進他們集體的錢囊裏。簡言之，「他是個賊」（第6節）。

如果說猶大對於馬利亞之奢侈的評價是一種回應的話，那麼耶穌便為我們提供了第二種回應。祂說她做了一件善事（可14：6）。但耶穌不只是說她所做的是一件道德上的善事，如果僅是如此的話，我們本應讀到希臘文的agathos一詞。相反的，祂使用的是kalos一詞，暗示著道德上的良善和「一種外表上看起來悅人眼目的美好，一種美麗的、使人愉快的美好」（Wuest, vol. 1, pp. 256, 257）這樣，耶穌是在說：「她對我做的是一件**美**事。」（可14：6）然後祂繼續引用了申命記15：11的話：「原來那地上的窮人永不斷絕」。最後，祂特別讚揚了拉撒路的姐姐馬利亞（約12：3），提出基督徒永遠也不應忘記她的虔誠之舉（可14：9）。

對馬利亞的明確讚揚，也是對猶大含蓄的譴責——他領會了這一點，結果猶大在出賣耶穌的道路上，邁出了巨大的一步。

馬利亞奢侈的故事告訴我們許多事情。一方面，這表明對耶穌的愛不應是吝嗇的。我們不應擠出像眼藥水瓶那麼一點點的愛來。相反的，乃是要傾心奉獻，耶穌將這種奉獻評價為「美」。

這件事也教導我們另一個重要的教訓，那就是，正如我們在馬可福音中所曾多次看到的，耶穌對祂的使命充滿信心，縱使祂知道自己將要被釘在十字架上，也仍不會卻步。在講述馬利亞的舉動中，祂不僅聲稱膏油之舉是為了祂的死，而且祂深信這好消息將傳遍地極（第9節）。因此，祂有信心——就是在馬可的第一批讀者也進入艱難時期時所特別需要的相同信心，也是我們在類似情況中所需要的。

但在復活之前必須要有十字架，這使我們又回到馬可福音14：10、11中猶大賣主的故事。這個故事中令人驚奇的部分，不是猶太領袖來找猶大，而是他去找他們。馬太告訴我們，猶大是提出價錢賣主的人：「我把他交給你們，你們願意給我多少錢？」他們以一個奴隸的價錢回答說——三十塊錢（太26：15、16）。

我們再次發現金錢問題可怕地出現了，猶大對金錢著了迷。但如果這是他出賣耶穌的主要動機的話，他一定能討到一個更好的價錢，畢竟耶穌對於猶太領袖來說，要比僅僅是一個奴隸值錢得多。

那麼我們需要問的就是，猶大為什麼要這樣做呢？是什麼驅使他走上這條毀滅之路？最好的回答可能就是野心。這是他和其他門徒所共有的一種東西，他們似乎一直都在為誰將在天國中為大的問題爭論不休，猶大顯然分享了這同樣的精神。

但我們決不能忘記耶穌。祂總是談到死亡，現在又聲稱馬利亞是為了安葬的事而膏祂（可14：8）。在猶大的思想中，這並不是事情應有的成就方式，也許耶穌需要一點身處絕境的刺激，才能使祂運用其彌賽亞的宏偉大能。行動遲緩的耶穌，可能需要被迫開始建立祂的國度，猶大的出賣將迫使耶穌動手。

在所有對賣主行為的解釋中，這種解釋似乎最好地解釋了所有的事實，這也幫助我們理解猶大為什麼會在他的計畫破滅時自殺（太27：3—7）。

結果，他的野心給他帶來了最終的危機。正如上文所提到的，所有的門徒都有野心，但鍾斯提醒我們：「那十一個門徒和猶大之間的區別就是，那十一個門徒對基督的愛變得比他們的野心更大，而猶大的野心卻變得比他的愛心更大。」（Jones, vol. 4, p. 50）

帶著這種思想，我們現在回來看我們終極忠誠的問題。我們需要問自己：我們站在哪一邊？我們是站在那無私地將自己完全獻給耶穌，就像奢侈的馬利亞那一邊，還是站在那將耶穌視為一種服務自身需求之工具，如自私的猶大那一邊呢？誰擁有我最大的忠誠——是我自己？還是我的主？

這不是一個憑著真實的誠實所能輕易回答的問題，因為在我們每個人的骨子裏，都潛伏著一個猶大。幸運的是，在我們每個人的骨子裏，也有一個馬利亞，帶著她對耶穌完全的虔誠，住在那裏。正如每個人對於忠誠這問題所有的情況一樣，上帝給了我們選擇的權利，我們可以決定讓哪一種忠誠在我們的人生中浮現出來。

# 52 最後晚餐的意義

可14：12－31

12除酵節的第一天，就是宰逾越羊羔的那一天，門徒對耶穌說：
「你吃逾越節的筵席，要我們往哪裡去預備呢？」13耶穌就打發
兩個門徒，對他們說：「你們進城去，必有人拿著一瓶水迎面而
來，你們就跟著他。14他進哪家去，你們就對那家的主人說：『老
師說：客房在哪裡？我與門徒好在那裏吃逾越節的筵席。』15他必
指給你們擺設整齊的一間樓上的大屋子，你們就在那裏為我們預
備。」16門徒出去，進了城，所遇見的，正如耶穌所說的。他們就
預備了逾越節的筵席。

17到了晚上，耶穌和十二個門徒都來了。18他們坐席正吃的時候，
耶穌說：「我實在告訴你們：你們中間有一個與我同吃的人要賣
我了。」19他們就憂愁起來，一個一個地對他說：「肯定不是我
吧？」20耶穌對他們說：「是十二個門徒中，同我蘸手在碗裏的那
個人。21人子必要去世，正如經上指著他所寫的，但賣人子的人有
禍了！那人不生在世上倒好。」

22他們吃的時候，耶穌拿起餅來，祝了福，就擘開，遞給他們說：
「你們拿著，這是我的身體。」23又拿起一個杯來，祝謝了，遞給
他們，他們都從中喝了。24耶穌說：「這是我立約的血，為多人流
出來。25我實在告訴你們：我不再喝這葡萄汁，直到我在上帝的國
裏喝新的那日子。」

[26]他們唱了首詩，就出來，往橄欖山去。[27]耶穌對他們說：「你們
都要跌倒了，因為經上記著說：『我要擊打牧人，羊就分散了。』
[28]但我復活以後，要在你們以先往加利利去。」[29]彼得說：「眾人
雖然跌倒，我總不能。」[30]耶穌對他說：「我實在告訴你：就在今
天夜裏，雞叫兩遍以先，你要三次不認我。」[31]彼得卻極力地說：
「我就是必須為你而死，也總不能不認你。」眾門徒都是這樣說。

---

耶穌從馬可福音8：31開始，就在向十字架邁進，祂在這節經文中首次告訴門徒那將要臨到祂的死。自從祂在馬可福音11章中凱旋進入耶路撒冷以後，事態就開始變得愈來愈緊張，猶大已經做了出賣耶穌的決定（14：10、11）。我們在馬可福音14：3－11中看到，對耶穌是否忠誠的問題，成了馬可故事情節的核心內容。這一主題將繼續延續到第12至31節，那時每個門徒都必須面對這個問題——至少在理智的層面上。

馬可福音14：12－31中有四個情景。第一個和第三個情景與逾越節有關，而第二和第四個情景與賣主的主題有關。整段經文的時間是在星期四晚上，即尼散月十四日。按照猶太人的演算法，這日是從日落時算起的，聖殿的祭司將在同一日獻祭祀的羔羊，這是星期五的下午（見出12：6；Martin, Where the Action Is, pp. 126, 127）。這樣，耶穌和門徒雖然將要吃逾越節的筵席，但他們比大多數人提前一天吃（見約13：1；18：28；19：4）。時間上的提前是必要的，因為耶穌在星期五晚上已經死了。

提前舉行的逾越節，解釋了為什麼我們會發現在最後晚餐中沒有提到羔羊，而筵席的其他部分都擺設好了。因此，耶穌在祂與門徒最後的晚餐中，用餅而不是羊羔來代表祂的犧牲（可14：22）。

耶穌在逾越節犧牲的事實並非出於偶然，這是上帝從起初就計畫好了的。逾越節本身起源於出埃及的時代，上帝設立了這個節期，來紀念以色列人逃離埃及的那一夜，也就是埃及人的長子全都滅亡的那一夜。每個家族群體都要在那月的十四日宰殺一隻羊羔，將血塗在門框上作為記錄，以至當突如其來的死亡臨到埃及人的家庭時，這屋子可以被逾越過去，所灑的血將保護屋內的人。事實也正是如此，逾越節羔羊的血挽救了上帝的百姓（出埃及記12章）。

新約聖經將逾越節視為對耶穌工作的一種象徵。例如，在星期五下午，正當耶穌死去的那一時刻，逾越節的羔羊在聖殿中被宰殺，這絕不僅僅是一種巧合。這種時間選擇是非常重要的，因為正如保羅所指出的，耶穌就是「一隻為我們而獻的逾越節的羔羊」（林前5：7，JBP中譯）。施洗約翰選用了同樣的一般性象徵來指耶穌，說祂是「上帝的羔羊，除去世人罪孽的」（約1：29）。

賴爾論證說：「**猶太逾越節的時間與耶穌犧牲的時間之間有意的聯繫**」是極其重要的，「我們絲毫不能帶懷疑去認為，我們的主在逾越節的那一週中，與在宰殺逾越節羔羊的那一天被釘十字架是出於偶然，其實這是上帝眷佑的命定。這乃是為了吸引猶太民族的注意力，認出祂就是上帝的真羔羊。這乃是為了使他們認識到祂犧牲的真目的和意義。

逾越節是否曾使猶太人想起，其祖先在上帝殺長子時出離埃及地的奇妙拯救呢？肯定是這樣。但這對祂來講必是另一個記號，象徵著那更大的救贖與脫離罪的捆綁拯救，而這正是我們的主耶穌基督所將帶來的。」（Ryle, pp. 303, 304）

正是基於這種救贖的觀點，耶穌設立了基督徒所謂的「聖餐」，以此來取代逾越節的筵席。上帝真正的羔羊在耶穌裏已經來到了，許多羊羔的犧牲在祂裏面得到了應驗，祂將「一次」死去（來9：26；10：10、12、14）。或正如彼得後來所說的那樣，「基督也曾一次為罪受死，就是義的代替不義的，為要引我們到上帝面前」（彼前3：18）。

彼得在那節經文中抓住了耶穌話語的含義，祂說：「這是我立約的血，為多人流出來」（可14：24）。「為多人」似乎是複述以賽亞書53：11、12：「那義者，我的僕人，（將）使**多人**被算為義，並且他要擔當他們的罪孽。……因為他將命傾倒，以至於死，他也被列在罪犯之中。他卻擔當**多人**的罪，又為罪犯代求。」（ESV中譯）

弗朗斯寫道：「不論門徒還可能……有什麼樣的理解，他們不可能沒看清這重點，那就是耶穌正在他們面前演出祂自己的死。即或他們沒有認真接受祂的預言，他們現在也可以完全看清，祂對祂說過的話語是認真的。祂的身體將被傷害，祂的血將流出。因此，餅和酒是死亡的表號。」（France, Mark, Doubleday, p. 182; France, Mark, NIGTC, p. 571）

耶穌正是在祂將要為罪犧牲的背景中，提出其門徒之忠誠的話題來。祂是分兩階段做成的。首先，馬可福音14：17－21，祂提出十二個門徒中將有一個要出賣祂，這再次指明耶穌不是歷史的一個人質，而是祂自身命運的掌控者。這個聲明的震撼力沉重地打擊了門徒，以至於每個人包括猶大都問：「是我嗎？」（太26：25）。值得注意的是，沒有人問：「是猶大嗎？」他一定非常巧妙地掩蓋了他的行蹤。

耶穌只解釋說那是某個和祂一同吃飯的人，是十二個門徒中的一位。耶穌當然知道那是誰，但祂沒有做什麼事情來制止他。弗朗斯認為：「如果祂指明了叛徒的身分，彼得和其他的人一定會確保猶大不會離開那間屋子，去做他那致命的勾當。藉著不指明猶大的身分，耶穌不止一次故意放棄了避免祂被釘十字架的機會。這正是祂到耶路撒冷來所要做的事情，祂現在不會設法逃避。」（France, Mark, Doubleday, p. 181）

在耶穌對門徒之忠誠問題的做法中所採取的第二步，出現在馬可福音14：26－31中。祂在此引用撒迦利亞書13：7的話作為證據，說明不僅有一個門徒要出賣祂，而且同樣災難性的事情就是，他們所有的人都將棄絕祂。祂雖然毫無疑問地相信，他們對祂的忠誠是真實的，但祂現在所談論的是這種忠誠的堅定性。人生中一個最不幸的事實就是，我們作為凡人不完全了解自己。只有當我們身處壓力之下時，我們才真正認識自己。十二個門徒也是如此。

耶穌對門徒所作的這些預言似乎說明，祂可能具有一種失敗主義者的態度，但事實並非如此。耶穌將祂的信心建立在祂對天父的信任之上，而不是在祂的感覺甚或祂對那些不久將要顯露之事的知識上。

最終，還是耶穌的信心具有最後決定權，這種信心特別在兩個地方放出光芒。首先在第25節，祂說：「我實在告訴你們：我不再喝這葡萄汁，**直到我在上帝的國裏**喝新的**那日子**」。不論事情看起來有多糟糕，祂對最終的勝利都毫不懷疑。第25節可能是對猶太人所期盼彌賽亞未來大筵席的一種引喻，耶穌在馬太福音8：11中複述了這種期盼。祂在其中提到：「從東從西，將有許多人來，在天國裏與亞伯拉罕、以撒、雅各一同坐席。」啟示錄19：9稱這同樣的筵席為「羔羊的婚筵」。

超越危機看問題

耶穌「帶著必勝的信心與期望，結束了那為了紀念祂的死而吃的晚餐。第二天，當十字架被豎起的時候，罪惡看似得勝了。但基督帶著平靜安穩的信心，超越了那黑暗的明天而預見到了上帝國度的得勝。」（Jones, vol. 4, p. 101）

保羅領會了這個信息。他寫道：「你們每逢吃這餅，喝這杯，是表明主的死，直等到他來。」（林前11：26）

耶穌在祂門徒將要面對發生之災難時所說第二大有信心的話語，出現在馬可福音14：28。祂告訴他們：「但我**復活**以後，要在**你們**以先往加利利去」。耶穌從未懷疑過祂的復活，這一點並不奇怪。但最奇怪的是，祂告訴祂的門徒，說祂將在那時與他們相會，這就是恩典。這對我們每個曾親自出賣了主耶穌的人來說，都是一個值得懷念的應許。祂沒有棄絕他們，儘管他們這樣，祂卻還繼續與他們同工，難怪聖經稱耶穌的信息為「好消息」啊！

# 53 耶穌也有思想鬥爭

可14：32－42

[32]他們來到一個地方，名叫客西馬尼。耶穌對門徒說：「你們坐在
這裏，等我禱告。」[33]於是帶著彼得、雅各、約翰同去，就痛苦起
來，極其難過，[34]對他們說：「我心裏甚是憂傷，幾乎要死，你們
留在這裏警醒。」[35]他就稍往前走，俯伏在地，禱告說：「倘若可
行，便叫那時候過去。」[36]他說：「阿爸，父啊！在你凡事都能，
求你將這杯撤去。然而不要從我的意思，只要從你的意思。」[37]耶
穌回來，見他們睡著了，就對西門彼得說：「你睡覺嗎？不能警醒
片時嗎？[38]總要警醒禱告，免得入了迷惑。你們心靈固然願意，肉
體卻是軟弱的。」[39]耶穌又去禱告，說的話還是與先前一樣，[40]又
來，見他們睡著了，因為他們的眼睛甚是困倦，他們也不知道該
怎麼回答。[41]第三次來對他們說：「現在你們睡覺安歇吧！夠了，
時候到了。看哪，人子被賣在罪人手裏了。[42]起來，我們走吧！看
哪，那賣我的人近了。」

---

從某種意義上說，客西馬尼園的章節延續了馬可福音14：1－12所提出的，並在第17－21節中繼續闡述忠誠的主題，只是這一次是耶穌的忠心與門徒不忠的對比。

道格拉斯・海爾指出：客西馬尼園的故事，是對耶穌人性的一個重要見證。「我們在此看到，耶穌不是上帝的機器人，能毫

無疑惑或不帶情感的向著祂在十字架上的死邁進，」我們看出十字架「需要具有人性的耶穌甘心樂意的合作。」除此以外，「耶穌為祂可以抗拒上帝旨意的可能性而在思想上作出掙扎。祂的順從和我們的一樣，都不是自動的！」（Hare, p. 193）

儘管耶穌可能知道未來將如何，但這並不意味著祂對於那未來的實現沒有決定可做。正如該亞法和猶大必須親自決定，他們在耶穌臨終的幾幕中所要扮演的角色一樣，祂也必須作出一個抉擇。祂還可以退縮，十字架不是不可避免的，祂還可以退卻。耶穌還必須做出最終的決定，選擇自己是否要經歷救贖計畫中最痛苦的部分，這就是祂在客西馬尼園中的掙扎。

耶穌以前曾以一種看似平靜的方式，反覆提到那在耶路撒冷等候祂的命運，但現在卻看到祂在前景變得更為真實時感到痛苦，這真是令人感到十分驚訝的事情。馬可所選用的辭彙帶有強烈的情感色彩，馬可福音14：33中被我翻譯為「痛苦」的希臘詞語，「在這裏表示在面對擺在他面前的可怕前景時，被一種令人顫慄的恐懼感所控制的狀態」；被譯為「極其難過」一詞的原文，「在這裏表示『一種無法擺脫的，令人感到絕望和痛苦的焦慮。』」（Cranfield, p. 431）正如卡爾・巴爾特所指出的，耶穌一生都抵擋了撒但，「進入這條道路並繼續在這條道路上行走是一回事，堅持到最後卻是另一回事。而在這個世界當中，其結局必定是痛苦的。」（Barth, vol. 4, pt. 1, p. 266）

做最後決定的時候到了，耶穌「心裏甚是憂傷，幾乎要死。」（可14：34）但什麼使祂這樣極其難過呢？許多作者曾認出，耶穌對祂所面臨的十字架上犧牲的恐懼，與歷代以來其他著名的殉道者的反應之間，存在著一種明顯的對比。古人不但曾像蘇格拉底般，相信他們沒必要畏懼死亡，並平靜地面對他們生命的終止，而且基督教的殉道者也曾寧靜地，有時甚至是欣喜若狂地面對死亡。例如，當二世紀士每拿主教坡旅甲（Polycarp of Smyrna，約西元69－155年），面對那將要奪取他性命的羅馬總督時，他對他的逼迫者說，趕快下手吧。一封在他殉道後不久，於西元155或156年所寫的書信告訴我們，當他面臨死亡的時候，「他的心中充滿了勇敢與喜樂，他面帶恩慈，以至於他不僅沒有被對他所說的事情嚇倒，」他反倒表現出了一種喜樂的反應（The Martyrdom of Polycarp，《坡旅甲的殉道》原文第12頁），這曾是歷代以來許多殉道者的反應。他們既知道他們與上帝的關係是正確的，就對死亡無所畏懼。

而耶穌卻不是這樣！歷史上許多安靜的死亡使我們不得不問，耶穌為什麼那麼恐懼地預期祂的死？根據我們對祂的了解，這顯然不是因為缺乏信心、貪愛屬世生活、或對疼痛的害怕。

答案似乎存在於另一個方向。班・威特林頓發現了「兩個線索……一個在這裏，一個在十字架的情景中，」就是當「耶穌談到被上帝厭棄（可15：34）」的時候（Witherington, p. 379）。馬可福音第14章的這一幕，與祂所必須喝之「杯」的性質有關（第36節），舊約聖經將「杯」與上帝的忿怒（或審判）聯繫在一起（賽51：17；結23：33、34）。約翰・斯托特指出，耶穌的杯「所象徵的，既不是因被鞭打和釘十字架而有的肉體上的痛苦，也不是因被藐視和棄絕而有的精神上的折磨……，而是因承擔世人的罪孽而有的屬靈劇痛。換句話說，就是因承受那些罪孽所應得，從上帝的審判而有的屬靈劇痛。」（Stott, p. 76）祂對十字架的恐懼，來自於祂將在十字架上為全人類喝上帝對罪的審判之杯的事實。

耶穌在客西馬尼園中的驚恐，源自祂對於上帝對罪之憎恨的認識。祂必須「為我們」成為「咒詛」，在上帝的眼中成為「罪」（加3：13；林後5：21），這對祂來說幾乎是無法承受的。懷愛倫描寫說：「祂感覺到，因著罪祂與天父隔開了。這相隔的鴻溝是那麼寬，那麼黑，又是那麼深，祂的心靈不禁戰慄不已。祂絕不可運用祂的神能來逃避這極大的痛苦。祂既是人，就必須忍受人類犯罪的結果，必須忍受上帝對違背律法所有的憤怒。」（《歷代願望》下冊，第264頁）

在客西馬尼園中，作抉擇的時刻來到了。耶穌必須作出選擇，繼續向十字架邁進？或者放棄祂的使命。那試探者當然還潛伏在祂身邊，向祂指出祂最親密的朋友甚至不能保持清醒支持祂（可14：37、40、41），祂的一個門徒這時正在出賣祂的路上（第43節），祂將為之而死的那些忘恩負義的百姓，不久也將釘祂十字架（15：21－32）。

耶穌到了祂最艱難的時刻，祂反抗著遵行自己的意志，並放棄十字架之路的試探。祂在客西馬尼園忍受了我們只能模糊理解的脅迫。最終在極大的痛苦和恐懼之中，祂作出了決定：「不要從我的意思，只要從你的意思。」（可14：36）但這最初的勝利最多也只是微薄的，祂在獲得祂所急需的平安之前，又兩次重新委身去遵行上帝的旨意（第39－41節）。

耶穌終於做出了決定，臉上流露出祂在客西馬尼園經歷中所缺少的平靜，祂回到了門徒身邊。這時，祂已經不可挽回地做出了向十字架邁進的決定，祂叫醒了門徒，宣告說：「時候到了」，而且「那賣」祂「的人近了」（第41、42節）。

門徒怎麼樣呢？不久前發誓他甚至願和耶穌一同死的彼得又怎麼樣呢？

他們睡了一個好覺，而且可能是非常需要的一覺，但他們的心靈和意志都沒有預備好，來應付那正要發生在他們身上的突發事情。過不多久，他們就都要逃跑了（第50節），因此也就遺棄了被抓的耶穌，正如他們遺棄了禱告的耶穌一樣。

他們不是壞人——只是沒有準備好的人，正如耶穌所說的，「心靈固然願意，肉體卻軟弱」（第38節）。在善惡之間進退維谷同時又沒有做好準備，他們在壓力來臨的時候便選擇了惡。

亞歷山大・馬克拉倫提出了一個有趣的建議，他認為：「我一點也不懷疑，如果羅馬兵丁要求彼得履行他的狂言，捨命救他的師傅，他一定會做好如此行的準備。我們知道他已經做好了為祂戰鬥的準備，而且事實上他確實曾經拔刀進行反抗。他可以為祂而死，但他卻不能為祂而不睡覺。」（MacLaren, IX to XVI, p. 201）

這是一個帶有一定真理的、令人感到刺激的觀點。我們很多人在激烈的戰鬥中可以（可能會）為上帝做一件偉大的事情，但我們卻發現自己難以日復一日地，在日常生活中為祂而活。然而正是平凡的事情，如祈禱和度一種將意志降服於上帝的生活，才真正能夠預備我們每一個人去做更大的事情，彼得的情形正是如此。他可以在一時的衝動中揮舞他的刀（可14：47），但只要一點點的時間，就會使他和其餘的門徒一樣逃到黑暗中去（第50節），並將最終導致他一再起誓說他不是耶穌的門徒（第66－72節）。

如果彼得警醒禱告的話，事情可能會不一樣。倘若他認識到正是我們基督徒生活中不太迷人的部分，正一直預備著我們去承受那更危險的部分的話，他的故事可能就會朝著一種完全不同的方向發展了。

# 54 親吻並非只有一種含義

可14：43－52

[43]說話之間，忽然那十二個門徒裏的猶大來了，並有許多人帶著刀
棒，從祭司長和文士並長老那裏與他同來。[44]賣耶穌的人曾給他們
一個暗號，說：「我與誰親嘴，誰就是他。你們把他拿住，牢牢靠
靠地帶去。」[45]猶大來了，隨即到耶穌跟前說：「拉比」，便與他
親嘴。[46]他們就下手拿住他。[47]旁邊站著的人，有一個拔出刀來，
將大祭司的奴僕砍了一刀，削掉了他一個耳朵。[48]耶穌對他們說：
「你們帶著刀棒出來拿我，如同拿強盜嗎？[49]我天天教訓人，同你
們在殿裏，你們並沒有拿我。但這事成就，為要應驗經上的話。」
[50]門徒都離開他逃走了。
[51]有一個少年人，赤身穿著一件麻布衣，跟隨耶穌，眾人就捉拿
他。[52]他卻丟了麻布衣，赤身逃走了。

---

出賣耶穌的人物這時都已登場了。首先，我們發現猶大，終於打算完成他從馬可福音14：11開始就在陰謀策劃的叛變，他已決定了賣主的地點和步驟，但這個計畫還有最後一個重要的細節，他們要在混亂當中抓對人，這是非常重要的。畢竟他們有十二個人，而且在橄欖樹林的樹蔭下很容易抓錯人。

猶大想出一個簡單的辦法，他將做他以前做過許多次的事情——他將用尊敬的話語來問候耶穌和親祂的額頭，這是對一個受

人尊敬的拉比表示尊重的禮儀。在此過程中，猶大將深情的親吻和尊敬的話語變成了陷害人的手段。或者像哈爾福特‧路科克所說的，他「給叛變」加上了「最後的點綴」（Luccock, p. 885）。

對親吻的描述本身就很有趣，馬可福音14：44用普通的辭彙philéō，意思就是動詞中的愛或親，但當猶大在第45節中實際給予這個吻時，這裏卻用了一個內涵更豐富、語氣更強烈的辭彙——kataphileō。首碼kata將普通意義上的親吻，轉變為一種特殊的親吻，此詞的意思就是「熱吻」、「深情的吻」（Bratcher, p. 456），這是人們給予他們所特別心愛之人的那種親吻——兩個戀人之間的親吻。克蘭費爾德認為，這個複合詞「可能是指一個被延長了的吻，為了使所有的眾人（ochlos）有機會看清哪個是要抓的人，並立即將其抓獲。」（Cranfield, p. 437）

當猶大把表示愛和情感的希臘詞語和行為當作出賣的記號時，他把言行不一做到了極限。當夜，猶大帶著歪曲的含義進入園中，懷著被扭曲和折磨的生命離開了那裏。他顯然是在他施行了那最後的舉動後，鬼鬼祟祟地走進了陰暗之中。

馬可沒有再提到猶大，馬太講述了他的幻滅和自殺（太27：3－10）。

當夜，人物表中的第二個成員就是公會（「祭司長和文士並長老」（可14：43），是構成猶太教最高統治機關的三個團體）派去的眾人。馬可沒有告訴我們太多關於「眾人」的事情，只說他們是誰派來的而且是帶著刀棒來的。而約翰則解釋說，猶大獲得了一隊士兵，由一個千夫長帶隊（18：3、12），這樣的部隊通常會有六百人，儘管人數可能會比這要少一些（見Barrett, p. 433），但為了抓獲一個人，不論如何這都是支浩大的隊伍。

接下來，我們決不能忘記門徒，其中一位最初打算進行搏鬥，他拔刀砍掉了大祭司一個僕人的耳朵（可14：47）。這個人可能永遠也忘不了那一夜，特別是因為耶穌藉著使他的耳朵復原，而施行了祂最後一個被記載的神蹟（路22：51）。我們只能猜想那個被治好的人，有沒有得到心靈更完全的醫治。有一個很好的證據，證明他得到了更徹底的醫治，因為約翰福音告訴我們，他的名字是馬勒古（約18：10）。約翰之所以知道他的名字，很可能就是因為他後來成了耶路撒冷初期教會的一分子，並和教友們分享了他的見證。

馬可沒有指明是哪個門徒拔出了刀，但約翰再次告訴我們，那就是衝動的彼得（18：10），這個舉動非常像他平常的樣子，就是不假思索地對事情作出反應。但他可能以為耶穌會跟著他的領導，乘機開始祂作為繼承大衛王的常勝彌賽亞的身分。畢竟，門徒依然期待著這一幕的實現，他們只是不知道什麼時候會實現而已。由於這種期待的存在，如果耶穌展示了祂先前在其傳道工作中，所使用過征服自然與疾病可畏大能，則所有門徒可能都會起來搏鬥。只要祂願意的話，他們就對祂控制局勢的能力毫不感到懷疑。事實上，他們甚至見到了那種能力一時的閃現。根據約翰的記載，那就是當眾人「往後倒在地上」的時候（約18：6）。

但耶穌沒有求助於祂的能力，相反的，祂允許暴徒來抓祂。這對於不知所措的門徒來說，實在是太難以理解了，他們所可能懷存的任何希望都破滅了，他們「都離開他逃走了」（可14：50）。

耶穌當然是這一幕的主角，祂顯得完全鎮定。事實上，祂不僅沒有試圖躲避猶大和眾人，而且還出去迎見他們（可14：42），祂甚至接受了猶大那令人噁心的親吻，絲毫沒有試圖將他推開。當他們抓祂的時候，儘管祂能夠像祂告訴彼得的那樣，召集十二軍團的天使（太26：53；一個羅馬軍團是由大約六千步兵和七百騎兵組成），但祂卻懷著以賽亞書53章的精神，柔和地屈從了，而且祂甚至修復了受傷僕人的耳朵（路22：51），證明祂在遵從祂自己的勸導，就是「要愛你們的仇敵，為那逼迫你們的禱告」（太5：44）。

賴爾在門徒的逃跑中看出一個教訓。他寫道：「讓我們學會在對其他基督徒的論斷中變得仁慈一些。如果我們看到他們被一個錯誤所戰勝的話，讓我們不要對他們期望過高，或把他們看作是根本沒有得到恩典的人。讓我們不要忘記，就連我們的主所揀選的使徒，他們都在祂遇難之時離棄了祂。但他們又藉著悔改站起來了，並且成了基督教會的柱石。」（Ryle, p. 324）

你們可能想：**耶穌不久前還在客西馬尼園中因那將要臨到祂的事而痛苦，現在怎麼會變得如此鎮定呢？**答案就是祂在客西馬尼園中，最終已經徹底地將祂的意志降服於上帝的旨意了，祂現在能臨危不懼，是因為祂知道祂正在做上帝期待祂去做的事情。

我們每一個人也能有那因將我們的意志降服於上帝而有的平安，但降服乃是一種掙扎。撒但在我們內心當中的爭戰，正是在這一點上顯得最為猛烈（見懷愛倫，《喜樂的泉源》，第33頁）。而惟有通過降服，我們才能獲得基督在祂經歷人生中的危難時所有的平安。

我們在耶穌被捕的那一幕中所發現的最後一個人物，就是那個穿著麻布衣服的少年人，他最終只能赤身逃跑，將他的衣服撇在暴徒的手中（可14：51、52）。

我們需要自問，馬可福音中怎麼會有這樣幾節經文呢？所有的福音書都講述了被捕的故事，但只有馬可加上了這兩節含義模糊的經文。雖然馬可明顯出於行文簡練的目的，省略了圍繞耶穌被捕事件中許多重要的細節，但他卻花時間來告訴我們這一點點微不足道的信息。

這件事絲毫沒有影響事態的發展。提及此事的唯一理由就是，這一定對馬可本人具有特殊意義。羅伯特・甘德利指出，這個少年人「經常被人們認定為約翰馬可」（Gundry, p. 861），如果真是這樣的話，這可能就是馬可採用使徒約翰的匿名方式向其讀者表示「我也在場」。使徒約翰曾用「耶穌所愛的那門徒」和「那門徒」之類的話語，在第四部福音書稱呼他自己（約21：7、20；18：15、16；20：2－4、8）。

一些聖經證據支持馬可就是第51和52節中的那個少年人的說法。例如，使徒行傳12：12指出耶路撒冷教會的聚會地點，是在約翰馬可的母親馬利亞的家中。如果真是這樣的話，那麼耶穌和門徒吃最後晚餐的樓房，很可能就是馬可家的一部分。如果這種邏輯推理是正確的話，那麼約翰馬可可能從床上溜出來，跟著耶穌和十一個門徒出城來到了客西馬尼園，並且在耶穌被捕時被人發現他藏在暗中。第51和52節裡這個少年人的身分，無法被絕對地認定，而這樣的一些情景只是符合邏輯的解釋，說明通常惜墨如金的馬可，為什麼會不嫌麻煩地加上這幾節經文。

不論他是誰，他都是一個目擊者，但他也是一個逃跑的人。詹姆斯・愛德華認為少年人「身分的不明」，本身就「迫使讀者省察他們自己」，在危難之時「是否也會隨時離棄耶穌」（Edwards, p. 441），帶著這種具有挑戰性的思想，我們將繼續研究耶穌在該亞法面前的受審。

# 55
# 耶穌受審

可14：53－65

[53]他們把耶穌帶到大祭司那裏，又有眾祭司長和長老並文士都一同
聚集。[54]彼得遠遠地跟著耶穌，一直進入大祭司的院裏，和差役一
同坐在火旁烤火。[55]祭司長和全公會都在尋找見證控告耶穌，要治
死他，卻尋不著。[56]因為有好些人作假見證告他，只是他們的見
證各不相和。[57]有些人站起來，作假見證告他說：[58]「我們聽見他
說：『我要拆毀這人手所造的殿，三日內就另造一座不是人手所造
的。』」[59]他們就這樣作見證，也是各不相合。[60]大祭司起來站在
中間，問耶穌說：「你對這些人作見證告你的事，什麼都不回答
嗎？」[61]耶穌卻不言語，一句也不回答。大祭司又問他說：「你是
那當稱頌者的兒子基督不是？」[62]耶穌說：「我是。你們必看見人
子坐在那權能者的右邊，駕著天上的雲降臨。」[63]大祭司就撕開衣
服，說：「我們何必再用見證人呢？[64]你們已經聽見他這僭妄的話
了。你們的意見如何？」他們都定他該死的罪。[65]就有人吐唾沫在
他臉上，又蒙著他的臉，用拳頭打他，對他說：「你說預言吧！」
差役接過他來，毆打他。

---

猶太領袖終於讓耶穌走到了他們想讓祂到的地方，於是他們立刻開始工作。他們的第一個任務，就是要擬訂一個能站得住腳的指控。為此，公會的一部分人聚集到了大祭司該亞法的家中。

對他們來說，不幸的是審訊必須經過兩個階段。第一階段是教會內部的審訊，就是耶穌本民族的領袖對祂的審判。對於大多數的案情，一審就足夠了，但猶太人想要判處祂死刑，而這卻是羅馬人保留給他們自己的權利。

羅馬政府通常給予被征服和受統治的民族擁有許多自治權，他們在宗教問題上顯得特別大程度的自治權。羅馬的基本政策就是，只要當地的宗教信仰不威脅帝國統治，就不加以干涉。因此，羅馬人不僅沒有摧毀猶太公會，而且還利用它來幫助維護其在猶大地的統治，結果，除了那些需要處以死刑的案子以外，公會可以審問和懲處一切的宗教罪行（約18：31、32），需要處以死刑的案子，則必須經過羅馬巡撫的審理。所以在教會內部的審訊之後，還必須有一個在彼拉多面前的民事審訊。

這第二層審訊，使得猶太領袖不得不對耶穌提出一個充分的指控，但這將被證明並不是那麼容易做到的事情，因為那些有關祂最令猶太領袖惱火的事，卻不會被羅馬當局認為是值得一死的罪，所以公會的任務是雙重的。首先，他們要在他們內部擬定一個罪名，然後他們要以一種使彼拉多不得不照辦的方式來陳述這罪名。

耶穌在公會前的受審，起了預審或大陪審團制度所有的作用。弗朗斯指出：「馬可顯然不想讓我們認為這是一場公平和公正的審訊，他們的目的十分明確，『就是要置他於死地。』判決早已被作出，唯一的問題就是如何找到合適的證據來加以支持。但當權者似乎渴望確保正當的訴訟程序，看起來是被實行了。」

（France, Mark, Doubleday, p. 190）

儘管他們想給人們留下他們遵行了正當訴訟程序的印象，但公會卻違反了自身許多最終將被編入**《米示拿》**（Mishnah）中的規定。例如，對於涉及死刑的案件，有罪的判決需要在次日進行二審，兩次審訊都必須在白天進行，都不得在安息日或節期來臨前的傍晚進行（見〈論公會〉4：1、5）。一位現代的法律專家記錄了耶穌受審中的九大法律錯誤（見Foreman, pp. 116-120）。但在猶太領袖的思想中，現在不是擔心應該如何拘泥法律細節的時候，他們有一個使命要完成，而且他們想儘快完成。因此他們踐踏了自己的法律，就像現代的民主國家的領導人將一個問題定義為「國家安全問題」時所做的一樣。

他們最嚴重的問題之一，就是缺少足夠的證人。這是一個特別棘手的問題，因為猶太法律明確規定，在涉及死刑的案件中，至少需要兩個確證的證人（民35：30；申17：6；19：15）。審訊耶穌的關鍵問題不是缺少證人，而是證詞的協調統一。在盤問之下，他們的證詞都是「各不相合」的（可14：56）。

耶穌關於聖殿的話語，一時看起來可能是攻擊祂的一條最有效的路線（第58節）。畢竟，祂的言語和行為都曾經在此問題上得罪過猶太領袖。祂潔淨聖殿（可11：15－19），是對他們信仰最重要的象徵物的一種正面攻擊，而且耶穌甚至聲稱聖殿將被搗毀（13：2）。猶大肯定有時間與當權者們分享這一花邊新聞。

有些證人捏造故事，說耶穌曾說祂將拆毀聖殿，並在三天裏建起另一個聖殿（14：58），這並不是耶穌說過的話，但這種謠言卻廣為流傳，以至於在大眾的心裏留下了深刻的印象。當祂被釘十字架的時候，路過的人還在重複這話（15：29），這種錯誤認識的根源，可能是由於人們將耶穌所說聖殿將要被毀的話語，與關於祂三天後從墳墓裏復活的話語合併了起來（8：31；9：31；10：34）。但不論這個謠言從何而起，這也依然未能在一個帶有偏見的法庭上站住腳（14：58、59）。

至此為止，耶穌一直都默不作聲。這可能反映了以賽亞書53：7的預言：「他被欺壓，在受苦的時候卻不開口，他像羊羔被牽到宰殺之地，又像羊在剪毛的人手下無聲，他也是這樣不開口。」

至少有一位學者認為，祂的沉默是具有攻擊性的，因為猶太領袖認為，這是「對法庭的藐視」（見Martin, Where the Action Is, p. 133）。另一位學者認為，猶太人應為耶穌的沉默而感到慶幸。畢竟，祂「曾一次又一次地逼得文士和法利賽人走投無路。」祂「曾用無法回答的尖銳問題刺穿過他的對手」，而且祂「可以徹底地推翻他們用謊言為祂搭起來的脆弱絞刑架，但祂卻默不作聲。」（Luccock, p. 890）當然，祂非常清楚地知道，祂所說的**任何話語**都可能會被曲解並用來攻擊祂。

該亞法面對這令人癲狂的沉默，親自出馬並且直截了當地問：「你是那當稱頌者的兒子基督不是？」（可14：61）。這個問題本身就是不合法的，因為根據猶太法律規定，不得問被告會暗示他們有罪的問題，而且永遠也不得強迫他們作對自己不利的證詞（見Foreman, p. 118），但該亞法所用的正是這樣的問題。

然而令人驚訝的是，耶穌開口了。那曾告訴大家不要讓任何人知道祂是誰的人，現在卻在當眾告訴大祭司祂是誰。彌賽亞之謎結束了，耶穌承認祂既是彌賽亞又是上帝的兒子（可14：62），現在已經到了人們不再將祂的使命誤解為政治解放的時候了。

該亞法得到了他所需要的，自稱是彌賽亞並不是一個死罪，但大祭司藉著他精心的提問，迫使耶穌承認了祂就是上帝的兒子，而褻瀆是猶太人普遍認為的死罪。該亞法現在可以進行第二階段的審訊了（第63、64節）。

但在討論那個話題之前，我們應注意有關耶穌的兩件事。首先，祂很勇敢，祂知道如果祂像那樣的回答，祂會因此而死，審慎和法律常識會使祂繼續保持沉默。

其次，即使是在那黑暗的時刻，耶穌依然對未來充滿了信心，祂聲稱該亞法將「看見人子坐在那權能者的右邊，駕著天上的雲降臨」（14：62），這部分回答不是必需的，這回答超越了大祭司的問題。但耶穌將祂的回答建立在但以理書7：13和詩篇110：1之上，對祂最終的勝利沒有絲毫的疑惑。人類可能會羞辱祂，但上帝卻要尊崇祂。

羞辱來得很快，衛兵們打耶穌，吐唾沫在祂臉上，把祂的頭蒙起來嘲弄地讓祂說預言。這是一種恰當的笑柄，因為「人們通常相信一個自稱為彌賽亞的人，不用看，只要一聞就能識別出其攻擊者來。」（France, Mark, NIGTC, p. 617）

整個過程被社會學家稱為一種降格儀式。在整本福音書中，馬可一直將耶穌描寫為一個其言行與他人給予的尊敬是和一個鄉下手藝人不相符的人。但現在，當權者抓住了耶穌，甚至祂的核心小組（祂最親密的跟隨者）也拋棄了祂。降格儀式的第一階段發生在該亞法的家，記載在馬可福音14：65的戲弄情節中，在此過程「祂看起來無力阻止」對祂所做的一切，「耶穌在百姓眼中的崇高形象開始破滅。」消除祂尊榮氣焰的過程，還將在次日繼續進行。耶穌可以為自己做各種偉大的聲明，但猶太領袖將證明祂到底是誰，並顯明說僭妄話的結果（Malina, pp. 412, 413, 215）。

雖然祂現在受到了羞辱的打擊，但祂最終將重獲尊榮。耶穌告訴該亞法說，祂將在榮耀中再來，並被那些想要使祂降格的猶太領袖們親眼看到（可14：62）。《啟示錄》描述了這一事件：「看哪，他駕雲降臨，眾目要看見他，連刺他的人也要看見他」（啟1：7）。在這件事上，我們看到了最徹底的角色對換。詹姆斯‧

愛德華論證說：「耶穌站在公會面前受審，但公會將在人子在榮耀中再來時，在祂面前受審。公會拿耶穌說預言的能力作字謎遊戲，但祂的預言都將實現。」（Edwards, p. 449）

福音的一部分內容就是，這偉大的角色對換不僅會發生在耶穌的人生當中，而且也是為了每個歷代以來經受各種地位降格儀式的基督徒。這對於馬可福音的第一批讀者來說是特別重要的認識，因為他們最近剛遭受了尼祿如此的迫害。

# 56 彼得受審

可14：66－72

[66]彼得在下邊院子裏。來了大祭司的一個使女，[67]見彼得烤火，就
看著他說：「你素來也是同拿撒勒人耶穌一夥的。」[68]彼得卻不承
認，說：「我不知道，也不明白你說的是什麼。」於是出來，到
了門口〔，雞就叫了〕。[69]那使女看見他，又對旁邊站著的人說：
「這也是他們一黨的。」[70]彼得又不承認。過了不多的時候，旁邊
站著的人又對彼得說：「你真是他們一黨的！因為你確實是加利利
人。」[71]彼得就發咒起誓說：「我不認得你們說的這個人。」[72]立
時雞叫了第二遍。彼得想起耶穌對他所說的話：「雞叫兩遍以先，
你要三次不認我。」他就崩潰並且哭泣。

---

馬可福音14：53－72所提的，是一個有關兩個人同時受審的故事——一個是耶穌，祂站在以色列最有權的人——大祭司面前受審；一個是彼得，他站在一個沒有權力的女僕面前受審。

但他們並不是分開的，因為馬可用他獨特的寫作方式，在耶穌受審的故事周圍製作了一個「三明治」段落。在第54節中他首次引出了彼得的經歷，然後直到第66節才再次講述這段經歷，中間插入了耶穌在公會內部的受審（第53－65節）。這個插敘不僅是一個有關兩種審訊的故事，而且是一個有關人的信心對外界壓力的兩種不同反應的故事。而這兩種反應甚至可以反映在客西馬尼園

事件中，當時一個人在禱告而其他人卻在睡覺，一個人將自己完全獻身死在十字架上，而其他人卻未能面對那不久將要淹沒他們這兩種人的事件。換句話說，兩種審訊中不同的結果不在於一時的決定，而是反映了耶穌和彼得至此為止不同的習慣模式。

這段插敘的第一部分出現在馬可福音14：54，其中提到彼得跟著耶穌進了大祭司家的院子，以便使他可以了解耶穌受審的一些情況（第55－65節）。第66節拾起了插敘的最後一部分，其中提到彼得還在那相同的院子裏。

該亞法的家和當時當地的許多大宅一樣，顯然是在一塊被圍著的空場中建起來的，這個空場被周圍的房屋所環繞。馬可描寫彼得是「在下邊」（第66節），這一事實說明，耶穌的審訊是在院子上邊的一間屋子裏進行的。

最值得注意的一件事，可能是彼得竟然會出現在那裏。我們通常指責彼得懦弱，但他跟著耶穌的事實——即或是遠遠地跟著——卻能說明一些關於這個人的事。當夜較早的時候，這個人曾拔刀面對一群暴徒，這群暴徒後面有全副武裝的羅馬軍隊跟隨著。馬可告訴我們，耶穌被抓之後所有的門徒都逃跑了（第50節），但至少其中的兩位——彼得和約翰——曾轉念並來到該亞法的家中，這是需要勇氣的。

到此為止，彼得做得還不錯，但接著發生了女僕聲稱他是那拿撒勒人的跟隨者的事情（可14：67），她是怎麼得出這個結論的呢？這可能並不太難。約翰告訴我們，他和彼得都跟著隊伍到了該亞法的家，但約翰被許可進入院子裏，因為他是大祭司所認識的人，而彼得卻被留在門外，於是約翰走到看門的使女那裏求她讓彼得進來。根據約翰的記載，正是這個使女第一次向彼得提問（約18：15－17）。

這樣，兩個門徒在院子裏等候著，但他們的心情是何等的不同啊。約翰顯然為家裏的人所熟知，是一個跟隨耶穌的人，他沒有顯露出任何畏懼來。而「大無畏的」彼得，在他想到自己可能會被察覺時，幾乎喪失了他的宗教經驗。

兩個門徒之間為什麼會有這麼大的差別呢？這情形可能是由於使女之前曾質問過彼得。正如一位作者所說：「這個盤問是突然臨到他的，他覺得自己處在一個圈套之中，除此以外，他已使自己妥協了，因為當他坐在那裏烤火時，他曾試圖偽裝成眾人中的一員。我敢說，他們在講耶穌的笑話，開一些有關耶穌的粗俗玩笑，而彼得毫無異議地在那裏聽著，可能還得假裝和其他人一起大笑。他現在受到了這樣的盤問，他還能做什麼呢？除了試圖繼續偽裝以外，他還能做什麼呢？」（Jones, vol. 4, p. 154）

因怕被人發現，他脫口而出地說：「我不知道，也不明白你說的是什麼」（可14：68）。馬可在這節中所用的兩個表示知道的希臘語動詞，可能看似有些多餘，其實這並不是這樣的。詹姆斯·愛德華認為：「第一個詞（oida）傾向於表示理論性的認知，而第二個詞（epistamai）表示實踐性的了解。」因此，「彼得的否認……是一種完全的否認——包括理論上的和實踐上的。」（Edwards, p. 450）

不自在的彼得決定遠離火光，到顯然非常擁擠的院子的另一個地方去，但那個使女又認出了他，彼得經歷了第二次的否認（可14：69、70）。

這時，女僕的執著已經使許多人開始懷疑身處絕境的彼得是一個門徒。最後，馬勒古（耳朵被彼得削掉的那個人）的一個親戚，因為彼得的加利利口音而認出了他（14：70；約18：26、10）。第三次的指控使彼得完全被揭穿，他「就發咒起誓地說」他不認識耶穌——

但我們應注意到，這個門徒無法讓自己使用耶穌的名字，而是稱祂為「你們說的這個人」（可14：71）。

發咒起誓，彼得已最大限度地否認了耶穌。發咒起誓是什麼意思呢？我們至少能想像三種可能出現的情景。首先，他說了髒話，這就夠壞的了，但這句話可能具有更深的意思。第二種解釋是，他以上帝的名發誓說他不認識耶穌，他以一種請求上帝證明其真實性的誓約形式來表達他的否認。

第三種可能出現的情景，甚至比前兩種更糟糕。弗朗斯很有說服力地證明，他可能實際上咒詛了耶穌來證明他不是一個門徒。弗朗斯指出：「希臘語的動詞『咒詛』通常會有一個物件：是要咒詛什麼人，而不只是說髒話。彼得是否實際上說了對耶穌的咒詛，來證明他不可能是其跟隨者呢？馬可沒有說明，但這是他所用的詞語的自然含義。」（France, Mark, Doubleday, pp. 194, 195; France, Mark, NIGTC, p. 622）

不論那發咒起誓是怎樣的，這都是耶穌主要的門徒對祂的一種重大出賣，這時至少發生了三件事。第一件事就是雞又叫了一次，馬可沒有提到第二件事，但路加告訴我們說當雞叫時，耶穌「轉過身來看彼得」（路22：61）。正是在這時候，門徒才想起耶穌的預言，說他在雞叫兩次之前要三次不認祂（可14：30）。

「即或當耶穌在屋裏，在那些戲弄他並要他說預言的執政祭司面前時（14：65），彼得依然在外面，應驗耶穌預告彼得三次不認主的預言。」（Evans, p. 467）

這是何等的眼神啊！這絕對不是「我告訴過你吧」那種眼神。懷愛倫告訴我們，這是一種帶著「深切的慈悲和憂傷，卻沒

帶一點怒容」的眼神。（《歷代願望》下冊，第289頁）

這眼神是彼得所受不了的，在那一刻發生的第三件事，就是那個門徒痛哭了（14：72）。彼得此時的信心邁出了巨大的一步，正如坎貝爾·摩根所指出的，「他的眼淚，是他的靈命回應其信心之真實性的證據；是對那份愛的回應。那愛就是在他不認主時，曾如此殘酷地侮辱和褻瀆的愛。」（Morgan, p. 313）彼得的眼淚證明了他真是一個耶穌的跟隨者——一個悔改的跟隨者，耶穌知道這些眼淚的含義。在馬可福音最後的經文中，耶穌強調說，祂希望彼得陪同門徒們到加利利去見祂（16：7）。

我們都需要從彼得的經驗中學到許多教訓。首先，耶穌對彼得的警告，不是一個給懦夫的警告，而是給大膽和勇敢的人說的。如果彼得是個懦夫的話，他就根本不會到院子裏去，他的問題不是畏懼，而是對自己的能力過於自信。他永遠也不會忘記這個教訓，他後來寫道：「務要謹守、警醒，因為你們的仇敵魔鬼，如同吼叫的獅子，遍地遊行，尋找可吞吃的人」（彼前5：8）。

第二個教訓就是，雖然我們沒有人是毫無指摘的，但我們亦沒有人是在上帝的恩典之外。

# 57 耶穌再次受審

可15：1－15

[1]一到早晨，祭司長和長老、文士、全公會的人大家商議，就把耶
穌捆綁解去，交給彼拉多。[2]彼拉多問他說：「你是猶太人的王
嗎？」耶穌回答說：「你說的是。」[3]祭司長告他許多的事。[4]彼
拉多又問他說：「你看，他們告你這麼多的事，你什麼都不回答
嗎？」[5]耶穌仍不回答，以致彼拉多覺得希奇。
[6]每逢節期，巡撫照眾人所求的，釋放一個囚犯給他們。[7]有一個
人名叫巴拉巴，和作亂的人一同捆綁。他們作亂的時候，曾殺過
人。[8]眾人上去求巡撫，照常例給他們辦。[9]彼拉多說：「你們要
我釋放猶太人的王給你們嗎？」[10]他原曉得，祭司長是因為嫉妒才
把耶穌解了來。[11]只是祭司長挑唆眾人，寧可釋放巴拉巴給他們。
[12]彼拉多又說：「那麼樣，你們所稱為猶太人的王，我怎麼辦他
呢？」[13]他們又喊著說：「把他釘十字架！」[14]彼拉多說：「為什
麼呢？他作了什麼惡事呢？」他們便極力地喊著說：「把他釘十
字架！」[15]彼拉多要叫眾人喜悅，就釋放巴拉巴給他們，將耶穌鞭
打了，交給人釘十字架。

---

時間緊迫，羅馬的司法程式開始得非常早，這樣到了上午十時左右，統治階級就可以開始消遣了。晚上的審訊已經結束了，現在，公會的成員已經超過法定人數了。他們在清晨聚集，為要

「合法地」制定對耶穌的指控，以便使他們可以將這指控呈給羅馬巡撫。

公會所面臨的問題就是，只有羅馬巡撫才能宣布死刑，指控祂自稱是彌賽亞和上帝的兒子，說祂犯了褻瀆罪，這顯然不能作為請求彼拉多處死耶穌的依據。彼拉多會把這些指控當作猶太人內部糾紛的一部分，因此與帝國的利益無關。但考慮到猶太人對彌賽亞所有的想法，他們就可以賦予這個頭銜以一種政治性的解釋。畢竟在大眾的思想當中，彌賽亞等同於猶太人的王，一個大衛式好戰的君王。

馬可沒有告訴我們，宗教領袖在制定他們的正式指控時的高超手法。但路加告訴我們：「眾人都起來，把耶穌解到彼拉多面前，就告他說：『我們見這人誘惑國民，禁止納稅給該撒，並說自己是基督、是王』」（路23：1、2）。

這時，彼拉多（西元26－37年的巴勒斯坦巡撫）沒有很好地代表羅馬殖民政府。斐羅（一個和耶穌同時代的猶太人）描寫彼拉多是「一個性情非常頑固、非常殘酷無情、而且非常倔強的人。」（Philo, Embassy to Gaius, para. 301）當時的文獻記載，至少提到他曾五次因傷感情的言行，而導致其巴勒斯坦臣民的嚴重暴亂，有三次導致大屠殺，第四次險些出現類似的情形。最終羅馬帝國以管理不當為由，撤除了他的職務（見Freedman, vol. 5, pp. 395-401）。彼拉多最不想遇到的事情，就是與猶太領袖再一次摩擦起衝突，特別是在逾越節這個敏感時期，當人們都在思想著出埃及、得解救，和對壓迫者的推翻時。

彼拉多立刻打量了宗教領袖和耶穌，他很容易就得出結論，認為耶穌不是什麼政治威脅，而且他們是「嫉妒」祂（可15：10）。彼拉多沒有旁敲側擊，而是立刻問耶穌祂是不是「猶太人的王」。初聽起來，耶穌的回答（「你說的是」）似乎是一個奇怪的回答（第2節），這最多不過是一種謹慎的回答。祂沒有承認君王的身分，但也沒有否認。含糊其辭的原因，是因為從某種意義上說，這種指控是正確的。畢竟幾天前（可11：1－11），耶穌剛以君王的姿態騎驢進入耶路撒冷，應驗了撒迦利亞書9：9的預言。但另一方面，祂的國度不是猶太民族主義者和彼拉多所認為的那種政治上的國度。弗朗斯聲稱，事情的真相乃是：「他是一個君王，在遠比單純的猶太政治舞臺還要大得多的舞臺上執政。人子不久將作為列國的統治者並坐在上帝的右邊。……所以耶穌回答的意思可能就是，『這是你的說法，但事實和你所想的截然不同』。」（France, Mark, Doubleday, p. 197）

耶穌做完了這個含糊的回答之後，就再也沒在馬可福音中說過任何話語，直到祂在十字架上痛苦地呻吟時才說話（可15：34）。耶穌本可以在彼拉多面前做一次有力的辯護，從而使自己獲得自由，但那並不是祂所要走的路。祂已在客西馬尼園中降服於祂天父的旨意，祂現在不能攔阻天父祂的旨意成就。

耶穌拒絕為自己辯護的事實（15：5）令彼拉多感到希奇，但他看不出有什麼理由要判處祂死刑，幸運的是他有一條出路。每逢逾越節，他就會應猶太人的請求釋放一個囚犯，而群眾這時正開始請求此事（第6、8節），這裏可能會有答案，於是彼拉多提出了建議，但他們卻堅持要赦免巴拉巴。

馬可描述巴拉巴不是普通的罪犯，他是一個曾在最近的暴動中殺過人的暴亂分子（第7節）。我們不知道這是哪一次起義，但在一個被羅馬帝國蹂躪的易怒國家中，這種事情十分常見。巴拉巴甚至可能屬於西卡尼派（Sicarii，拉丁文的意思就是帶匕首的人），這些激進的猶太愛國者，發誓要隨時隨地盡可能地謀殺和刺殺羅馬統治者及其同黨。

不論他到底屬於什麼組織，巴拉巴都是一個民族主義領袖的化身，在巴勒斯坦極受人們的擁戴，認為他很可能就是彌賽亞式的解放者。猶太領袖不難操縱興奮的群眾，來要求釋放這樣一個受人歡迎的英雄人物。

但群眾呢？一群猶太人豈不是曾在同一週中呼喊和散那，並為耶穌凱旋地進入耶路撒冷提供了王室的待遇嗎（可11：1－11）？的確如此，但這很可能不是同一批人群。相反的，威廉・巴克萊認為：「這很有可能是一群特意為了要求釋放巴拉巴，而聚集在一起的人群。」（Barclay, Mark, p. 375）不論這個假想是否成立，宗教領袖們都找到了一個可以利用的處境，他們不難煽動群眾大聲要求巴拉巴的釋放（可15：11）。

群眾的情緒很快就被彼拉多看出來了，群眾想要釋放巴拉巴並釘耶穌十字架（第11－14節）。這是何等的選擇啊！巴拉巴是一個亞蘭語的名字，（Bar-'Abba'），意思就是「父之子」。「在整個降格儀式中，最具諷刺意義的就是，天父真正的兒子耶穌和罪犯……巴拉巴，交換了角色。」與此同時，「在群眾和統治者默許的情況下，耶穌被降低到一種徹底被人藐視的地步，被剝去衣服，頭戴荊棘冠冕，右手拿著一個用葦子作的權杖，他又被當作『猶太人的王』來戲弄。這既是對耶穌的一種降格，也是對猶大眾人及其統治者的公然羞辱（太27：27－31；可15：17－20）。那最徹底的降卑，當眾赤身掛在十字架上，為公眾最後的嘲笑提供了機會（太27：39－44；可15：29－32；路23：35－38）。」那時，耶穌的地位將被徹底地貶低（Malina, p. 413），而祂被羅馬當局釘十字架的事實，後來將「嚴重地損害耶穌的跟隨者力求使祂恢復原有聲望的努力。」（Edwards, pp. 457, 458）

彼拉多為世俗審判添上了他自己是虐待狂的一筆，耶穌將釘在十字架之前，他吩咐人給祂一頓鞭打（可15：15），羅馬人的鞭打本身就是一種特別殘酷的煎熬。鞭子上有長長的皮條，皮條上散佈著鋒利的金屬片和骨頭碎片，這樣的一種工具，可以將一個人的肉直接從骨頭上撕下來，有些受害者根本無法在這殘酷的考驗中倖存。但對於耶穌而言，這還只是個開始。

馬可福音15：1－15，耶穌藉著祂的沉默，迫使彼拉多和群眾作出了一個決定：巴拉巴或耶穌。這是一種在恨與愛之間的選擇，在一個挑起戰爭的人與和平者之間的選擇。

很久以前在耶路撒冷的那個早晨，依然迴響在今日的世界中，耶穌仍然每天給我們每個人選擇，我們仍然面對著同樣的選擇。然而我們往往願意忠於巴拉巴的原則，這就是為什麼在眾人作出那決定命運的選擇之後的兩千年，這世界仍不斷遭受暴力和戰爭。

但這樣的決定絕不僅僅是群眾的選擇，它們也是個人的選擇。直至今日，我也必須在巴拉巴及其所堅持的原則，與耶穌以及上帝國的原則之間作選擇。不幸的是，現今並不比那個春天的早晨更容易作出正確的選擇。在屬靈的世界，惡勢力想要引導我們去作錯誤選擇，這一事實證明這件事並沒有變得更容易。

# 58 歷史上被釘十字架唯一的一位志願者

可15：16－32

[16]兵丁把耶穌帶進衙門院裏，叫齊了全營的兵。[17]他們給他穿上紫
袍，又用荊棘編作冠冕給他戴上，[18]就慶賀他說：「恭喜，猶太人
的王啊！」[19]又不停地拿一根杆子打他的頭，吐唾沫在他臉上，屈
膝拜他。[20]戲弄完了，就給他脫了紫袍，仍穿上他自己的衣服，帶
他出去，要釘十字架。
[21]他們勉強一個路過的人同去，一個從鄉下來的古利奈人西門（亞力
山大和魯孚的父親），好背著耶穌的十字架。[22]他們帶耶穌到了各各他
地方（各各他翻出來就是髑髏地），[23]他們試圖拿沒藥調和的酒給耶穌，
他卻不喝。[24]於是將他釘在十字架上，拈鬮分他的衣服，看是誰
得什麼。[25]他在十字架上是巳初的時候。[26]上面有他的罪狀，寫的
是：「猶太人的王。」[27]他們又把兩個強盜和他同釘十字架，一個
在右邊，一個在左邊。[29]從那裏經過的人不斷地辱罵他，搖著頭，
說：「啊哈！你這拆毀聖殿，三日又建造起來的，[30]可以救自己從
十字架上下來吧！」[31]祭司長和文士也是這樣戲弄他，彼此說：
「他救了別人，不能救自己。[32]以色列的王基督，現在可以從十字
架上下來，叫我們看見，就信了。」那些和他同釘的人也是譏誚
他。[註1]

---

這一定是羅馬兵丁最好的消遣。駐守要塞的任務是很無聊

的，對於有些士兵而言，這時卻有一個享受頭等娛樂的機會。畢竟，不是每天都有一個「王」落在他們手中。

他們將整支六百人的步兵大隊都召集來，充分利用他們這次的機會。他們愚弄地給耶穌穿上帶有王室象徵的衣服——一件紫色的袍子和一個當作權杖的葦子，以及一個用荊棘編成的圈按在祂的頭上當作冠冕（可15：16－20）。考慮到當時一般士兵的天性，這種戲弄絕對不是優雅和精緻的，整個過程一定「非常有趣」，但不久他們當中一個代表團便帶著祂出去釘十字架了。與此同時，他們正在應驗耶穌的預言，就是當祂來到耶路撒冷以後，「祭司長和文士」將要「定他死罪，交給外邦人。他們要戲弄他，吐唾沫在他臉上，鞭打他，殺害他」（可10：33、34）。

當時通常的慣例，是讓被定罪的犯人將其十字架的大樑帶到行刑的地方，所遵循的路線是最長的而不是最短的。釘十字架的酷刑是心理上的戰術，是恐怖主義的一種形式，羅馬人希望盡可能有更多的人能夠看到，這樣當地人民就能注意，那些愚蠢到想要挑釁羅馬政權之人的下場。

耶穌顯然帶著祂十字架的大樑走了一段距離，但夜晚和早晨的拷問與鞭打，已經使祂精疲力盡了。士兵們意識到祂的無助，巡視了一下四周，想找個他們可以強迫服役的人來。這不是一個令人愉快的任務，沒有自告奮勇的志願者。但當人們感覺到羅馬人的槍尖落在他們肩頭上時，他們就知道他們只能從命，別無選擇，除非他們也想被當作一個反叛者來對待。

正是如此，長官的目光落在了古利奈人西門的身上（15：21）。古利奈是北非的一個重要城市，位於現今的利比亞境內，他可能是來參加逾越節朝聖的，他可能為這次旅行積攢了多年的路費，現在卻落得這種地步。

但我們需要問一下，士兵為什麼從擁擠的人群中選中了西門呢？聖經沒有說，但有人建議，這是因為他的體力好，具備一個明顯的選拔條件，但鍾斯卻提出了一種有趣的可能性。他寫道：「我反而更願意將此歸結於西門的選擇，西門很可能以某種方式顯示了他對耶穌的同情。從鄉下而來，看到這眾人湧出城門外，好奇心可能迫使他試圖查明人們為什麼事而如此興奮。他擠過人群，發現自己與基督面面相對。基督可能正在那時昏倒在祂的重擔之下，而士兵們的一些殘酷動作，可能激起了西門某種同情的明顯舉動。我認為，正是這一點把士兵的注意力吸引到了西門的身上。他們為了報復西門憤慨的抗議，而將基督的十字架拿來放在他的肩上。」（Jones, vol. 4, p. 205）

這種觀點當然只是一種推測，但可以肯定的是，這絕對是西門人生中最重要的一天，儘管當時看起來可能並非如此。對其重要性的暗示，出現在馬可描述西門是「亞力山大和魯孚的父親」的話語中（15：21）。馬可是唯一提到這兩個兒子之名的福音書作者，人們普遍認為他這樣做是有一定原因的。最有可能的原因，就是一種能使羅馬的信徒用來識別西門的描述。正如本書的前言部分所提到過的，羅馬可能是馬可福音的目的地。在保羅致羅馬人的書信中，我們發現一個可能與馬可福音15：21有關的有趣信息。保羅寫道：「又問在主裏顯赫的魯孚安，還有他的母親和我的母親。」（羅16：13，RSV中譯）另外，人們於1941年11月在以色列境內，發現了一個專門為古利奈猶太人所用的墓穴。其中有一個銘文，上面寫著：「西門之子亞力山大」（Lane, p. 563）。有些人甚至將古利奈人西門與使徒行傳13：1中的「稱呼尼結的西面」聯繫起來，指出西面是西門的另一種稱呼，而且尼結（黑人）是對來自非洲（古利奈所屬之地）膚色較黑之人的一般稱呼。

我們沒有令人折服的證據，證明羅馬書中的魯孚、銘文上的亞力山大、或使徒行傳中的西面，與馬可福音15：21中所提到的那些人有關。但正如弗朗斯觀察到的，「對魯孚與亞力山大的提及，暗示著這兩個人是馬可的讀者所認識的，因為他們（和他們的父親？）成為基督徒，可能就是由於這次被不情願地捲入耶穌的故事中的結果。」（France, Mark, NIGTC, p. 641）上帝終究能使當時看似我們生活中不幸的事情，變成我們的福氣和益處（見羅8：28），換句話說，臨到我們的一切壞事都不壞。

行刑的隊伍來到了目的地，士兵們將橫木固定在垂直的梁木之上，他們讓犯人在十字架上伸開，並將祂釘在上面。然後他們將十字架舉了起來，帶著使肉撕裂的重擊，砰的一聲將它投入事先預備好的坑中。

馬丁・亨格爾寫道：在十字架上的死並不是「一般意義上的死，這是一種絕對令人不快的事情，」是最為「可憎的」。「釘十字架是劊子手隨心所欲和施虐，欲得以自由發揮的一種刑罰。」（Hengel, pp. 22, 25）釘十字架的肉體折磨不只是那些釘子，還有無法逃避的巴勒斯坦酷日。受害者動彈不得，因此無法防禦炎熱、寒冷或蚊蟲。由於釘十字架並不會傷害到任何致命的器官，所以因疲勞、肌肉痙攣、饑餓、乾渴而導致的死亡通常來得很慢，往往需要好幾天的時間。

在猶太人的認識當中，任何被處以十字架死刑的人，都是被其百姓所棄絕、被上帝的律法所咒詛、被排除在上帝與猶太人所立之約以外的人（加3：13；申21：23）。最重要的是，猶太人期望他們的彌賽亞是一個戰無不勝的大能君王，而不是一個受苦的囚犯，難怪保羅能夠稱基督的十字架是「在猶太人為絆腳石，在外邦人為愚拙」（林前1：23）。

居爾根・摩爾特曼描繪說：「對於那些跟隨耶穌來到耶路撒冷的門徒來說，祂羞辱的死不是祂對上帝最圓滿的順從，也不是一種為祂的真理而殉道的表現，而是對其主張的否定。這不但沒有堅固他們對祂的盼望，反而……使這些盼望都破滅了。」（Moltmann, p. 132）

門徒並不是在十字架前，唯一一群對彌賽亞被針對事件而感到矛盾的人，但和門徒們不同的是，其他的人並沒有保持沉默，相反的，他們將各種羞辱都堆在受苦的耶穌頭上。馬可提到三種不同的人群作了這樣的事情：過路的人、祭司長和文士、在祂兩邊的兩個罪犯（15：29－32）。

猶太領袖的戲弄是引人注意的。「他救了別人，不能救自己。以色列的王基督，現在可以從十字架上下來，叫我們看見，就信了」（第31、32節）。整個事情的矛盾之處就在於，耶穌是歷史上被釘十字架唯一一個不必停留在祂十字架上的人。祂可以用祂的神能從十字架上下來，但祂選擇了留在十字架上，並替我們而死，成為「罪，好叫我們在他裏面成為上帝的義」（林後5：21）。我們在約翰福音中讀到：「我將命捨去，……沒有人奪我的命去，是我自己捨的。我有權柄捨了，也有權柄取回來」（約10：17、18）。耶穌有一個選擇，祂決定遵行上帝的旨意而不是祂自己的旨意——祂選擇了留在十字架上。

亞倫・科爾注解說，宗教領袖在馬可福音15：31中說「祂救了別人，不能救自己」的話語，本身就具有「預言性的真理」。科爾指出：「如果基督想要救別人，祂就不能從十字架上下來。這個試探祂已經拒絕過了，先是在曠野中（1：13），然後在該撒利亞腓立比（8：33），最後在客西馬尼園裡（14：36）。從十字架上下來，從肉體上說確實不是不可能的事情，但從道德和屬靈的意義上說，這對於彌賽亞而言卻是一件不可能的事情。如果祂這樣做了，祂就不再是上帝的基督了，祂將踐踏上帝所設定的彌賽亞道路；反而，祂將成為一個單純的人性基督，而這樣的一個基督，永遠也不可能拯救這個世界。救別人的唯一道路就是要拒絕救祂自己：祭司們以一種他們完全沒有意料到的方式，說出了正確的話語。」（Cole, p. 319）



註1：較早的希臘文手抄本沒有第28節，這節經文的內容反映了路22：37的內容。這節經文讀作：「這就應驗了經上的話說：『他被列在罪犯之中。』」

# 59 耶穌之死的意義

可15：33－47

33從午正到申初，遍地都黑暗了。34申初的時候，耶穌大聲喊著
說：「以羅伊！以羅伊！拉馬撒巴各大尼？」（翻出來就是：我的上
帝！我的上帝！為什麼離棄我？）35旁邊站著的人，有的聽見就說：「看
哪，他叫以利亞呢！」36有一個人跑去，把海綿蘸滿了醋，綁在杆
子上，送給他喝，說：「且等著，看以利亞來不來把他取下。」
37耶穌大聲喊叫，就死了。38殿裏的幔子從上到下裂為兩半。39對
面站著的百夫長看見耶穌這樣死了，就說：「這人真是上帝的兒
子！」

40還有些婦女遠遠的觀看，內中有抹大拉的馬利亞，又有小雅各和
約西的母親馬利亞，並有撒羅米，41就是耶穌在加利利的時候，跟
隨他、服事他的那些人，還有同耶穌上耶路撒冷的好些人在那裏觀
看。

42到了晚上，因為這是預備日，就是安息日的前一日，43有亞利馬
太的約瑟前來，他是公會中的重要成員，也是期待上帝國的。他放
膽進去見彼拉多，求耶穌的身體。44彼拉多詫異耶穌已經死了，便
叫百夫長來，質問他，要知道耶穌是不是已經死了。45既從百夫長
得知實情，就把耶穌的屍首賜給約瑟。46約瑟帶了麻布來，把耶穌
取下來，用麻布裹好，安放在磐石鑿出來的墳墓裏，又滾過一個石
頭來擋住墓門。47抹大拉的馬利亞和約西的母親馬利亞都看見安放

他的地方。

---

一切都結束了，但這並不是一個像那些冥想著彌賽亞的猶太人所期望的、陽光明媚的日子，而是一個有三小時反常黑暗的日子（可15：33）。考慮到逾越節是在滿月時進行，這個黑暗絕不可能是日食的結果，也就是說，這是超自然的，而不是自然。舊約聖經多次將黑暗與審判聯繫在一起（例如，見珥3：14、15；賽5：30；13：10、11）。馬可將此描述為上帝末世審判的一面，就像在阿摩司書8：9中一樣：「主耶和華說：到那日，我必使日頭在午間落下，使地在白晝黑暗。」

審判的黑暗不僅在自然界中被察覺到，這黑暗也壓倒了耶穌的心靈。在祂被釘十字架三小時後，祂用亞蘭語喊著說：「以羅伊！以羅伊！拉馬撒巴各大尼？」意思就是「我的上帝！我的上帝！為什麼離棄我？」（可15：34）這些話語本身來自詩篇22：1，一篇預言上帝的基督受苦的彌賽亞式詩篇。但這些話語出自通常樂觀快活的耶穌之口，似乎有些奇怪。我們必定會問：祂為什麼發出這個呼喊呢？其意義是什麼呢？

我們在回答這些問題時，需要注意到的第一件事就是，「這顯然是四福音書中耶穌唯一一次在祈禱中沒有用『父』字來稱呼上帝的經文。祂們之間出現了一片黑暗。」（France, Mark, Doubleday, p. 206）

應當認識到的第二件事就是，耶穌畢生快活的心情，來自於祂與天父的親密關係。祂聲稱：「其實我不是獨自一人，因為有父與我同在。」（約16：32）「你們當相信我，我在父裏面，父在我裏面。」（14：11）「我與父原為一。」（10：30）至此為止，不論祂外在的環境看起來如何，耶穌一生都相信祂的父一直都悅納祂。

這是我們注意到，我們應對耶穌被上帝離棄之呼喊牢記在心的第三件事。那就是當祂被掛在十字架上時，有些事情發生了改變，我們在這種轉變中發現了「十字架奧祕」的中心（Jones, vol. 4, p. 225）。在這個奧祕的核心中，我們發現耶穌遭遇了某種祂素不相識的新事物。正如威廉·巴克萊所說的，「至此為止，耶穌經歷了人生的每一經驗，**只有一件除外——祂從不知道罪的後果**。罪所能做的第一件事，就是使我們與上帝隔絕。……這就是耶穌從未經歷過的一種人類經驗，因為祂沒有罪。」（Barclay, Mark, p. 383）但在十字架上，「上帝使那不知罪的，替我們成為罪」（林後5：21）；「耶和華使我們眾人的罪孽都歸在他身上」（賽53：6）；耶穌是在「捨命，作多人的贖價」（可10：45）；祂在喝祂曾在客西馬尼園中如此畏懼的，上帝的忿怒之「杯」（14：36）；而且祂深刻地感受到了罪的後果。在祂的人生中，當祂作為替罪的「上帝的羔羊」而死去時（約1：29），祂頭一次感受到與上帝的隔絕。在此過程中，耶穌奠定了救贖罪人的基礎，而這個過程是我們所無法完全領會的。對祂而言，這是一個無法承受的痛苦時刻。

然而祂並沒有經歷完全的絕望，這正是我們對於耶穌被上帝離棄之呼喊所應記住的第四件事，祂終究還是稱呼上帝為「我的上帝」（可15：34），在祂那最偉大的心中，祂知道這種隔絕不會是永久的。

馬可記載耶穌的下一件事，祂甚至連一個字都沒說。他告訴我們說，祂死的時候「大聲喊叫」（可15：37），另外兩部對觀福音給我們提供了相同的信息（太27：50；路23：46），但只有約翰告訴了我們那些話語的內容，根據約翰的記載，耶穌在臨死前曾宣告說：「成了！」（19：30）

這無疑是人類所說過的最偉大的一個詞語（希臘文中是一個詞）。

巴克萊注解說：「這是一個完成任務的人所發出的呼喊；這是一個在爭戰中得勝的人所發出的呼喊；這是一個出黑暗入榮耀光明的人，一個已經獲得冠冕的人所發出的呼喊。……**耶穌是作為一個得勝者和征服者，嘴裏帶著凱旋的吶喊而死去的。**」（Barclay, Matthew, vol. 2, p. 408，粗體字格式由本書作者後加）

這個勝利包含著十字架的意義，曾度過完美一生的耶穌，成了上帝毫無瑕疵的羔羊，祂藉著祂的死除去了世人的罪孽（約1：29）。

我們在馬可福音15：38中發現，這種含義被象徵性地表達了出來。這節經文告訴我們，在祂死去的那一刻，「殿裏的幔子從上到下裂為兩半。」請注意「從上到下」這句話，這個幔子大約有18公尺高，對其撕裂之方向的描述，意味著這是一個超自然的作為。

這個作為本身象徵了兩件事。首先，耶穌在十字架上之犧牲，預指儀文和獻祭的舊體制（西2：17）已經被廢除了，地上的聖殿已經不再是神聖的了。救贖計畫的活動場所，在那個歷史時刻已經轉移到了天上，復活了的耶穌將在那裏作為大祭司，為那些相信祂的人服務（來8：1、2）。幔子裂開的第二個含義，就是藉著耶穌作為他們在天上的中保，每個信徒（而不只是祭司）可以通過耶穌的犧牲，以及通過祂復活後在天上的崇事，直接就近天父（羅8：34；來4：15、16；7：25；10：19 22）。

在馬可福音15：33－47中，耶穌周圍的許多人對祂的死有著他們自己的解釋。我們首先遇到了好奇的旁觀者，他們顯然將耶穌所呼喊的「以羅伊」，誤解為對活著被接升天的以利亞（王下2：11）的呼求（亞蘭語為「以利」）。許多人相信以利亞將在末日回來，在危難時刻拯救上帝的百姓。從積極的角度來看，試圖給耶穌喝飲料，是為了使祂一直活到以利亞來拯救祂的時候，但更有可能的事，整個事件只不過是又一輪殘酷的戲弄而已，因為可能沒有多少人相信，上帝會派以利亞來，從十字架上拯救「猶太人的王」（見可15：36、37）。對他們而言，耶穌的死乃是一種娛樂表演。

然後是百夫長，毫無疑問，他曾參與過許多釘十字架的工作，並且見證了人們經受最痛苦的死亡，但他覺察到這個人有些與眾不同。結果我們發現這樣一個人，他幾分鐘前可能還參與了殘酷的嘲笑，現在卻在耶穌死去的那一刻承認說：「這人真是上帝的兒子」（第39節）。克萊格・伊萬斯指出：「百夫長承認上帝的真兒子是這個被釘的拿撒勒人耶穌，而不是〔那〕『神聖的』該撒，就像對帝王的膜拜所聲稱的那樣。」（Evans, p. 512；參閱Edwards, p. 480）在這個感想中，他呼應了上帝在耶穌受洗時所作的相同宣告（可1：11）。但外邦的百夫長是馬可福音中，唯一一個作出這種宣告的人，耶穌死去的方式和圍繞祂死亡的情景，使得他做出了這個結論。對百夫長而言，耶穌的死乃是一種啟示。

馬可之基督論的關鍵點

1 上帝——「這是我的愛子，我喜悅你」（1：11）。
2 彼得——「你是基督」（8：29）。
3 百夫長——「這人真是上帝的兒子」（15：39）。

在十字架周圍的另一群人就是婦女（可15：40、41）——抹大拉的馬利亞，耶穌曾從她的身上趕出過七個鬼（路8：2）；約西和十二個門徒中不太著名的雅各（在可3：18中被稱為亞勒腓的兒子雅各）的母親馬利亞；以及撒羅米，可能是雅各和約翰的母親（參閱太27：56）。門徒們大都逃跑了，或者隱藏在現場的邊緣，因此馬可描寫婦人是比男人更好的門徒。但這些婦女當時並不知道該如何解釋耶穌的死，她們的出現是為了她們在後來耶穌的復活故事中，扮演關鍵角色而被安置在這裏（可15：47；16：1－8）。

圍繞耶穌之死的戲劇中，最後的兩個人物是彼拉多和亞利馬太的約瑟，彼拉多唯一感到不可思議的，就是耶穌死得如此迅速（15：44），但對於約瑟而言，耶穌的死卻是一種改變人生命的事件（第42－46節）。約瑟顯然曾是一個隱祕的門徒，當他大膽地去向羅馬巡撫索要耶穌的屍體時，他是冒著失去一切的危險而去的，他一點也不知道易怒的彼拉多會如何回應他的請求，但他確切地知道他將失去他作為猶太社會領袖的地位，和他在大能的公會中會員的身分。他若是個窮人，可能早就站出來了，但他要失去的太多了，畢竟，猶太領袖已經認定，那些跟隨耶穌的人應從會堂裏被趕出去——開除教籍（約9：22）。

是耶穌的十字架改變了約瑟。巴克萊寫道：約瑟是那些「耶穌的十字架能為之做成，甚至連耶穌的生平都無法做到之事」的人之一。「當他看到活的耶穌時，他感覺到了祂的吸引力，但僅此而已。但當他看到耶穌死去時，……他的心便在愛中被融化了」（Barclay, Mark, p. 386），他和那百夫長一樣，是耶穌話語的一種應驗：「我若從地上被舉起來，就要吸引萬人來歸我」（約12：32）。

約瑟發現沒有人能長久作一個隱祕的門徒，最終不是這祕密使門徒的身分終止，就是門徒的身分使這祕密終止。

「你當竭力在上帝面前得蒙喜悅，
作無愧的工人，按著正意分解真理的道。」提摩太後書2：15

# 第五編 一個沒有終結的結局

（可16：1－20）

# 60 死亡之死

可16：1－8

1過了安息日，抹大拉的馬利亞和雅各的母親馬利亞並撒羅米，買
了香膏，要去膏耶穌的身體。2七日的第一日清早，出太陽的時
候，他們來到墳墓那裏，3彼此說：「誰給我們把石頭從墓門滾開
呢？」4他們抬頭一看，卻見石頭已經滾開了。（原來那石頭極大。）
5他們進了墳墓，看見一個少年人坐在右邊，穿著白袍，就甚驚
恐。6那少年人對他們說：「不要驚恐！你們尋找那釘十字架的拿
撒勒人耶穌，他已經復活了，不在這裏。請看安放他的地方。7但
你們要去告訴他的門徒和彼得說：『他在你們以先往加利利去。在
那裏你們要見他，正如他從前所告訴你們的。』」8她們就出來，
從墳墓那裏逃跑，又發抖，又昏亂，什麼也不告訴人，因為她們害
怕。

---

根據路加的記載，婦女們在安息日都「遵著誡命安息了」（路23：56），在巴勒斯坦炎熱的天氣中，通常的習慣是在耶穌死後儘快地膏祂的身體並預備安葬的事，但祂是在星期五的傍晚死的，儘管預備安葬的工作非常重要，但她們還是一直等到了安息和敬拜的日子結束後才這樣做，我們因此而發現她們在星期日的清晨出去做這項工作（可16：2）。

但當她們朝著墳墓走去時，她們有一件擔心的事，她們怎麼

可能挪開堵在洞穴安葬地入口處的巨大圓石頭呢（第3節）？克萊格・伊萬斯寫道：「具有諷刺意義的是，耶穌的男性門徒中沒有一個在場提供這種幫助。」（Evans, p. 539）他們顯然還在四處躲藏，在反思歷史事實時，對於門徒在耶穌人生最高潮的事件中所具有的勇敢和忠誠上，馬可福音沒有太多積極的話語要說。是女性跟隨者而不是門徒，在耶穌的死亡（可15：40）、安葬（第47節）和復活（16：1）中扮演了主角。最重要的是，她們想最後一次尊榮耶穌，這個舉動發自於她們對祂的愛和忠誠，因為她們以為祂永遠地死去了。

因此當她們發現石頭被滾開而且墳墓裏空無一人時，她們感到了無比的驚恐。在墳墓中遇見天使說：「他已經復活了」（第6節），這同樣令她們感到驚駭。

我們這些兩千年後閱讀馬可福音的人可能想，她們為什麼這麼吃驚呢？我們甚至會問，上帝為什麼非要派一個天使來告訴她們呢？畢竟，對於任何一個識字的人來說，耶穌明顯地至少四次預言過祂的復活（8：31；9：9、31；10：34），但我們在此需要非常地謹慎。我們讀聖經都是事後聰明，我們知道故事的結局是怎樣的，但早期的門徒卻不是這樣，耶穌確實預言過祂的復活，但要活到復活的事件之後，就意味著要有一種前所未有的不同認識。他們唯一所知道的就是，人死了就是死了，對於耶穌也是如此，亞利馬太的約瑟曾將祂那毫無生氣的身體放在他自己的墳墓裏，他們的盼望也都隨著那安葬而破滅了。

但祂的復活和天使說「他已經復活了」的話語，將改變歷史的面貌和人們對死亡本質的認識。復活是福音的核心，是那好消息中最重要的事。我們可能會專注於耶穌為我們替罪犧牲，以此作為福音的根本，但沒有什麼比一個死亡的救主更可憐的了。當中沒有盼望，若沒有復活，基督教就根本不會存在，復活是歷史的關鍵。保羅抓住了那真理的一瞥，他寫道，耶穌基督「按聖善的靈說，因從死裏復活，以大能顯明是上帝的兒子。」只有復活才能給我們承受祂恩典的權利（羅1：4、5）。這位使徒再次以這些同等重要的事實定義福音說，「基督照聖經所說，為我們的罪死了，而且埋葬了，又照聖經所說，第三天復活了」（林前15：1–4）。我們絕對不可低估耶穌復活的重要性。

威廉・巴克萊斷言：「有一件事是可以肯定的，那就是如果耶穌沒有從死裏復活的話，我們就根本不會聽說有關祂的事情，婦女們的心態乃是來向遺體作最後一次道別，門徒的心態乃是一切都以悲劇告終了，主復活最明顯的證據就是基督教會的存在。沒有什麼事情能使悲傷和絕望的男女，變成充滿喜樂和勇敢的人，主的復活是整個基督教信仰的中心事實。」（Barclay, Mark, pp. 387, 388）

**一個來自耶穌的信息**

「不要懼怕！我是首先的，我是末後的，又是那存活的。我曾死過，現在又活了，直活到永永遠遠，並且拿著死亡和陰間的鑰匙」（啟1：17、18）。

正是耶穌復活的事實，確保了那些相信祂的人的復活，因為正如「在亞當裏眾人都死了，照樣，在基督裏眾人也都要復活」（林前15：22）。因祂從死裏復活了，所以基督徒不像其他在死亡面前「沒有指望」的人那樣，到了末時，「主必親自從天降臨，有呼叫的聲音和天使長的聲音，又有上帝的號吹響，那在基督裏死了的人必先復活。以後我們這活著還存留的人必和他們一同被提到雲裏，在空中與主相遇。這樣，我們就要和主永遠同在。所以你們當用這些話彼此勸慰」（帖前4：13、15－18；參閱林前15：51－57）。

基督復活的現實，將在逾越節那一週中畏縮的門徒，轉變成使徒行傳中勇敢的使徒。這也是激勵馬可第一批讀者的信息，他們正在尼祿的暴政下受苦，並且面對著不確定的未來，這依然是生活在二十一世紀信徒的核心盼望。**耶穌的復活清楚地說明了死亡本身最終的死亡，同時也為每個接受祂恩賜的人敞開了一條永生之路，這就是福音，這就是最終極的好消息。**

但馬可福音16：1－8並不只是關於這最終極好消息的，這段經文對那些還在躲藏的門徒也有一些非常必要的好消息。天使對婦女們說：「去告訴他的門徒和彼得」，到加利利去見耶穌（第7節）。這裏所表現出來的，是以其最驚人的形式而出現最接近罪人的恩典。畢竟，我們在馬可福音中聽說有關門徒的最後信息，乃是他們「都離開他逃走」的時候（14：50），但在耶穌藉著天使交託給門徒的話中，最感人的部分就是「和彼得」這幾個字，我們最後一次聽說有關這個跟隨者的信息，是當他發咒起誓說他不認識耶穌，然後「他就崩潰並且哭泣」的時候（14：71、72，RSV中譯）。

自從彼得背叛了耶穌以後，他一定在這四天中經歷了極度的絕望，值得注意的是，在所有福音書中，只有馬可福音記載了耶穌對墮落的彼得特殊的邀請。正如我們在前言部分所提過的，馬可似乎是和彼得合作寫成他的福音書，其他的福音書作者可能都忽視了「和彼得」這幾個字，但彼得永遠也不會。這幾個字消除了他的絕望，先前曾經要求彼得饒恕人七十個七次的耶穌（太18：22），此時正在對祂墮落的門徒做這件事情。

這就是恩典，耶穌沒有給予彼得他所應得的。相反的，祂為他提供了他所不配得的——饒恕和使徒身分的恢復。正如詹姆斯・愛德華所指出的，「如果發自復活了的主的恩典話語，包括了像彼得這樣一個叛徒，福音書的讀者也可以確信，這也包括了他們群體中那些曾虧負基督的人。」（Edwards, p. 495）我們可以再加上一句：這也適用於那些曾經失敗過的神職人員，我們永遠也不可忘記彼得曾是個怎樣的人，他曾做過些什麼事情，但耶穌饒恕了他。這真是「奇異恩典」啊！這真是最大程度地超乎基督徒所能想像的恩典啊！我們做得到耶穌所做的嗎？或者，更中肯地說，我們若身處彼得的境地，我們會希望耶穌對我們做同樣的事嗎？

馬可福音16：1－8中最矛盾的部分，就是婦女們未能在第8節中遵行上帝的旨意，而第8節是第二部福音書最古老和最可靠的希臘文手抄本的最後一節。弗朗斯寫道：「我們非常能夠理解婦女們的『害怕和驚奇』。到墳墓中去找一個屍體，結果卻發現一個活的天使而不是那屍體，就連我們當中最堅強的人也會因此而感到膽怯，不太容易讓人理解的，是她們的恐懼和她們的沉默。給予她們的信息是一個充滿盼望與喜樂的信息，而且她們被特別委託，要將這消息傳達給門徒們。」（France, Mark, Doubleday, p. 213）

摩爾娜・胡克寫道：在馬可福音中，「婦女們至此為止……都做得不錯。……但在這裏，就連她們也失敗了。她們的不順從與恐懼，證明她們在相信這好消息方面的無能。在整個馬可福音中，不論是男是女，都對有關耶穌的真理又瞎又聾。現在到了最後，當上帝的信息被交給婦女時，她們都變成了聾子，未能將這信息傳達出去：『她們……什麼也不告訴人，因為她們害怕。』這是馬可最後的諷刺。在故事的其他地方，耶穌曾吩咐男女對他們所略微了解到的真理什麼也不要說，而他們卻經常不聽話。現在讓他們報告所發生之事的時候終於到了，但婦女們卻沉默

了！」（Hooker, p. 387）

失敗似乎永無止境，但感謝上帝，恩典顯然也是永無止境的，這就是馬可福音16：7、8的信息。

# 61 成為開始的結局

可16：9－20

[9]在七日的第一日清早，耶穌復活了，就先向抹大拉的馬利亞顯
現，耶穌從她身上曾趕出七個鬼。[10]她去告訴那向來跟隨耶穌的
人，那時他們正哀慟哭泣。[11]他們聽見耶穌活了，被馬利亞看見，
卻拒不相信。

[12]這事以後，門徒中間有兩個人往鄉下去。走路的時候，耶穌變了
形像，向他們顯現。[13]他們就去告訴其餘的門徒，其餘的門徒也不
信他們。

[14]後來，十一個門徒坐席的時候，耶穌向他們顯現，責備他們不
信，心裏剛硬，因為他們不信那些在他復活以後看見他的人。[15]他
又對他們說：「你們往普天下去，傳福音給凡受造的聽。[16]信而受
洗的必然得救，不信的必被定罪。[17]信的人必有神蹟隨著他們，就
是：奉我的名趕鬼，說新方言，[18]手能拿蛇；若喝了什麼致命的毒
藥，也必不受害；手按病人，病人就必好了。」

[19]主耶穌和他們說完了話後，被接到天上，坐在上帝的右邊。[20]門
徒出去，到處傳道。主和他們同工，用神蹟隨著，證實所傳的道。

---

希臘文新約聖經五千多部完整的或部分的副本，對於新約聖經的內容顯示了驚人的統一性，但最大的分歧與馬可福音的結尾有關。問題在於，最可靠的早期希臘文手抄本，在第8節中一個

句子的中間突然終止了。

除此以外，馬可福音16：9－20只是在現存的希臘文手抄本所發現的諸多結尾之一。正如上文所翻譯的，第9－20節構成了學者們所謂的馬可福音的「長結尾」。

其他手抄本在第8節後加上了「短結尾」：「但她們將她們被告知的一切，簡要地告訴了彼得和那些與他同在一處的人。此後耶穌親自藉著他們，從東到西，將神聖而永恆不朽的救恩傳揚了出去。」（RSV旁注中譯）至少有一個手抄本是以短結尾來結束馬可福音的，而在其他手抄本中，這段話構成了第8節和第9－20節之間的一個過度。有一些手抄本將短結尾插在第14節之後（見Guthrie, pp. 89- 93）。

雖然希臘文手抄本有許多馬可福音結尾的版本，但保守派和自由派的學者幾乎無一例外地認同，我們所擁有的福音書原文，到第8節就結束了。儘管有些聖經學者認為第8節就是原文的終結，但其他學者很有說服力地證明，原文的結尾可能丟失了。例如，詹姆斯・愛德華寫道：「許多重要的論據可以被引證來支持此觀點，就是認為16：8不是馬可福音原始的、或有意的結尾。首先而且可能是最重要的，我們難以想像一部大膽而響亮地以宣告上帝兒子身分作為開頭的福音書（1：1），會以一種對恐懼和驚慌的描述而結束（16：8）。百夫長在15：39中之表白的目的，就是要使馬可的讀者作出一種信仰的表白，而在16：8中的結尾，卻使他們處於一種困惑的狀態之中。……我們必須……考慮到16：8中的恐懼和困惑，對馬可那些正在面對逼迫的羅馬讀者而言，他們的信心掙扎會產生什麼影響。……對於馬可那些面對尼祿野蠻逼迫的讀者來說，一個開放式的結尾（不會）有太大的鼓舞。」（Edwards, pp. 501, 502）

我們可能永遠也不會知道原始的結尾出了什麼事情，但被補充上的各種結尾，似乎都是為了矯正馬可福音中對於耶穌復活後之顯現的缺乏。

馬可福音16：9－20的長結尾，在二世紀時首次出現在希臘文手抄本中。正如下面的表格所顯示的，其中包括了可以在其他新約章節中找到的所有素材。

| 與馬可福音16：9－20平行的新約經文 | |
|---|---|
| 第9－11節：耶穌向抹大拉的馬利亞顯現，門徒拒絕相信她的報告。 | 這幾節經文中的素材，被記載在約20：11－18；路24：11；8：2。 |
| 第12、13節：耶穌「變了形像」向兩個無名的門徒顯現。 | 這件事在路24：13－35中被記載，為去以馬忤斯的路上。 |
| 第14節：耶穌向十一個門徒的顯現，以及祂對他們心地剛硬的責備。 | 此事被平行地記載在路24：36－38；約20：19、29。 |
| 第15、16節：往普天下去傳福音的命令，以及有關洗禮的指示。 | 這是對太28：19節的大使命的平行記載。 |
| 第17、18節：將要伴隨門徒的神蹟。 | 除了喝毒藥以外，使徒行傳記載了每一樣神蹟。例如，說方言出現在2：4和使徒行傳中的其他地方；16：18中，保羅趕了一個鬼；28：5，他將一條蛇甩在火裏；28：8，他通過按手治好了病人。 |
| 第19節：耶穌升天。 | 記載在路24：50、51；徒1：9－11。 |
| 第20節：使徒們的傳道。 | 記錄在路24：51、52，並且構成了使徒行傳的主題。 |

從上面的表格可以清楚看出，我們幾乎可以在新約聖經的其他部分找到馬可福音16：9－20中的所有素材，因此，儘管這可

能是人們後來對馬可福音的增補，但正如亞倫・科爾所指出的，「無論如何，這些內容都是可靠的。」另一方面，他又論證說：「單純地依靠這些經文來試圖建立一種神學觀點……這樣的做法是不明智的。」（Cole, p. 335）那些試圖依據馬可福音16：9－20所有的內容，建立一種神學觀點的人，其所有的一個結果就是美國南部興起的一種邪教，這種邪教著重強調要以耍弄毒蛇和喝有毒的飲料作為信心的憑據，但馬可福音的大多數讀者，不會認同這種團體所提出的結論或神學方法論。

對於馬可福音的結尾，不論我們會作出何種結論，很顯然的是16：9－20的結尾，使讀者留在和馬太福音一樣的相同地方，兩個不斷前進的結論湧現在我們面前。

1. 耶穌勝利地回到了天上，在上帝的右邊履行祂的職責。在所有新約的書卷中，希伯來書特別詳述了祂在上帝右邊的工作，將其描述為一種為祂在地上的跟隨者代求的工作（來1：3；2：17、18；4：15、16；7：25；8：1、6；9：12、23、24；12：24；約一2：1、2；羅8：34）。
2. 聖靈賦予耶穌在地上的跟隨者（門徒），到地極（「到處」）傳福音和作見證的能力。

從某種意義上說，我們已經來到了馬可福音的結尾，但對於在天上的耶穌和祂在地上的跟隨者而言，這並不是一種結束，而更像是一個開始。

「你當竭力在上帝面前得蒙喜悅，
作無愧的工人，按著正意分解真理的道。」提摩太後書2：15

國家圖書館出版品預行編目資料

探索馬可福音 / 喬治・賴特(George R. Knight)著；
邱偉光譯. -- 初版.-- 臺北市：時兆, 2009.12
面；　公分(聖經探索叢書；2)
譯自：Exploring Mark
ISBN 978-986-84921-6-5(平裝)

1. 馬可福音 2. 注釋

241.63　　98013165

# 探索 馬可福音 Exploring Mark

作　者　喬治・賴特（George R. Knight）
譯　者　邱偉光

董事長　胡子輝
發行人　周英弼
出版者　時兆出版社
客服專線　0800-777-798
電　話　886-2-27726420
傳　真　886-2-27401448
地　址　台灣台北市105松山區八德路2段410巷5弄1號2樓
網　址　http://www.stpa.org
電　郵　stpa@ms22.hinet.net

審　訂　曹宇鋒、伍國豪
責任編輯　陳美如
文字校對　邱偉光、周翠珊、黃淑美、曹宇鋒、陳美如
封面設計　時兆設計中心　林俊良
美術編輯　時兆設計中心　林俊良、李宛青
法律顧問　統領法律事務所　電話：886-2-23212161

商業書店總經銷　東芝文化事業有限公司
電　話　886-2-82421523
地　址　台灣台北縣235中和市中山路二段315巷2號4樓

基督教書房總經銷　恩膏國際文化事業有限公司
電　話　886-2-82422081
地　址　台灣台北縣235中和市安邦街11號

ISBN　978-986-84921-6-5
定　價　新台幣320元
出版日期　2010年1月　初版1刷